세상을 보는 눈을 넓히는
똑똑한 초등신문 ❷

세상을 보는 눈을 넓히는
똑똑한 초등신문 2

초판 1쇄 발행	2024년 5월 5일
14쇄 발행	2025년 6월 25일

지은이   신효원

펴낸이   신호정
편집   이미정, 심은
마케팅   백혜연, 홍세영
디자인   이지숙

펴낸곳   (주)책장속북스
신고번호   제 2024-000027호
주소   서울시 송파구 양재대로 71길 16-28 원당빌딩 4층
대표번호   02)2088-2887
팩스   02)6008-9050
이메일   chaeg_jang@naver.com
인스타그램 @langlab_kiz
             @chaegjang_books

ISBN   979-11-987214-1-9 (73710)

---

copyright©2024, 신효원
이 책은 저작권법에 따라 보호받는 저작물입니다.
㈜책장속북스와 저작권자의 허락 없이 이 책의 일부 또는
전체를 복사하거나 전재하는 행위를 금합니다.

● 잘못된 책은 구입한 서점에서 바꾸어 드립니다.
● 책값은 뒤표지에 있습니다.

세상을 보는 눈을 넓히는

똑똑한 초등신문

2

신효원 지음

책장속 BOOKS

머리말

아이들에게 어떤 신문 기사를 읽혀야 할까요?

지난해 ≪아홉 살에 시작하는 똑똑한 초등신문≫을 출간하기까지 저에게는 적잖은 용기가 필요했습니다. 자극 과잉 시대를 살아가는 어린이들에게 글에만 온전히 집중할 수 있는 시간을 주어야겠다, 세상을 알아가는 기쁨을 느낄 수 있는 신문 책을 만들어 내겠다는 제 커다란 다짐이 출간을 앞두고선 어느샌가 옹송그리고 있더군요. 방대한 양의 기사를 모은 이 책이 과연 어린이들의 관심을 끌 수나 있을지, 전에 없던 책을 세상에 내놓는 것이 무모한 일은 아닐지 덜컥 겁이 나기 시작했습니다.

감사하게도 제 마음을 보듬어주시기라도 하듯 지난 1년간 수많은 독자들께서 제 집필 의도에 뜻을 함께하며 동행해주셨습니다. ≪똑똑한 초등신문≫을 사랑해주신 독자 한 분 한 분께 이 자리를 빌려 깊은 감사의 마음을 전합니다.

≪똑똑한 초등신문≫이 세상에 나와 어린이 독자들을 만났던 지난 1년간은 제 두려움이 기우였음을 깨닫는 시간이었습니다. 기사를 잘 이해하는 것은 물론이고 예상을 훌쩍 뛰어넘은 재기발랄한 생각을 이어나가는 어린이들을 보면서 '대체 저 조그마한 머릿속에서 무슨 일이 벌어지고 있는 걸까?' 하고 경이롭기까지 했어요. 어디 그뿐인가요? 오롯이 글자만 담긴 그 흑백 종이를 반짝이는 눈으로 읽어 내려가는 어린이 독자들을 만나며 어쩌면 제가 아이들의 지적 호기심을 얕봐 왔던 건 아닌지 반성하는 시간이기도 했습니다. 아이들은 의외로 시각적인 자극 없이도 어려운 내용을 거뜬히 소화해내고 그 속에서 재미를 찾아낼 줄 안다는 것을, 또 어른들이 짐작하는 것보다 훨씬 더 똑똑하다는 것도 알게 되었고요.

신문 기사는 보이는 사실 그 이상의 의미를 우리에게 이야기해줍니다. 신문 기사의 역할은 어떤 사건이 일어났다고 말해 주는 데서 끝나는 것이 아니라, 그 일이 어쩌다 우리에게 닥친 게 아니라는 점, 다른 것들과 서로 깊게 관련돼 있다는 것을 발견케 하고 우리가 어디로 나아가야 하는지 깨닫게 하는 데 있습니다. 이 일련의 과정을 경험하는 것이 우리가 신문 기사를 읽는 목적이며, 사건과 사건을 연결하는 이와 같은 지적 탐험을 통해 우리는 성장해 나갑니다.

처음에는 읽은 기사들이 아이들의 머릿속에 들어와 잠자코 웅크리고만 있을 거예요. 아는지 모르는지 잘 모르겠는 상태로요. 그러나 기사들이 머릿속에 하나둘 흔적을 남기기 시작하고 그 흔적들이 빽빽해져 가는 어느 순간, 머릿속에 '반짝' 불이 켜질 거예요. '전에 읽었던 게 이 말이었구나', '이게 그것과 연결되는 거구나', '그래서 이렇게 하라는 거구나' 하는 생각이 들면서요. 이때가 바로 자신도 모르는 사이 앎의 폭이 넓혀지는 순간입니다. 당연한 말이지만, 기사를 이해하고 연결해나가는 이 순간들은 자연스럽게 아이들의 문해력을 크게 향상시킵니다. 문해력은 단순히 문장을 읽고 내용을 이해하는 것을 넘어서, 부분을 논리적으로 연결하고 숨겨진 인과성을 발견해 전체적인 흐름을 해석해낼 줄 아는 눈이기 때문입니다.

따라서 ≪똑똑한 초등신문 2≫를 관통하는 핵심어는 '연결'과 '통합'과 '확장'입니다. 세상에는 많은 일들이 편재해 있고, 이 사건들이 기사로 쓰여 우리에게 전달됩니다. 기사 중에는 그 어떤 것과도 연결되지 못한 채 휘발되어버리는 가십 기사들도 있고요, 커다란 방점을 꾹 찍으며 세상의 굵직한 흐름을 만드는 데 일조하는 기사들도 있어요. 환경 문제가 경제 문제로, 이것이 전 세계의 문제로 이어져 궁극에는 우리의 삶을 변화시키는 사건들 말입니다. 집필

하는 내내 이 책이 지향하는 연결과 통합과 확장이라는 교육적 목적이 흐트러지지 않도록, 아이들이 기사를 읽고 연결해 세상을 보는 눈을 넓힐 수 있는 의미 있는 기사들을 모으는 데 주안점을 두었습니다.

이 책에서는 경제, 사회, 세계, 과학, 환경, 문화 총 여섯 개의 분야를 중심으로 지난 1년간의 기사를 실었습니다. 내 눈앞에 보이지 않는 세상 어딘가의 일들을 읽으며 느끼게 될 아이들의 인지적 부담을 줄여주고자 문장의 복잡성을 낮추어 글을 재구성했습니다.

지난번과 마찬가지로 알아두면 좋을 배경지식, 기사 내용을 이해했는지 가볍게 확인해 볼 수 있는 O, X 문제, 기억해두어야 할 신문어휘를 수록했고, 이번 책에서는 본문보다 난도 높은 텍스트를 경험해 보라는 뜻에서 문장 복잡성을 상향 조정한 텍스트를 새롭게 실었습니다. 또한 개념을 더 깊게 알고 싶은 어린이들을 위해 보다 더 자세한 배경지식 설명을 <부록>에 담았습니다.

이 책을 읽어나가면서 어린이들의 머릿속 자기만의 방이 일상의 공간을 넘어 더 넓고 환한 무대로 꾸며지기를, 더 큰 세상을 보고 이해해나가며 세계 속 나의 자리를 발견해나가는 여정이 될 수 있기를 바랍니다. 이 책을 통해 알아가는 기쁨, 더 똑똑해졌다는 자부심에 푹 빠져 즐거워하는 어린이들의 모습을 또다시 만나볼 수 있기를 기대합니다.

신효원

이 책의 200% 활용법

100가지 기사 속에 숨어 있는 세상의 거대한 흐름을 꿰뚫어 볼 준비가 되었나요?

STEP 1 100가지 기사를 흥미롭게 읽어요

이 책에는 여러분이 꼭 알아야 하는 기사만을 담았어요. 100가지 기사들은 별개의 다른 사건 같지만, 사실은 서로 깊게 관련되어 세상의 흐름을 만들고 있어요. 처음 읽을 때는 그 '연결'이 보이지 않을 거예요. 그래서 새롭게 알게 된 지식이 머릿속에 둥둥 떠다니는 것 같을 수도 있어요. 하지만 여러분이 기사를 하나둘 읽어 나가다 보면 어느새 숨겨진 연결 관계가 보이기 시작할 거예요. 어떻게 해야 하냐고요? 걱정하지 마세요. 여러분은 그냥 재미있게 책을 읽으면 돼요. 왜냐면 이 책에는 100가지 기사를 연결하고 통합하여 여러분의 사고를 확장하는 학습 장치들이 곳곳에 숨어 있거든요.

STEP 2 각 분야별 배경지식을 확인하고 연결고리를 찾아봐요

각 기사에 소개된 배경지식을 읽어요. <배경지식 사전> 부록을 보면 개념을 더 자세히 알 수 있어요. 다른 기사에도 소개된 동일한 배경지식을 찾아봐요. 예를 들면, 환경 분야에서 언급된 '엘니뇨' 현상은 경제 분야에도 나와요. 이를 통해 환경과 경제가 서로 어떻게 영향을 주고받는지 알 수 있어요.

STEP 3 심화버전 기사와 세계지도를 펼쳐보면서 더 깊고 넓게 성장해요

주요 10개 기사에는 QR을 통해서 <더 똑똑한 심화버전> 기사를 볼 수 있어요. 원문과 어떻게 다른지 문장 대 문장으로 비교하면서 읽어보세요. 다른 점을 찾는 과정에서 한 단계 위의 고급 어휘와 표현까지 배울 수 있어요. 더 높은 수준의 문장을 읽는 것은 여러분의 어휘력, 독해력, 글쓰기 능력뿐 아니라, 문해력 향상을 위해 정말 중요해요. 또한 세계 곳곳에서 일어나는 사건들을 QR로 제공되는 지도를 펼쳐보면서 여러분의 사고를 세계로 확장해 나가세요.

목차

머리말 아이들에게 어떤 신문 기사를 읽혀야 할까요? 04
이 책의 200% 활용법 07

PART 1. 경제

01 포켓몬 가고 산리오가 왔어요 16
02 꼭 필요해야 사나요? 재미만 있어도 살 수 있죠! 18
03 BTS가 왔다! 주르륵 쏟아지는 경제효과 20
04 마트 냉장고에 문을 달면 생기는 일 22
05 방긋 웃는 일본 여행, 울상 짓는 우리 경제 24
06 긴장하세요, 백화점! 편의점이 쫓아갑니다! 26
07 SNS '좋아요' 수가 많으면 벌어지는 일 28
08 사람들이 햄버거에 화가 난 까닭은 30
09 다이아몬드가 실험실에서 무럭무럭 자라나고 있어요 32
10 오레오 쿠키 크림을 훔쳐 간 범인의 정체는 (심화 포함) 34
11 크리스마스 선물만은 제때 받고 싶어요 36
12 나도 살래, 디토 소비! 38
13 풍선을 누른다고 작아지진 않아요 (심화 포함) 40
14 탕탕! 총성이 울려 퍼진 홍해 앞바다에서 벌어진 일은 42
15 샤워실의 바보는 누구일까요? 44
16 한국 사람들이 향수에 '풍덩' 하고 빠진 이유는 46
17 전보다 더 많이 먹었냐고요? 그런 말씀 마세요! 48

PART 2. 사회

18 조심하세요, 슬러지 콘텐츠가 여러분의 집중력을 호시탐탐 노리거든요! 52
19 여기, 한국이 맞나요? 54
20 벼랑 위의 한국, 떨어지지 않게 꼭 붙잡아요 (심화 포함) 56

21 친절을 베푸는 사람에게 일어나는 마법 같은 일 58
22 제 사진, 이제 마음대로 올리시면 안 돼요 60
23 "저 길 건널 거예요!", 이제는 손짓으로 말해 주세요 62
24 가도 가도 마트가 보이지 않는 그곳의 이름은 (심화 포함) 64
25 제가 '숏폼'에 중독된 건 아니겠죠? 66
26 '펑' 하고 나타났다 연기처럼 사라진 가게들이 남기고 간 자리에는 68
27 AI가 베꼈다면 우리는 그것을 도둑질이라 부를 수 있을까? 없을까? 70
28 내가 보고 싶은 것만 볼 거야! 내 말이 다 옳아! 72
29 스마트폰, 너 이제 학교에서는 아웃! 74
30 인공지능(AI)과 함께 살아가는 세상 속 너와 나의 미래는 76
31 공부를 잘하고 싶어요? 그럼 ○○○를 쓰세요! 78
32 사람들은 집으로 돌아가세요, 이제 AI 우리가 일합니다 80
33 페파피그 때문에 우리 아이가 달라졌어요 82
34 코끼리도 장례식에 갑니다 84

PART 3. 세계

35 영국 여왕님, 비켜주세요. 이제 호주 원주민의 차례랍니다! 88
36 나를 뽑아 주세요! 그럼 이것저것 다 해줄게요 90
37 백인의 나라 미국이 달라지고 있어요 92
38 오염수가 흘러가도 바다는 아파하지 않을까 94
39 학교에 그런 옷은 입고 오지 마세요! 96
40 우리는 차라리 쿠데타를 원해요 98
41 세계 첫 달 착륙선, 혹독한 달의 밤에 영원히 잠들다 100
42 이스라엘과 팔레스타인의 싸움, 그 끝이 있기나 할까 (심화 포함) 102
43 이렇게 일할 수는 없지! 멈춰버린 할리우드의 시계 104
44 굿바이 세계화! 이제 같은 편끼리만 친하게 지낼 거야 (심화 포함) 106
45 경제가 쿨렁, 슈퍼 선거 주의보가 울리고 있어요 108

46 가자지구 어린이들에게 어른들이 이러면 안 되는 거잖아요 110
47 하늘 높이 날아오르는 슈퍼 코끼리, 인도! 112
48 '오빤 독재 스타일!' 중남미를 홀린 멋쟁이 독재자, 부켈레 114
49 '옆 나라니까 우리 땅이지!' 누가 이 나라 억지 주장 좀 말려주세요 116
50 스웨덴, 나토에 오신 것을 환영합니다 118

PART 4. 과학

51 홈런볼과 날씨의 비밀스러운 거래가 시작됐다 122
52 강원도에 산불이 자주 나는 이유는 124
53 태양계 위성 부자는 바로 나! 토성! 126
54 우리들의 댕댕이는 점점 더 똑똑해지고 있어요 128
55 화성에서 한 해 살아볼래요? (심화 포함) 130
56 하늘에서 수박 눈이 내리면 132
57 태양이 '후'하고 바람을 불면 인터넷이 안 된다? 134
58 지구에 양산을 씌워주세요. 얼굴이 빨개졌거든요 136
59 한 번에 꿀꺽! 4000만 년 나이를 삼켜버린 달 138
60 반쪽짜리 과학의 경고! '여성이 안전할지 아닐지 우리는 몰라요' 140
61 생쥐의 상상력 꽃이 피었습니다 142
62 저 좀 지나갈게요. 제가 지금 배달 중이거든요 144
63 대왕고래야, 왕좌에서 내려오렴. 이제 내가 제일 크단다! 146
64 화난 마음도 녹여버리는 눈물의 힘 148
65 싹둑! 유전자 가위로 아픈 곳을 편집해 드립니다 (심화 포함) 150
66 마음이 튼튼해지려면 필요한 그것은 152
67 사이가 멀어진 꿀벌과 팬지꽃은 다시 친해질 수 있을까 154
68 "하나, 둘, 셋", 니모는 사실 숫자를 셀 줄 알아요 156

PART 5. 환경

69 꽃가루 알레르기 범인은 꽃이 아닌 바로 너야 너! 160
70 점점 더 뜨거운 여름이 우리를 찾아온다는 무서운 소식을 전합니다 162
71 우리가 꿀벌을 지켜야 하는 이유는 달콤한 꿀 때문이 아니에요 164
72 고기압 솥뚜껑에 이글이글 타오르는 산불 166
73 아마존 열대우림을 위한 에콰도르 시민들의 선택을 기억해주세요 168
74 저기요, 방귀를 뀌려거든 돈을 내고 뀌세요 170
75 화가 난 지구가 우리에게 보내는 경고를 무시하지 마세요 172
76 내 이름은 침입 외래종, 생태계 독차지를 즐긴답니다 174
77 나무 심기 마구 하지 마세요, 숲이 아파하니까요 176
78 '이제는 더 이상 참지 않을 거예요!' 돌고래, 법정에 서다 (심화 포함) 178
79 '그린'의 눈속임에 속지 마세요! 180
80 탄소를 많이 썼어요? 그럼 돈을 더 내세요 182
81 모기가 말해요, '뜨거워진 지구야, 고마워!' 184
82 날씨가 추워질수록 바다가 많이 먹는 건 뭐게요? (심화 포함) 186
83 메가톤급 태풍의 새로운 자리를 만들어 주세요 188
84 꽃향기가 사라져 곤충들이 길을 잃고 말았어요 190
85 북극곰 살이 빠진 건 다이어트를 해서가 아니에요 192
86 째깍째깍, 봄꽃 시계가 자꾸만 빨라지고 있어요 194

PART 6. 문화

87 '젊고', '평등하고', '낭만적인' 파리 올림픽을 기대하세요 198
88 주사 맞기가 무섭다면 모차르트 자장가를 들어보세요 200
89 1500년 전 가야를 담은 타임캡슐에는 무엇이 들어 있었을까? 202
90 케냐의 양치기 소년, 42.195km를 달려 마라톤의 역사를 바꾸다! 204
91 모두를 위한 전시, 볼 수 없어도 느껴보세요! 206
92 수리수리마수리! 소원을 빌면 이루어지는 비밀 부적의 이야기 208

93 '새하얀' 공주님은 이제 백마 탄 왕자님을 기다리지 않아요 210
94 달콤할수록 비싸진다면 단 음료를 덜 마시게 될까요? 212
95 그리스 파르테논 신전 조각품은 고향으로 돌아갈 수 있을까요? 214
96 2500년 전, 아마존 밀림 속 잃어버린 도시를 찾아서 216
97 세상을 뒤흔들고 있는 팝의 여왕, 그녀의 이름은 218
98 동굴 벽에 깨알같이 그려진 점, 그 미스터리의 실체는 220
99 메이저리그가 한국에서 열린 까닭은 222
100 화산재 속에 묻혀 있던 2000년 전 도서관에는 어떤 글이 있었을까? 224

정답 226
배경지식 사전 (수록 키워드 175) 228
신문어휘사전(수록 어휘: 530) 253

일러두기

* 본 책은 2023년 4월부터 2024년 3월까지 나온 기사를 참조하여 재구성했습니다.

* 신문 어휘 뜻풀이는 표준국어대사전, 고려대 한국어대사전, 한국어기초사전을 참조했으며, 배경지식 뜻풀이는 시사상식사전, 시사경제용어사전, 두산백과 두피디아, 한국민족문화대백과를 참조하여 재구성했습니다.

* 본 책에 삽입된 출처 표시 없는 이미지는 저작권이 없는 자유 이용 저작물입니다.

01

경제

01 포켓몬 가고 산리오가 왔어요
02 꼭 필요해야 사나요? 재미만 있어도 살 수 있죠!
03 BTS가 왔다! 주르륵 쏟아지는 경제효과
04 마트 냉장고에 문을 달면 생기는 일
05 방긋 웃는 일본 여행, 울상 짓는 우리 경제
06 긴장하세요, 백화점! 편의점이 쫓아갑니다!
07 SNS '좋아요' 수가 많으면 벌어지는 일
08 사람들이 햄버거에 화가 난 까닭은
09 다이아몬드가 실험실에서 무럭무럭 자라나고 있어요
10 오레오 쿠키 크림을 훔쳐 간 범인의 정체는 (심화 포함)

11 크리스마스 선물만은 제때 받고 싶어요
12 나도 살래, 디토 소비!
13 풍선을 누른다고 작아지진 않아요 (심화 포함)
14 탕탕! 총성이 울려 퍼진 홍해 앞바다에서 벌어진 일은
15 샤워실의 바보는 누구일까요?
16 한국 사람들이 향수에 '풍덩' 하고 빠진 이유는
17 전보다 더 많이 먹었냐고요? 그런 말씀 마세요!

01 경제　　　　　　　　　　　　　　　　2023년 5월

포켓몬 가고 산리오가 왔어요

배경 지식

- **캐릭터 마케팅**: 특징적인 캐릭터의 이미지를 제품이나 서비스와 연결시켜 상품 판매를 돕는 마케팅 방식을 말해요.
- **레트로**: 과거를 그리워하면서 그 시절로 돌아가려는 흐름을 말해요. 예전에 유행했던 것이 다시 인기를 얻는 현상이에요.

신문 읽기

요즘 어느 가게를 가나 곳곳에 동글동글하고 사랑스러운 캐릭터들이 보여요. 이 캐릭터들의 주인공은 바로 시나모롤, 폼폼푸린, 포차코, 쿠로미, 마이멜로디 등이에요.

포켓몬에 이어 이제는 산리오로

포켓몬 빵의 **선풍적인** 인기에 힘입어 식품·유통업계는 캐릭터와 상품을 연결한 '**캐릭터 마케팅**'을 계속 선보이고 있어요. 최근 산리오 빵이 큰 인기를 얻었고요, 포장지에 산리오 캐릭터 70종을 더한 풍선껌도 어린이들의 관심을 끌고 있어요. **유통업체**들은 최근 너 나 할 것 없이 산리오, 슈퍼마리오, 도라에몽, 케로로 등의 캐릭터를 넣은 상품 **패키지**나 **굿즈**를 만들어 내어 제품 판매에 적극적으로 활용하고 있어요.

캐릭터 상품이 잘 팔리는 이유는

귀여운 캐릭터를 좋아하는 어린이들뿐만 아니라 어른들의 마음도 사로잡았기 때문이에요. 1998년에 한국에 처음 소개된 산리오 캐릭터는 그 당시 어린이였던 지금의 어른들에게 어린 시절 추억을 떠올리게 하거든요. 앞으로도 캐릭터를 더한 다양한 제품과 굿즈가 계속 나올 것으로 보여요. 캐릭터 마케팅을 활용한 제품은 어린이들은 물론이고 레트로 트렌드에 맞춰 어른들의 지갑도 열게 하니까요. 그러나 이들 캐릭터의 대부분은 일본 캐릭터이고, 마케팅에 사용된 한국 캐릭터는 거의 없다고 해요. 한국 캐릭터가 마케팅에 활발하게 사용될 날은 언제 올까요? 이에 대한 고민이 필요한 때예요.

정리하기

◎ 다음 빈칸을 채우세요.

캐릭터 상품에 연결시켜 제품 판매를 돕는 것을 ☐☐☐☐☐ 이라고 해요.

◎ 맞으면 O, 틀리면 X 하세요.

1. 포켓몬 빵이 성공한 이후, 캐릭터 마케팅이 계속되고 있어요. ☐
2. 캐릭터 마케팅은 어린이들만 대상으로 한 마케팅 방법이에요. ☐
3. 한국 캐릭터도 마케팅에 적극적으로 활용되고 있어요. ☐

◎ 신문 어휘 풀이

- 선풍적: 갑자기 일어나 사회에 큰 영향을 미치거나 관심의 대상이 될 만한
- 마케팅: 상품을 소비자에게 알리고 많이 판매하기 위하여 생산자가 펼치는 활동
- 유통업체: 상품이 생산자에서 소비자에 이르기까지의 여러 단계에서 활동하는 기업
- 패키지: 물건을 보호하거나 옮기기 위한 포장 용기
- 굿즈: 연예인 또는 애니메이션과 관련돼 나온 상품으로 사진, 소품 등이 있음

토론하기

Q1. 캐릭터 마케팅을 하는 물건을 사본 적이 있어요? 어떤 캐릭터였어요? 왜 그 물건을 샀어요?

Q2. 한국 캐릭터 중에서 어떤 캐릭터가 상품 마케팅에 이용되면 좋겠어요? 왜요?

경제 2023년 5월

꼭 필요해야 사나요?
재미만 있어도 살 수 있죠.

배경 지식

- **펀슈머**: 펀슈머란 'Fun(재미)'과 'Consumer(소비자)'를 결합해 만든 말로, 재미를 추구하기 위해 소비하는 사람들을 가리켜요.
- **잘파세대**: 1990년대 중반에서 2000년대 초반에 태어난 Z세대와 2010년대 초반 이후에 태어난 알파세대를 합친 신조어예요.

신문 읽기

출처: 버거킹 홈페이지

얼마 전 버거킹에서 무려 39글자로 이루어진 이름의 햄버거를 **출시**했어요.

그거 있잖아요, 이름 긴 그거 주세요

버거킹의 39자 햄버거 이름은 '콰트로 맥시멈 미트 포커스드 어메이징 얼티밋 그릴드 패티 오브 더 비기스트 포 슈퍼 미트 프릭3'였어요. 소고기 패티가 3~4장이나 들어 있는 데다 **생전** 처음 들어본 긴 햄버거 이름 덕분에 소비자들의 관심을 한 몸에 받았죠. 또 편의점 GS25에서는 **기존** 제품보다 9배 가까이 큰 컵라면을 출시해 큰 인기를 끌기도 했어요. 신문지 한 장을 반으로 접은 크기의 대형 컵라면은 하루 만에 5만 개가 팔렸고 **한정 판매**가 끝난 후, 중고 거래 사이트에서는 3만 원을 줘도 구하기 어려웠어요.

이런 제품들이 인기를 얻은 까닭은

펀슈머들 덕분이에요. **펀슈머**는 'Fun(재미)'과 'Consumer(소비자)'를 합해서 만든 말로, 재미를 얻기 위해 **소비하는** 사람들을 가리키는 말이에요. 펀슈머는 대부분 **잘파**

세대에 속하는 사람들로, 이들은 필요 없는 물건이라도 재미만 있으면 기분 전환을 위해 물건을 사요. 소비에서 재미를 찾는 잘파세대의 **구매력**이 높아지고 있는 요즘, 기업들은 제품의 이름을 재미있게 짓거나 화제가 되는 제품을 출시함으로써 잘파세대의 관심을 모으는 데 노력을 기울이고 있어요.

정리하기

◎ 다음 빈칸을 채우세요.

재미를 얻기 위해 물건을 사는 사람들을 [　　] 라고 해요.

◎ 맞으면 O, 틀리면 X 하세요.

1. 버거킹은 이름이 긴 햄버거를 출시해 인기를 끌었어요. [　]
2. 펀슈머는 재미를 얻기 위해 물건을 사는 소비자들이에요. [　]
3. 기업들은 안 쓰는 물건은 사지 않는 잘파세대를 만족시키려고 애쓰고 있어요. [　]

◎ 신문 어휘 풀이

- **출시하다**: 상품을 시중에 내보내다
- **생전**: 살아 있는 동안
- **기존**: 이미 존재함
- **한정 판매**: 상품을 일정한 수량만 정해 놓고 판매하는 일
- **소비하다**: 돈, 물건, 시간, 노력, 힘 등을 써서 없애다
- **구매력**: 상품을 살 수 있는 경제적인 능력

토론하기

Q1. 새롭거나 재미있게 광고하는 물건을 보고, 사고 싶다고 생각한 적이 있어요?

Q2. 필요가 없어도 재미만 있으면 기분 전환으로 물건을 살 수 있다는 말을 어떻게 생각해요?

자기의 생각을 자유롭게 이야기해 보세요.

경제

03 경제　　　　　　　　　　　　　　　　　　　　　2023년 6월

BTS가 왔다!
주르륵 쏟아지는 경제효과

배경 지식

- **경제효과**: 생산 활동을 통해 경제적 이익이 발생하는 효과를 말해요.
- **낙수효과**: 물이 위에서 아래로 떨어지듯이, 대기업이 성장하면 연관된 중소기업이 성장해 일자리도 많이 창출되고 서민 경제도 좋아지는 효과를 말해요.
- **파급효과**: 어떤 경제활동이나 과정에 직접 참여하지 않는 사람들에게도 미치는 영향을 말해요.

신문 읽기

출처: 2003 BTS FESTA 공식 홈페이지

BTS 데뷔 10주년을 맞아 전 세계 BTS 팬들이 한국을 찾아왔어요.

전 세계 수많은 BTS 팬들이 서울을 찾았어요

지난 6월, 서울 여의도 한강공원 일대에서 '2023 BTS 페스타'가 열렸어요. 방탄소년단은 올해로 데뷔 10주년을 맞았는데요, 이를 기념하기 위해 국내외 팬들 30여만 명이 여의도를 찾았어요. 유통업계들은 전 세계에서 서울을 찾아온 팬들의 발길을 사로잡기 위해 BTS가 무대에서 실제로 입은 무대 의상을 전시하기도 하고 티셔츠나 굿즈를 팔기도 했어요. 정부도 BTS 데뷔 10주년을 축하하며 기념우표를 만들었는데요, 가수를 대상으로 기념우표를 제작한 것은 이번이 처음이라고 해요.

쏟아지는 BTS 경제효과

BTS 페스타 기간 동안 서울 호텔의 외국인 **투숙객**이 크게 늘었고요, 여의도 백화점에서는 관광객 **매출**이 210%나 **급증했어요**. 전문가들은 이런 현상을 'BTS **낙수효과**'로 보고 있어요. BTS로 인한 **직간접적인 경제효과**는 수조 원이 될 것으로 전망해요. 실제로 BTS가 국내에서 콘서트를 한 번 열 때마다 경제적 **파급효과**가 1조 2,207억 원 정도가 발생한다고 해요. BTS 페스타 방문을 위해 한국을 찾은 외국인 관광객들은 국적도, 세대도 더 다양해졌어요. 사람들은 BTS 팬들의 한국 방문을 통해, 코로나 **엔데믹** 이후 해외 관광객이 크게 늘기를 기대하고 있어요.

정리하기

◎ 다음 빈칸을 채우세요.

BTS 페스타로 관광객 매출이 늘어난 현상을 BTS [　　　] 로 보고 있어요.

◎ 맞으면 O, 틀리면 X 하세요

1. BTS 10주년 축하 기념우표도 제작됐어요.　　　　　　　　　　　　[　]
2. 호텔 투숙객과 백화점 이용객이 느는 것은 BTS 페스타와 관련이 있어요.　[　]
3. 이번에 방문한 외국인 관광객은 특정 국가에서 주로 왔어요.　　　　[　]

◎ 신문 어휘 풀이

· **제작하다**: 재료를 가지고 새로운 물건이나 예술 작품을 만들다
· **투숙객**: 여관, 호텔 따위의 숙박 시설에 들어가 묵는 사람
· **매출**: 물건 따위를 내다 파는 일
· **급증하다**: 짧은 기간 안에 갑자기 늘어나다
· **직간접**: 바로 연결되기도 하고 매개를 통하여 연결되기도 하는 것
· **엔데믹**: 어떤 감염병이 특정한 지역에서 주기적으로 발생하는 현상

토론하기

Q1. BTS를 포함한 유명 가수 콘서트가 열리면 우리나라에 좋은 점은 뭐예요?

Q2. 낙수효과가 뭐예요? BTS 콘서트를 예로 들어 설명해 보세요.

04 경제　　　　　　　　　　　　　　　　　　　　2023년 7월

마트 냉장고에 문을 달면 생기는 일

배경 지식

○ **에너지 효율**: 에너지가 전환되는 과정에서 버려지는 에너지의 양이 어느 정도인지를 나타내는 것을 말해요.

신문 읽기

마트와 편의점에 있는 개방형 냉장고에 문을 다는 사업이 **본격적**으로 시작될 예정이에요. 이에 대해 반기는 사람들도 있고 우려의 목소리를 내는 사람들도 있어요.

마트 냉장고에 문을 달면 생기는 일

개방형 냉장고는 그동안 소비자들의 **편의**와 유제품 또는 도시락, 샌드위치와 같은 즉석식품을 **부패** 없이 안전하게 보관하기 위해 마트나 편의점에서 사용돼 왔어요. 그러나 **냉기**가 쉽게 흘러나가 에너지 낭비의 **주범**으로 눈총을 받아왔는데요, 지난해 식품매장 22곳의 개방형 냉장고에 문을 달아 조사해보니, 약 50%의 전력을 아낄 수 있는 것으로 나타났어요. 만약 전국의 마트 및 편의점에 설치된 50만여 대의 개방형 냉장고에 문을 달게 된다면, 1년간 61만 6,000가구가 1년 동안 쓰는 **전력량**에 해당하는 전기에너지를 아낄 수 있다고 해요.

개방형 냉장고에 문을 달면 전기를 아낄 수 있긴 하지만

마트에 비해 가게 크기가 작은 편의점은 바로 **시행하기**가 어렵다고 해요. 냉장고 문을 달면 제품을 **진열하기** 어렵고 손님들이 붐비는 시간에는 한 명씩 줄을 서서

기다려 물건을 골라야 하는 불편함이 발생한다는 점이에요. 또한 이번 사업은 새 냉장고에 문을 다는 것이 아니라 몇 년간 사용한 냉장고에 문을 다는 것이기 때문에 정부 조사 결과와 달리, **에너지 효율**이 그다지 크지 않을지도 모른다는 우려의 목소리도 있어요.

정리하기

◎ 다음 빈칸을 채우세요.

개방형 냉장고는 ☐☐ 낭비 주범으로 눈총을 받았어요.

◎ 맞으면 O, 틀리면 X 하세요.

1. 마트와 편의점의 개방형 냉장고에 문을 다는 일에 모두가 찬성해요. ☐
2. 개방형 냉장고는 냉기가 밖으로 빠져나가 에너지를 낭비하게 돼요. ☐
3. 개방형 냉장고에 문을 달면 물건 진열을 쉽게 할 수 있게 해요. ☐

◎ 신문 어휘 풀이

- **본격적**: 일의 진행 상태가 제 궤도에 올라 매우 활발한 것
- **편의**: 형편이나 조건 등이 편하고 좋음
- **부패**: 단백질이나 지방 등이 미생물의 작용에 의하여 썩는 것
- **냉기**: 찬 기운
- **주범**: 어떤 일에 대하여 좋지 아니한 결과를 만드는 주된 원인
- **전력량**: 일정 시간 동안 공급되는 전기에너지의 총량
- **시행하다**: 실제로 행하다
- **진열하다**: 여러 사람에게 보이기 위하여 물건을 죽 벌여 놓다

토론하기

Q1. 편의점에서는 개방형 냉장고를 당장 시행하기 어렵다고 했어요. 그렇다면 편의점에서 전기에너지를 아낄 방법으로 무엇이 있을까요?

Q2. 여러분은 일상생활에서 전기를 아끼기 위해 실천하고 있는 것이 있어요? 그게 뭐예요?

05

경제 | 2023년 7월

방긋 웃는 일본 여행, 울상 짓는 우리 경제

배경 지식

- **엔저 현상**: 일본 화폐인 엔화의 가치가 떨어지는 현상을 말해요.
- **인플레이션**: 돈의 가치가 떨어져서 물건값이 계속 올라 사람들의 실질적 소득이 줄어드는 현상을 말해요.
- **디플레이션**: 상품과 서비스의 가격이 지속적으로 떨어지는 현상을 디플레이션이라고 해요.

신문 읽기

최근 일본으로 여행을 떠나는 한국 여행객 수가 **급증해** 항공사와 여행사들이 함박웃음을 짓고 있어요.

왜 이렇게 많은 사람들이 일본으로 여행을 떠날까요?

엔저 현상으로 8년 만에 원·엔 환율이 800원 대로 떨어지면서 저렴하게 여행을 다녀올 수 있기 때문이에요. 현재 미국을 비롯한 세계 각국에서는 **인플레이션**을 막기 위해 **금리**를 올리고 있는데요, 일본은 이와 달리 **저금리 정책**을 쓰고 있어요. 오랫동안 계속된 **디플레이션**에서 탈출하기 위해서예요. 다른 나라와 일본의 금리 차이가 커지면서 엔저 현상이 뚜렷하게 나타나고 있어요. 일본의 저금리 정책과 이로 인한 엔저 현상은 한동안 계속될 것으로 보여요.

엔저 현상이 우리나라 경제에는 악영향을 미친다는데...

저렴하게 일본 여행을 갈 수 있다는 점은 좋지만, 엔저 현상이 우리나라 경제에는 나쁠 수 있어요. 한국 제품보다 더 싼 일본산 물품들이 수출에 더 **유리해**지면 국내 기업이 손해를 입게 되고, 이는 더 나아가 우리 경제 전체에 악영향을 미칠 테니까요. 또한 일본은 우리나라가 농산물을 가장 많이 수출하는 나라예요. 엔저 현상이 **지속**될 경우, 같은 양의 농산물을 수출해도 전에는 1,000원 이상을 받았다면 이제는 900원밖에 못 받기 때문에 우리 농가나 기업이 피해를 볼 수밖에 없어요.

정리하기

◎ 다음 빈칸을 채우세요.

일본 화폐인 엔화의 가치가 떨어지는 현상을 ☐☐☐ 이라고 해요.

◎ 맞으면 O, 틀리면 X 하세요.

1. 엔저 현상으로 일본 여행을 저렴하게 다녀올 수 있어요. ☐
2. 미국은 현재 인플레이션을 막기 위해 저금리 정책을 펼치고 있어요. ☐
3. 엔저 현상은 우리 농가에 수입을 늘려줘요. ☐

◎ 신문 어휘 풀이

- **급증하다**: 짧은 기간 안에 갑자기 늘어나다
- **환율**: 자기 나라 돈과 다른 나라 돈의 교환 비율
- **금리**: 빌려준 돈이나 예금 따위에 붙는 이자 또는 그 비율
- **저금리**: 낮은 금리
- **정책**: 공공문제를 해결하기 위해 정부에 의해 결정된 방침
- **유리하다**: 이익이 있다
- **지속되다**: 어떤 상태가 오래 계속되다

토론하기

Q1. 엔저 현상에 기뻐하는 사람들과 울상을 짓는 사람들은 누구일까요?

Q2. 엔저 현상은 일본에 물건을 수출하는 우리 기업들에게 어떤 영향을 미칠까요?

06 경제   2023년 8월

긴장하세요, 백화점! 편의점이 쫓아갑니다!

배경 지식

- 유통업계: 상품을 생산자에게서부터 소비자에게 전달하는 일을 하는 사람들의 활동 영역을 말해요.
- 1인 가구: 부모나 형제, 자녀 없이 혼자 사는 사람들을 뜻해요.

신문 읽기

편의점의 인기가 날로 높아지고 있어요. 편의점 매출이 대형마트 **매출** 규모를 넘어섰고 이제는 백화점도 곧 따라잡을 기세예요.

점점 높아지는 편의점의 인기

산업통상자원부가 올해 **상반기 유통업계**의 매출을 조사한 결과, 편의점이 대형마트(13.3%) 보다 3.3%P 높은 16.6%로 2위를 차지했어요. 1위인 백화점(17.6%)과는 1%P 차이밖에 나지 않았고요. 편의점 매출은 2021년 이후부터 대형마트를 앞지르며 2위에 올랐는데요, 올해도 2위 자리를 유지했어요. 백화점은 유통업계의 당당한 1위였지만, **고물가** 시대에 비싼 물건들이 잘 팔리지 않게 되자, 편의점에까지 **역전**당할 처지에 몰렸어요.

편의점의 인기가 날로 높아지는 까닭

2020년에 편의점 매출이 백화점을 넘어섰지만, 이것은 코로나 상황에서 일어난 **일시적인** 현상이었어요. 그러나 최근 편의점 매출이 급증한 데에는 중요한 사회적 현상이 깔려 있어요. 1인 가구의 증가와 가까운 거리에서 소비하기를 원하는 사람들이 늘어난 것이 바로 그것이에요. 편의점은 이러한 사회적 현상에 발맞춰 적은 양, 소포장 제품을 늘리고 채소, 육류, 생선 등 신선 제품도 판매하기 시작했어요. 신제품도 빠르게 **출시**하고 있고요. 사회적 변화에 따른 소비자들의 필요에 빠르게 대응하고 있는 편의점은 매출이 하루가 다르게 성장하고 있어요. 이에 백화점은 유통업계 1등 자리를 놓칠까 긴장하고 있어요.

정리하기

◎ 다음 빈칸을 채우세요.

□□□ 가 증가해 편의점 매출이 크게 늘고 있어요.

◎ 맞으면 O, 틀리면 X 하세요.

1. 최근 백화점 매출은 편의점에 역전당해 유통업계 2위를 차지했어요. □
2. 편의점의 인기는 1인 가구의 증가와 깊은 관련이 있어요. □
3. 백화점은 신제품을 빠르게 출시해서 사람들에게 인기가 많아졌어요. □

◎ 신문 어휘 풀이

- **매출**: 물건 따위를 내다 파는 일
- **상반기**: 한 해나 어떤 일정한 기간을 둘로 똑같이 나눌 때 앞의 절반 기간
- **유지하다**: 어떤 상태나 상황 등을 그대로 이어 나가다
- **고물가**: 높은 물가
- **역전**: 형세나 순위 등이 반대의 상황으로 바뀜
- **일시적이다**: 짧은 한때의 것
- **출시하다**: 상품을 시중에 내보내다

토론하기

Q1. 최근 편의점이 인기가 많아진 이유가 뭐예요?

Q2. 여러분은 편의점, 백화점 중에서 어디에서 물건을 자주 사요? 그 이유가 뭐예요?

07 | 경제 | 2023년 8월

SNS '좋아요' 수가 많으면 벌어지는 일

배경 지식

- **밴드웨건(Band Wagon) 효과**: 유행에 따라 상품을 구입하는 소비 현상이에요. 어떤 물건을 살 때 다른 사람들이 산 물건을 보고, 그것을 따라 선택하는 것을 말해요. '편승효과'라고도 말해요.

신문 읽기

모두가 가지고 있는 물건이나 유행하는 음식이 있다면 나도 따라 하고 싶다는 생각이 들기 마련이에요. 친구 따라 강남 간다는 속담처럼 말이에요!

오래 기다려도 괜찮아요, '좋아요' 수가 많으니까요!

인기 많은 식당과 카페, 팝업 스토어 앞에서 차례를 기다리는 사람을 흔히 볼 수 있어요. 사람들이 오랜 시간을 기다려가며 SNS에서 유명해진 장소에 가려고 하는 것은 바로 그곳에 '좋아요'를 누른 사람들이 많았기 때문이에요. 많은 사람들이 좋아하는 곳이니, 자신도 가봐야 한다고 생각하는 것이죠. 또 사람들은 인플루언서들이 광고하는 물건이라면 상품의 질이나 내용이 어떤지 따져보지도 않고 그대로 믿고 따라 **소비**하기도 해요.

모두가 다 하니까 나도 해야죠

이처럼 명확한 주관 없이 다른 사람이 하는 행동이나 유행을 그대로 따라 하는 현상을 '**밴드웨건 효과**'라고 해요. 이 말은 1848년 미국 대통령 선거에서 재커리 데

일러라는 후보가 **밴드웨건**을 **유세**에 이용하면서 생겨났어요. 그 당시 밴드웨건에 후보를 태우고 다니자, 점점 더 많은 이들이 무리 지어 따라오며 선거 유세를 듣게 됐어요. 그 덕분에 그는 미국 대통령이 되었지요. 사람들은 별다른 생각 없이 **다수**가 하는 대로 행동하기 쉬워요. 어떤 일을 결정하기 전에, 그 행위나 소비가 나와 얼마나 잘 맞는지, 나에게 필요한 것인지를 따져보며 결정해야 해요.

정리하기

◎ 다음 빈칸을 채우세요.

☐☐☐☐ 효과는 별생각 없이 유행에 따라 어떤 행위를 하거나 소비하는 것을 말해요.

◎ 맞으면 O, 틀리면 X 하세요.

1. SNS에서 유명해진 장소에는 가 봐야 한다고 생각하는 사람이 많아요. ☐
2. 밴드웨건 효과는 1848년 미국 대통령 선거 유세에서 나온 말이에요. ☐
3. 여러 사람이 선택한 물건은 질이 좋기 때문에 따라서 사는 것이 좋아요. ☐

◎ 신문 어휘 풀이

- **소비하다**: 돈, 물건, 시간, 노력, 힘 등을 써서 없애다
- **명확하다**: 분명하고 확실하다
- **주관**: 자기만의 생각이나 관점
- **밴드웨건**: 서커스 따위 행렬의 선두에 선 악대차를 뜻함
- **유세**: 자기 의견 또는 소속 정당의 주장을 선전하며 돌아다님
- **다수**: 많은 수

토론하기

Q1. 친구들이 사니까 무작정 따라 산 적이 있었어요? 사고 나서 어땠어요?

Q2. 밴드웨건 효과는 우리에게 어떤 나쁜 영향을 미칠까요?

사람들이 햄버거에 화가 난 까닭은

배경 지식

- **과대광고:** 상품의 내용을 실제보다 과장하여 광고하는 것을 말해요.
- **소송:** 사람들 사이에서 일어난 다툼을 재판을 통해 법으로 해결해 달라고 법원에 요구하는 것을 말해요.

신문 읽기

햄버거 프랜차이즈 버거킹을 상대로 100여 명의 미국 소비자들이 **소송**을 제기했어요. 사람들은 왜 버거킹 햄버거에 화가 났을까요?

광고에 나온 햄버거가 버거킹에는 없다?

소비자들은 버거킹의 대표 메뉴인 와퍼가 **과대광고**라고 주장하고 있어요. 광고에서 본 와퍼와 실제 주문했을 때 받아본 햄버거가 서로 너무 다르다고 느꼈기 때문이에요. 광고 속 와퍼는 내용물이 많아 밖으로 흘러내리기도 하는 등 실제보다 35% 더 크게 보이고, 고기도 두 배 이상 더 커 보이지만 실제 주문한 햄버거는 **부실**하기 짝이 없다는 거예요. 소비자들은 버거킹이 광고한 것보다 가치가 떨어지는 제품을 팔아 소비자들에게 손해를 끼쳤다고 주장해요.

버거킹, "우리는 소비자를 속이지 않았어요"

버거킹 측은 소비자들의 주장이 거짓이라며 **반박**에 나섰어요. 광고에 나오는 소고기 패티는 실제 미국 전역 고객들에게 제공하는 것과 **동일**한 것이라면서요. 한 푸드 스타일링 전문가는 광고에서는 버거 패티를 앞으로 움직인다거나, 더 작은 빵을 사용해 패티가 크게 보이게 했을 수 있다면서 소비자가 실제로 산 버거와 광고 이미지는 달라 보일 수도 있다고 해요. 법원은 누구의 손을 들어줄까요? 다른 햄버거 프랜차이즈인 맥도날드와 웬디스도 **유사한** 소송에 휘말려 있어, 앞으로 어떻게 될지 사람들의 관심이 커지고 있어요.

정리하기

◎ 다음 빈칸을 채우세요.

미국 소비자들은 버거킹이 실제와는 다른 버거 이미지를 사용해서 ☐☐☐ 를 한다고 주장해요.

◎ 맞으면 O, 틀리면 X 하세요.

1. 미국 소비자들은 버거킹의 와퍼가 광고 이미지와 다르다고 주장해요. ☐
2. 광고 이미지를 만들 때 실제 판매 재료보다 더 좋은 것을 사용해요. ☐
3. 맥도날드와 웬디스는 소비자들과의 소송에서 이겼어요. ☐

◎ 신문 어휘 풀이

- **제기하다**: 의견이나 문제를 내어놓거나 소송을 일으키다
- **부실하다**: 내용이 실속이 없고 충분하지 못하다
- **반박**: 남의 주장이나 의견에 반대함
- **동일하다**: 어떤 것과 비교하여 똑같다
- **유사하다**: 서로 비슷하다

토론하기

Q1. 실제 물건을 사고 보니 모양이나 질이 광고와 달라 실망한 적이 있어요?

Q2. 여러분이 판사라면 어떤 판결을 내릴 것 같아요? 그 이유는 뭐예요?

| 09 | 경제 | 2023년 11월 |

다이아몬드가 실험실에서 무럭무럭 자라나고 있어요

배경 지식

- **독점**: 개인이나 단체가 혼자 생산과 시장을 지배해서 그 이익을 독차지하는 현상을 말해요.
- **희소성**: 희소성은 어떤 상품을 원하는 사람들에 비해 그 상품의 양이 아주 적다는 뜻이에요.
- **블러드 다이아몬드**: 분쟁 지역에서 생산되어 전쟁 비용을 마련하기 위해 거래되는 다이아몬드를 '블러드 다이아몬드,' 즉 '피의 다이아몬드'라고 불러요.

신문 읽기

영원한 사랑을 약속하며 건네는 사랑의 징표, 다이아몬드. 이 아름다운 보석의 이면에는 비밀스러운 이야기들이 숨겨져 있어요.

반짝이는 다이아몬드 뒤에 숨은 검은 그림자

영국의 다이아몬드 회사 드비어스는 '다이아몬드는 영원하다'라는 광고로 다이아몬드를 전 세계 가장 인기 있는 보석으로 만들었어요. 한때 전 세계 다이아몬드 원석의 90%를 독점하기도 했지요. 드비어스는 일부러 다이아몬드를 시장에 적게 내놓아 가격을 올리는 등, 다이아몬드의 희소성을 높여서 이익을 독차지했어요. 다이아몬드의 검은 그림자는 이뿐만이 아니에요. 다이아몬드를 캐낼 때 환경을 심하게 오염시키고요, '블러드 다이아몬드' 문제도 불러일으켜요. 최근에는 세계 최대 다이아몬드 보유국 러시아가 다이아몬드를 판 돈으로 우크라이나와의 전쟁 자금을 마련해 논란이 됐어요.

그래서 태어났어요, 랩그로운 다이아몬드!

랩그로운(Lab Grown) 다이아몬드는 실험실에서 자란 합성 다이아몬드지만, 천연 다이아몬드만큼 투명하고 색이 고와서 전문가들도 맨눈으로는 이 둘을 구별하기 어렵다고 해요. 합성 다이아몬드의 탄생으로 드비어스는 다이아몬드 원석 가격을 1년 새 40%나 내려야 했죠. 저렴하고 품질이 우수한데다 친환경적이고 윤리적인 문제를 일으키지 않는 합성 다이아몬드의 탄생! 전문가들은 세계 다이아몬드 시장이 크게 바뀔 것으로 내다보고 있어요.

정리하기

◎ 다음 빈칸을 채우세요.

합성 다이아몬드의 등장으로 다이아몬드의 ☐☐ 은 떨어졌어요.

◎ 맞으면 O, 틀리면 X 하세요.

1. 드비어스는 다이아몬드의 희소성을 높여 이익을 얻었어요. ☐
2. 천연 다이아몬드는 환경오염과 윤리적인 문제는 없어요. ☐
3. 합성 다이아몬드의 탄생으로 세계 다이아몬드 시장이 달라질 거예요. ☐

◎ 신문 어휘 풀이

· 이면: 물체의 뒤쪽 면, 또는 겉으로 나타나거나 눈에 보이지 않는 부분
· 원석: 인공적으로 처리하지 않은, 파낸 그대로의 보석
· 독차지하다: 혼자서 다 가지다
· 보유국: 어떠한 자원, 시설, 기술 따위를 가지고 있는 나라
· 자금: 특정한 목적을 위해 쓰는 돈
· 합성: 둘 이상의 것을 합쳐서 하나를 이룸

토론하기

Q1. 천연 다이아몬드에는 어떤 문제점이 있어요?

Q2. 앞으로 세계 다이아몬드 시장은 어떻게 변화할까요?

오레오 쿠키 크림을 훔쳐 간 범인의 정체는

심화버전

배경 지식

- **인플레이션(Inflation):** 돈의 가치가 떨어져서 물건값이 계속 올라 사람들의 실질적 소득이 줄어드는 현상을 말해요.
- **슈링크플레이션(Shrinkflation):** 제품의 가격은 그대로 유지하는 대신 제품의 크기 및 중량을 줄여, 사실상 가격을 올리는 효과를 보려는 전략을 말해요.
- **스킴플레이션(skimpflation):** 가격은 동일하거나 혹은 더 올랐음에도 불구하고 상품과 서비스의 질이 눈에 띄지 않게 떨어지는 현상을 가리켜요.

신문 읽기

최근 오레오 쿠키 속 크림이 줄어 당황했다는 사람들이 늘어나고 있어요. 세계에서 가장 많이 팔린다는 오레오에 무슨 일이 생긴 걸까요?

값은 같은데 양이 적어진다면?

가격은 그대로면서 제품의 크기나 양은 줄이는 **슈링크플레이션** 현상이 늘고 있어요. 5개 들어 있던 핫도그였는데 4개로 개수가 줄었다거나, 1,000ml짜리 우유의 용량이 930ml로 줄어든 것 등이 이에 해당해요. 이 현상은 주로 **인플레이션** 시기에 발생하는데요, 팬데믹 이후 **원자재** 비용이 오르고 노동자의 **임금**이 상승하는 등의 문제를 소비자들이 떠안게 된 것이죠.

소비자를 속이는 꼼수는 이제 그만!

이와 더불어 **스킴플레이션** 현상도 문제가 되고 있어요. 스킴플레이션은 재료나 서비스에 들이는 비용을 줄여 제품 질을 떨어뜨리는 것을 말해요. 실제로 오렌지 주스 과즙 **함량**을 낮추거나 올리브유 100% 제품에 해바라기유를 섞어 판 회사도 있었어요. 소비자들은 가격이 오르는 것에 더 민감하게 반응하기 때문에 제품의 양과 질의 변화를 알아채지 못할 때가 많아요. 더 큰 문제는 인플레이션이 **완화돼도** 줄어든 **용량**과 질이 원래대로 돌아가지 않는다는 점이에요. 소비자들은 물건을 살 때 주의를 기울이고 기업도 제품이나 서비스 변경 내용을 거짓 없이 소비자들에게 알려야 해요.

정리하기

◎ 다음 빈칸을 채우세요.

기업들이 제품의 크기나 양을 줄여 실제로 가격 인상의 효과를 누리는 것을 ☐☐☐☐☐ 이라고 해요.

◎ 맞으면 O, 틀리면 X 하세요

1. 물가가 상승하는 것과 슈링크플레이션은 서로 관계가 있어요. ☐
2. 소비자들은 가격 상승보다 제품의 양이나 질의 변화를 빠르게 알아차려요. ☐
3. 인플레이션이 누그러들면 제품의 줄어든 용량은 다시 많아질 거예요. ☐

◎ 신문 어휘 풀이

· **원자재**: 물건을 만들어내는 데 필요한 재료
· **임금**: 일을 한 대가로 받는 돈
· **함량**: 물질이 어떤 성분을 포함하고 있는 분량
· **완화되다**: 긴장된 상태나 매우 급한 것이 느슨하게 되다
· **용량**: 일정한 공간 안에 들어갈 수 있는 분량

토론하기

Q1. 슈링크플레이션을 경험해 본 적이 있어요?

Q2. 기업들이 슈링크플레이션, 스킴플레이션과 같은 방법을 쓰는 이유는 뭘까요?

경제   2023년 12월

크리스마스 선물만은 제때 받고 싶어요

배경 지식

- **파나마 운하**: 북아메리카와 남아메리카를 연결하는 좁고 잘록한 땅을 파서 배가 태평양과 대서양을 오갈 수 있도록 만든 운하예요.
- **엘니뇨**: 남미 페루 부근 태평양 적도 해역의 해수 온도가 크리스마스 무렵부터 이듬해 봄철까지 주변보다 2~10℃ 이상 높아지는 이상 고온 현상을 말해요.

신문 읽기

파나마 운하

    심각한 가뭄으로 파나마 운하의 강물이 바싹 말라 버리는 바람에 어린이들이 크리스마스 선물도 제때 받을 수 없다는데요, 이게 어찌 된 일일까요?

말라버린 파나마 운하와 크리스마스 선물은 대체 무슨 관계인 걸까요?

    태평양과 대서양을 연결하는 파나마 운하는 세계에서 중요한 바닷길 중 하나예요. 그런데 파나마 운하가 전에 없던 가뭄으로 수위가 낮아져 하루에 지나다닐 수 있는 선박 수가 절반으로 줄어들었어요. 세계 **양대** 운하 중 하나인 파나마 운하 **통행**에 문제가 생긴 가운데, 연말에 오고 가는 선박이 늘자 **병목**현상이 생겼어요.

기후위기가 급기야 크리스마스 선물 배송까지 방해하기 시작했어요

    파나마 지역은 열대우림 기후로 5~12월은 원래 **우기**에 해당되기 때문에 12월 가뭄은 보기 드문 현상이에요. 전문가들은 이번 가뭄은 기후위기에 **엘니뇨** 현상까지 겹치면서 평소보다 41%나 적은 양의 비가 내렸기 때문이라고 말해요. 파나마 운하의 **원활**한 통행이 어려워지면서 선박 운행 시간이 길어지고, 기업 생산 일정에 문제가 생기기도 했어요. 그래서 기업들은 어쩔 수 없이 훨씬 더 비싼 비행기를 이용하기도 했고요. 이 모든 상황이 결국 물가상승을 일으킨 거죠. 기후위기로 인한 파나마의 극심한 가뭄은 언제까지 계속될까요? 사람들은 크리스마스 선물을 제때 주고받으며 따뜻한 크리스마스를 보낼 수 있을까요?

정리하기

◎ 다음 빈칸을 채우세요.

☐☐☐ 운하는 태평양과 대서양을 연결하는 중요한 바닷길 중 하나예요.

◎ 맞으면 O, 틀리면 X 하세요.

1. 파나마 운하의 가뭄으로 수위가 낮아져 선박 통행에 문제가 생겼어요. ☐
2. 파나마 지역은 원래 12월에 가뭄이 자주 발생해요. ☐
3. 기후변화와 물가 상승은 관계가 없어요. ☐

◎ 신문 어휘 풀이

- 운하: 배의 운항을 위해 육지에 파 놓은 물길
- 수위: 강, 바다, 호수, 저수지 따위의 물의 높이
- 양대: 두 기둥을 삼을 만큼 큰 두 가지를 이를 때 쓰는 말
- 통행: 어떤 곳을 지나다님
- 병목현상: 병의 목 부분처럼 넓은 길이 갑자기 좁아져 일어나는 교통 정체 현상
- 우기: 일 년 중 비가 많이 오는 시기
- 원활하다: 막힘이 없이 순조롭고 매끄럽다
- 물가상승: 여러 가지 재화의 평균적인 가격이 올라감

토론하기

Q1. 어린이들이 크리스마스 선물을 제때 받을 수 없게 된 이유가 뭐예요?

Q2. 파나마 운하에 발생한 통행 문제를 해결할 방법이 있을까요?

경제 2023년 12월

나도 살래, 디토 소비!

배경 지식

○ **디토 소비**: 시간을 아끼고 실패를 줄이기 위해 사람, 콘텐츠, 유통 채널을 따라 소비하는 형태를 말해요.

신문 읽기

뉴진스의 '디토'라는 노래, 들어보셨어요? '디토'는 '나도', '마찬가지'라는 뜻인데요, 최근 새로운 소비 트렌드로 '디토 소비'라는 말이 생겼다고 해요.

시간은 아끼고 실패는 줄여야죠

요즘은 물건의 종류와 정보, 구매 채널이 다양해졌어요. 선택지가 많아진 것이 장점이 될 수도 있지만 오히려 선택을 어렵게 만들기도 하죠. 쏟아지는 정보 속에서 시간을 들여 고른 물건이 잘못된 선택은 아니었을까 걱정하는 사람들도 늘고 있고요. 이에 SNS에서 인기를 끄는 제품 또는 특정 인물이 소개하거나 추천하는 콘텐츠를 따라 구매함으로써 시간을 아끼고 실패를 줄이자는 뜻의 '디토 소비'가 퍼져 나가고 있어요.

그렇다고 무턱대고 따라 사는 건 아니에요

디토 소비는 유명인이 쓰는 물건을 아무 생각 없이 따라 샀던 '모방 소비' 또는 좋아하는 스타가 광고하는 제품을 무조건 사는 '팬덤 소비'와는 달라요. 자신과 비슷한 취향과 가치관을 가진 특정 인물의 선택을 따라 하거나 전문가가 추천한 물건을 구매하기 때문이에요. 소비할 때 나의 취향, 가치관을 **우선**으로 두는 것이죠. 사람들은 상품 구매뿐만 아니라 웹툰, 드라마, 영화 등과 같은 콘텐츠를 선택하고 이용할 때도 디토 소비를 해요. 전문가들은 디토 소비가 시간을 **허비하지** 않고 실패 없는 소비를 할 수 있는 가장 알맞은 방법이라고 말해요.

정리하기

◎ 다음 빈칸을 채우세요.

☐☐☐ 는 시간을 아끼고 실패를 줄이기 위해 자신과 비슷한 취향을 가진 사람들의 소비를 따라하는 것을 말해요.

◎ 맞으면 O, 틀리면 X 하세요.

1. 디토 소비는 유명인이 쓰는 물건은 일단 사고 보는 소비 형태예요. ☐
2. 디토 소비를 통해 시간을 아끼고 실패를 줄일 수 있어요. ☐
3. 사람들은 드라마나 영화를 선택할 때는 디토 소비를 하지 않아요. ☐

◎ 신문 어휘 풀이

- **모방**: 다른 것을 본뜨거나 남의 행동을 흉내 냄
- **우선**: 다른 것에 앞서 특별하게 대우함
- **허비하다**: 아무 보람이나 이득이 없이 쓰다감

토론하기

Q1. 부모님에게 디토 소비를 설명하세요. 그리고 부모님이 디토 소비를 해 본 적이 있는지, 어땠는지 인터뷰해 보세요.

Q2. 여러분 생각에 디토 소비의 장점은 무엇인 것 같아요?

Q3. 디토 소비의 문제점이 있을까요? 있다면 무엇일까요?

경제   2023년 12월

풍선을 누른다고 작아지진 않아요

배경 지식

- **대체재**: 서로 용도가 비슷하고 같은 효과를 얻을 수 있어 대체가 가능한 물건을 뜻해요.
- **풍선효과**: 풍선의 한쪽을 누르면 다른 쪽이 불룩 튀어나오는 것처럼 어떤 현상이나 문제를 억제하면 다른 현상이나 문제가 생겨나는 것을 말해요.

신문 읽기

전 세계적으로 일회용 종이컵 사용량이 가장 많은 나라 중 하나가 한국이라는 사실, 알고 계셨나요?

''종이'컵이니까 환경에 크게 나쁘지 않을 것 같아요'

라고 생각할 수 있지만 일회용 종이컵은 **생산**부터 버려지는 전 과정에서 환경에 악영향을 미쳐요. 국제 환경단체 그린피스의 조사 결과에 따르면, 종이컵이 1년간 **배출하는 온실가스**는 자동차 6만 2,201대에서 나오는 **탄소** 배출량과 같다고 해요. 또 종이컵은 재활용한다고 해도 겉면 플라스틱 코팅을 벗겨내는 등 까다로운 과정을 거쳐야 해서 실제 재활용률은 13%도 되지 않고 주로 **소각**돼요.

'그렇다면 '종이컵' 사용을 줄이면 되겠어요'

라고 간단히 생각하기 쉽지만, 종이컵 사용을 막으면 이를 대신할 **대체재** 소비가 늘어나요. 대표적인 것이 텀블러예요. 텀블러는 일회용품이 아니라서 안심하고 사용하지만, 만들 때 종이컵보다 훨씬 더 많은 온실가스가 나와요. 또 요즘은 사은품으로 받거나 유행하는 텀블러를 사는 등, 개인이 가지고 있는 텀블러 수가 많아졌어요. 이

로써 버려지는 텀블러가 증가하고 결국 쓰레기양은 오히려 늘어나는 **풍선효과**가 나타난 것이죠. 지난 20년간 정부의 일회용품 **규제책**은 이랬다저랬다 하기를 반복해 왔어요. 전문가들은 특정 일회용품을 사용하고 말고는 중요하지 않다며 일회용품이 생산되고 소비되고 버려지는 모든 과정을 검토해 쓰레기 배출의 **총량**을 줄여야 한다고 말해요.

정리하기

◎ 다음 빈칸을 채우세요.

종이컵 대신 사용할 수 있는 텀블러는 종이컵의 대표적인 ☐☐ 예요.

◎ 맞으면 O, 틀리면 X 하세요.

1. 종이컵의 재활용 과정이 매우 복잡해서 재활용률은 낮은 편이에요. ☐
2. 종이컵 대신 새 텀블러로 자주 바꿔 써도 환경보호에 도움이 돼요. ☐
3. 정부는 쓰레기 배출 총량을 줄이는 것을 목표로 일회용품 규제책을 만들었어요. ☐

◎ 신문 어휘 풀이

- **생산**: 인간이 생활하는 데 필요한 각종 물건을 만들어 냄
- **배출하다**: 안에서 만들어진 것을 밖으로 밀어 내보내다
- **온실가스**: 지구 대기를 오염시켜 온실효과를 일으키는 가스
- **탄소**: 숯이나 석탄의 주된 구성 원소
- **소각되다**: 불에 타 없어지게 되다
- **규제책**: 어떤 일을 법이나 규칙으로 제한할 대책이나 방책
- **총량**: 전체의 양이나 무게

토론하기

Q1. 어떤 문제를 억눌러 멈추게 하면 다른 문제가 생겨나는 현상을 풍선효과라고 해요. 풍선효과를 경험해 보거나 주변에서 본 적이 있어요?

Q2. 종이컵의 대체재인 텀블러를 어떻게 사용해야 환경오염을 줄일 수 있을까요?

경제 | 2023년 12월

탕탕! 총성이 울려 퍼진 홍해 앞바다에서 벌어진 일은

배경 지식

- 홍해: 아프리카 대륙과 아라비아반도 사이에 있는 좁고 긴 바다예요.
- 수에즈 운하: 지중해와 홍해를 연결하는 세계 최대 운하예요. 아프리카를 돌아가지 않고 아시아와 유럽이 바로 연결되는 통로로서 중요한 역할을 하고 있어요.
- 이·팔 분쟁: 유대인들이 팔레스타인으로 이주해 이스라엘을 건국하면서 시작된 분쟁이에요.

신문 읽기

수에즈 운하

홍해에 무시무시한 총성이 울려 퍼지고 있어요. 후티 **반군**이 이곳을 지나가는 선박들을 위협하고 이스라엘 관련 선박들을 공격하고 있기 때문이에요.

후티 반군이 누구길래 홍해를 지나는 이스라엘 선박을 공격하는 거죠?

후티 반군은 예멘과 사우디아라비아 남부에서 활동하는 이슬람 **무장** 단체예요. 이들은 지난해 10월 이스라엘과 팔레스타인 전쟁이 일어난 후, 팔레스타인을 돕겠다고 나섰어요. 홍해를 지나는 이스라엘과 관련된 선박을 공격하는 방법으로요. 후티 반군이 팔레스타인 편을 들고 있는 까닭은 이스라엘에 반대하며 팔레스타인을 **지지**하는 나라, 이란의 도움을 받고 있기 때문이에요.

홍해를 자유롭게 오갈 수 없으면 어떻게 될까요?

홍해는 세계 최대 운하인 **수에즈** 운하를 통과하려면 반드시 거쳐야 하는 바다예요. 수에즈 운하는 세계 무역의 15%가량을 차지하며 아시아와 유럽을 잇는 **최단** 경로예요. 선박이 이곳을 통과하지 못해, 아프리카 대륙으로 6,000~8,000km 가량 돌아가게 되면 **운송** 시간과 비용이 몇 배는 더 늘어나요. 실제로 수에즈 운하를 통과한 선박 수는 작년보다 36.1%나 감소했어요. 특히 석유·가스 **수송**이 줄면서 석유를 수입에만 의존하는 한국과 같은 나라들은 큰 타격을 입게 될 거예요. 후티 반군은 홍해를 지나는 선박들을 계속 위협할 거라고 말해요. 후티 반군의 공격이 **이·팔 분쟁**과 세계 경제에 어떤 영향을 미칠지 전 세계가 주목하고 있어요.

정리하기

◎ 다음 빈칸을 채우세요.

☐☐☐ 운하는 아시아와 유럽을 잇는 최단 경로로 세계 최대 운하예요.

◎ 맞으면 O, 틀리면 X 하세요.

1. 후티 반군은 이스라엘의 군대를 공격하기 시작했어요. ☐
2. 수에즈 운하를 통과할 수 없으면 멀리 돌아가야 해서 운송 시간이 늘어요. ☐
3. 선박들이 수에즈 운하를 통과하지 못하면 세계 경제에도 악영향을 미쳐요. ☐

◎ 신문 어휘 풀이

- **반군**: 정부나 지도자를 몰아내려고 전쟁을 일으키는 군대
- **무장 단체**: 전투에 필요한 장비를 갖춘 조직이나 단체
- **지지하다**: 어떤 사람이나 단체 등이 내세우는 주의나 의견 등에 찬성하고 따르다
- **최단**: 가장 짧음
- **운송**: 사람을 태워 보내거나 물건 등을 실어 보냄
- **수송**: 기차나 자동차, 배, 항공기 따위로 사람이나 물건을 실어 옮김

토론하기

Q1. 홍해에 총소리가 울려 퍼진 이유가 뭐예요?

Q2. 수에즈 운하 통행이 자유롭지 못하면 어떤 문제가 발생할까요? 우리에게 어떤 영향을 미칠까요?

샤워실의 바보는 누구일까요?

배경 지식

✓ **샤워실의 바보**: 경제 문제를 해결하기 위해 정부가 섣부르게 시장에 정책을 만들거나 바꾸면 물가 불안과 경기 침체가 더 심해질 수 있음을 경고하는 말이에요.

신문 읽기

샤워기를 틀었는데 차가운 물이 나오면 어떻게 해요? 그러다 또 갑자기 너무 뜨거운 물이 나오면요?

누구나 샤워실의 바보가 돼 본 경험이 있어요

씻으려고 샤워기를 틀면 찬물이 콸콸 쏟아져나와요. 따뜻한 물이 빨리 나오게 하려고 서둘러 손잡이를 돌리면 또 금세 너무 뜨거운 물이 나오죠. 놀란 사람들은 다시 찬물 쪽으로 급히 손잡이를 돌립니다. 누구나 한 번쯤은 경험해 봤을 법한 이런 일상적인 일이 경제학에서 매우 중요한 개념으로 쓰여요. '**샤워실의 바보**'라고 불리는 말인데요, 이는 세계적인 경제학자 밀턴 프리드먼이 만든 용어로 정부의 **과도**한 경제**개입**과 **정책**의 **전환**에 따라 발생하는 부작용을 지적하는 말이에요. 즉, 정책 효과가 나타나기까지 시간이 필요한데 정부가 그 시간을 기다리지 못해 조급하게 계속 대응하면 각종 문제가 발생한다는 뜻이에요.

이랬다저랬다, 샤워실의 바보들은

여러 나라 경제 정책에서 찾아볼 수 있어요. 정부와 중앙은행은 경기 **변동**이 발생하면 이를 원래대로 되돌려놓으려고 갖가지 정책을 성급하게 시행해요. 적절한 시기에 경제개입을 한다면 좋겠지만, 정책 효과가 나타나기 전에 섣부른 판단으로 개입해 버리면 대부분 부작용만 불러일으켜 샤워실의 바보 신세를 **면하기**는 어려워요.

정리하기

◎ 다음 빈칸을 채우세요

☐☐☐ 의 ☐☐ 란 정부의 과도한 경제개입과 정책의 전환에 따라 발생하는 부작용을 지적하는 말이에요.

◎ 맞으면 O, 틀리면 X 하세요

1. 정부의 경제개입은 어떤 경우에도 부작용을 불러일으켜요. ☐
2. 정책은 시행하면 바로 효과가 나타나요. ☐
3. 샤워실의 바보들은 여러 나라의 경제 정책에서 찾을 수 있어요. ☐

◎ 신문 어휘 풀이

- **과도하다**: 정도가 지나치다
- **개입**: 어떤 일에 끼어드는 일
- **정책**: 공공문제를 해결하기 위해 정부에 의해 결정된 방침
- **전환**: 다른 방향이나 상태로 바뀌거나 바꿈
- **변동**: 바뀌어 달라짐
- **면하다**: 어떤 일을 당하지 않게 되다

토론하기

Q1. '샤워실의 바보'처럼 어떤 문제가 생겼을 때 이랬다저랬다 조급하게 대응하다가 일을 망친 적이 있어요?

Q2. 샤워실의 바보가 되지 않으려면 어떻게 해야 할까요?

경제　　　　　　　　　　　　　　　　　　　　　　　2024년 1월

한국 사람들이 향수에 '풍덩' 하고 빠진 이유는

배경 지식

- **립스틱 효과:** 경제적 불황기에 가격이 저렴한 사치품의 판매량이 증가하는 현상이에요.
- **작은 사치:** 사치스러운 느낌을 주면서도 가격이 합리적이어서 만족스럽게 소비하는 것을 말해요. 흔히 불황일 때 나타나요.

신문 읽기

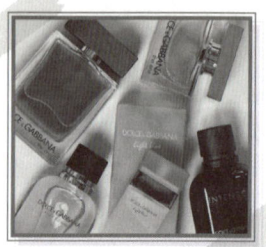

물가상승과 경제 불황으로 사람들의 주머니 사정이 나빠졌지만, 한국에서 작년보다 24%나 더 많이 팔린 상품이 있어요. 사람들의 지갑이 얇아질수록 더 잘 팔린 물건, 그것은 무엇일까요?

그건 바로 향수, 향수입니다!

사람들은 경제가 나쁠 때 큰돈을 들이지 않고도 **사치**를 부릴 수 있는 물건을 사려는 **경향**을 보여요. 이러한 소비패턴은 1930년대 미국 **대공황** 시절에 처음 발견되었어요. 당시 미국은 경제적으로 큰 어려움을 겪고 있었어요. 가게와 공장이 문을 닫고 미국인 평균 4명 가운데 1명이 직업을 잃었죠. 그런데 그 당시 립스틱 **매출**만은 크게 오르는 현상이 나타났어요. 경제학자들은 **불황**기에 저렴한 사치품의 판매량이 오르는 현상을 '**립스틱 효과**'라고 부르기로 했어요.

경제가 나빠졌는데 이렇게 물건을 사도 돼요?

불황기가 오면 절약이 최선이겠지만, 소비자들은 **호황기** 때 소비 습관을 쉽게 버리지 못해요. 그렇다고 비싼 물건을 살 수는 없으니, 화장품과 같은 작은 물건 구입으로 만족감을 얻는 것이죠.

경제학에서는 '최소의 비용을 들여 최대한의 만족감을 얻는 소비'를 '**합리적**'이라고 말해요. 이에 따르면, 1930년대 미국의 립스틱, 혹은 요즘 한국의 향수는 적은 비용으로 만족감을 얻을 수 있으니 합리적인 소비라고 할 수 있죠. 소비자 형편에 맞춘 작은 **사치**는 불황기를 극복해내는 생활의 지혜일 수도 있어요.

정리하기

◎ 다음 빈칸을 채우세요.

☐☐☐☐☐ 란 경제적 불황기에 가격이 저렴한 사치품의 판매량이 증가하는 현상이에요.

◎ 맞으면 O, 틀리면 X 하세요.

1. 경제가 나빠지면 사람들은 어떤 물건도 사지 않고 절약해요. ☐
2. 미국 대공황 시기에 경제 사정이 어려웠지만, 립스틱 판매량은 크게 늘었어요. ☐
3. 립스틱 효과는 불황기에 나타나는 소비 형태예요. ☐

◎ 신문 어휘 풀이

· **사치**: 필요 이상의 돈을 쓰거나 값비싼 물건을 사용하며 분수에 지나친 생활을 함
· **경향**: 어느 한 방향으로 기울어진 생각이나 행동 혹은 현상
· **대공황**: 세계적으로 일어나는 큰 규모의 경제 공황
· **매출**: 물건 따위를 내다 파는 일
· **불황기**: 경기가 좋지 않아 경제 활동이 위축된 시기
· **호황기**: 경기가 좋은 상태나 시기
· **합리적**: 이론이나 이치에 합당한

토론하기

Q1. '립스틱 효과'를 친구나 가족에게 간단하게 설명해 보세요.

Q2. 최근 산 물건 중 '적은 비용을 들여 큰 만족감을 얻은' 물건이 있어요? 어떤 물건이에요?

경제 | 2024년 3월

전보다 더 많이 먹었냐고요?
그런 말씀 마세요!

배경 지식

- **소비자 물가지수**: 일반 가정에서 생활을 위하여 구입하는 상품이나 서비스의 가격 변동을 나타내는 지수를 말해요.
- **엥겔지수**: 한 가정에서 일정 기간 쓴 총금액 중에서 식료품비가 차지하는 비율을 말해요.

신문 읽기

요즘 각 가정에서 **식료품**에 쓴 돈이 크게 늘었다고 해요. 평소보다 더 많이 사서 먹은 것도 아닌데 말이죠. 이렇게 억울한 상황은 어떻게 해서 생긴 걸까요?

그건 바로 먹거리 물가가 크게 올랐기 때문이에요.

통계청에 따르면, 작년 **소비자 물가지수**는 2021년보다 8.9%나 오른 것으로 나타났어요. 과일뿐만 아니라 삼겹살과 가공식품 가격까지 크게 **상승했는데요**, 한 달 사이 시리얼(10.7%), 어묵(9.6%), 고추장(8.8%), 소시지(4.1%) 등의 가격이 가파르게 올랐어요.

먹거리 물가가 올라도 사람들의 소득이 그대로라면 어떻게 될까요?

우리는 살아가기 위해 **일정량**의 식료품을 사야 해요. 하지만 식료품값이 오르면 전과 똑같은 양을 사도 더 많은 돈을 써야 하겠지요. 즉, 일정 기간에 한 가정에서 쓰는 **총지출액** 중 식료품에 쓰는 돈이 늘어나게 되는 것이죠. 이런 현상을 두고 '**엥겔지수**'가 높아졌다고 말해요. 엥겔지수는 **가계**에서 사용한 총금액 중에서 식료품

비가 차지하는 비율을 뜻해요. 요즘 사람들은 '못난이'나 '흠집'같은 키워드를 검색해 농산물을 구입한다고 해요. 과일과 채소 값이 지나치게 많이 올랐기 때문이죠. 물가상승이 사람들의 소득 **오름세**보다 더 커서 엥겔지수가 점점 더 높아지고 있으니 사람들이 느끼는 경기는 나쁠 수밖에 없어요.

정리하기

◎ 다음 빈칸을 채우세요.

한 가정에서 쓰는 총지출액 중 식료품비가 차지하는 비율이 [　　　] 예요.

◎ 맞으면 O, 틀리면 X 하세요.

1. 최근 사람들이 식료품을 평소보다 더 많이 사고 있어요. [　]
2. 식료품 물가가 오르면 전과 같은 양을 사도 더 많은 돈을 써야 해요. [　]
3. 물가가 내려가면 엥겔지수는 높아져요. [　]

◎ 신문 어휘 풀이

- **식료품**: 음식의 재료가 되는 먹을거리
- **물가**: 물건의 값
- **상승하다**: 위로 올라가다
- **일정량**: 정해져 있는 분량
- **총지출액**: 어떤 목적을 위하여 쓰인 모든 돈의 액수
- **가계**: 경제 단위로서의 가정
- **비율**: 기준이 되는 수에 대한 비교하는 양의 크기. 비율= 비교하는 양/기준량
- **오름세**: 물가나 시세 따위가 오르는 상태

토론하기

Q1. 평소보다 더 많이 사 먹은 것도 아닌데 음식을 사는 데 쓴 돈이 크게 늘었다면, 이것에 대해 어떻게 설명할 수 있어요?

Q2. 요즘 우리집의 엥겔지수가 늘었는지, 줄었는지 부모님께 물어보고 함께 이야기해 보세요.

02

사회

18 조심하세요, 슬러지 콘텐츠가 여러분의 집중력을 호시탐탐 노리거든요!
19 여기, 한국이 맞나요?
20 벼랑 위의 한국, 떨어지지 않게 꼭 붙잡아요 심화 포함
21 친절을 베푸는 사람에게 일어나는 마법 같은 일
22 제 사진, 이제 마음대로 올리시면 안 돼요
23 "저 길 건널 거예요!", 이제는 손짓으로 말해 주세요
24 가도 가도 마트가 보이지 않는 그곳의 이름은 심화 포함
25 제가 '숏폼'에 중독된 건 아니겠죠?
26 '펑' 하고 나타났다 연기처럼 사라진 가게들이 남기고 간 자리에는

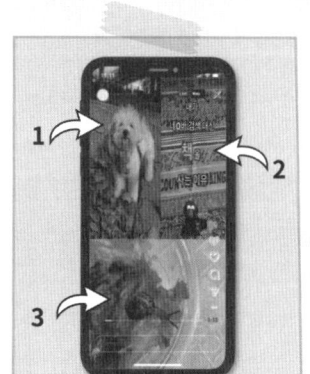

27 AI가 베꼈다면 우리는 그것을 도둑질이라 부를 수 있을까? 없을까?
28 내가 보고 싶은 것만 볼 거야! 내 말이 다 옳아!
29 스마트폰, 너 이제 학교에서는 아웃!
30 인공지능(AI)과 함께 살아가는 세상 속 너와 나의 미래는
31 공부를 잘하고 싶어요? 그럼 ○○○를 쓰세요!
32 사람들은 집으로 돌아가세요, 이제 AI 우리가 일합니다
33 페파피그 때문에 우리 아이가 달라졌어요
34 코끼리도 장례식에 갑니다

사회 2023년 5월

조심하세요, 슬러지 콘텐츠가 여러분의 집중력을 호시탐탐 노리거든요!

배경 지식

- **슬러지 콘텐츠**: '슬러지(Sludge)'는 진흙을 뜻하는데요, 이 의미처럼 슬러지 콘텐츠는 한 화면에 3~4개의 영상을 동시에 재생하는 콘텐츠를 말해요.
- **Z세대**: 1990년대 중반부터 2000년대 초반 사이에 태어난 세대를 'Z세대'라고 불러요.
- **팝콘 브레인(Popcorn Brain)**: 팝콘이 튀어 오르듯 디지털 기기의 강렬한 자극에만 반응할 뿐, 현실의 자극에는 무감각해지는 현상을 말해요.

신문 읽기

슬러지 콘텐츠

틱톡이 나온 이후 영상이 점점 더 짧아지고 있어요. 그런데 이제는 그것도 모자라, 한 화면에 3~4개의 영상을 동시에 재생하는 콘텐츠가 유행하고 있다고 해요.

서너 개 영상이 동시에! 뱅글뱅글 눈 돌아가게 만드는 그것은 바로

'진흙'이란 뜻의 슬러지 콘텐츠예요. 슬러지 콘텐츠 영상은 화면이 분할되어 한 번에 여러 개의 동영상을 동시에 보여주는데요, 그 영상들 사이에는 서로 관련이 없다는 점이 특징이에요. 예를 들어 애니메이션, 게임 플레이, 슬라임과 같은 영상이 한꺼번에 등장하는 거죠.

자극적인 진흙탕, 시청자의 주의력을 훔쳐 가다!

슬러지 영상이 미국 Z세대를 중심으로 유행하고 있어요. 짧은 영상에 중독된 Z세대들은 이미 주의력이 크게 떨어져, 점점 더 짧고 자극적인 영상을 찾고 있었거든요. 영상을 하나만 볼 때는 지루함을 느낄 수도 있는데, 여러 영상이 한꺼번에 재생되면 그럴 틈이 없는 거죠. 일부 전문가들은 자극적인 콘텐츠를 선호하면 '팝콘 브레인' 현상이 나타날 수 있다고 경고해요. 애초에 주의력이 떨어지는 시청자들이 슬러지 콘텐츠를 찾는데, 이런 콘텐츠는 보면 볼수록 사람의 주의력을 더욱 떨어뜨리는 악순환을 불러일으키죠. 슬러지 콘텐츠는 중독성도 강해서 한번 빠지면 시청자들은 헤어 나올 수 없는 상태에 빠지게 된다고 하니, 조심해야 해요.

정리하기

◎ 다음 빈칸을 채우세요.

☐☐☐☐☐ 는 한 화면에 영상 3~4개를 동시에 보여줘요.

◎ 맞으면 O, 틀리면 X 하세요.

1. 슬러지 콘텐츠에서 재생되는 영상들은 서로 관련이 있어요. ☐
2. 미국의 Z세대들은 슬러지 콘텐츠를 보기 전에는 주의력이 나쁘지 않았어요. ☐
3. 슬러지 콘텐츠는 중독성이 강하기 때문에 한번 빠지면 헤어 나오기 힘들어요. ☐

◎ 신문 어휘 풀이

· 분할되다: 여러 개로 쪼개져 나누어지다
· 선호하다: 여럿 가운데서 어떤 것을 특별히 더 좋아하다
· 악순환: 나쁜 일이 나쁜 결과를 내는 상황이 되풀이되는 것

토론하기

Q1. 어떤 영상을 얼마나 자주 봐요? 한번 보기 시작하면 멈출 수 없었던 경험을 한 적이 있어요?

Q2. 틱톡, 슬러지 콘텐츠와 같은 영상을 자주 보는 것에 대해 어떻게 생각해요?

Q3. 집중력·주의력이 떨어지면 무슨 문제가 생길까요?

19 사회 　　　　　　　　　　　　　　　　　　　　　　2023년 5월

여기, 한국이 맞나요?

배경 지식

- 외래어: 외국에서 들어온 말로, 국어에서 널리 쓰이는 버스, 컴퓨터와 같은 단어를 말해요.
- 외국어: 외국에서 들어온 말로 아직 국어로 자리 잡지 않은 무비, 밀크 등을 말해요.

신문 읽기

메뉴판과 키오스크 여기저기에 쓰여 있는 영어! 한국인데, 마치 외국 식당에서 주문하는 느낌이 듭니다. 이런 현상, 괜찮은 걸까요?

어린이도 어르신들도 모두 알아보기 어려워요

키오스크 화면에는 '옵션을 선택해 주세요', '바코드 리더기에 스캔해주세요', 'SOLD OUT' 등과 같은 말들이 쓰여 있어요. 음료 메뉴판에서는 딸기를 '스트로베리'로, 미숫가루를 'MSGR'라고 써둔 곳도 있고, 모든 메뉴를 영어로만 표기해 놓은 곳도 있어요. 음식의 가격을 **엔화**(¥)로 표기하고 '0'을 하나 붙여 **원화**로 계산하거나, 음식값을 **유로화**로 표기해 그날의 **환율**에 따라 계산하게 하는 식당도 있어요. 이처럼 외래어 및 외국어 사용으로 이해하기 어려운 키오스크와 메뉴판 때문에 어르신들은 아예 주문을 포기하기도 해요. 젊은 사용자들도 한눈에 메뉴를 알아보기 힘든 건 **매**한가지고요.

과도한 외래어와 외국어 사용, 이대로 괜찮은 걸까요?

국립국어원이 지난해 서울과 경기권을 중심으로 병원, 은행, **관공서**, 백화점, 카페 등을 조사한 결과, 키오스크에 사용된 외래어와 외국어가 40% 이상인 것으로

나타났어요. 국립국어원은 **과도**한 외래어와 외국어 사용은 오히려 사용자들에게 불편과 혼란을 줄 수 있다고 지적했어요. 앞으로는 키오스크 및 메뉴판에서 한글로 표기하는 것을 **원칙**으로 하되, 일상적으로 사용하는 편한 표현을 쓰고 그림과 사진도 활용하겠다고 밝혔어요.

정리하기

◎ 다음 빈칸을 채우세요.

과도한 ☐☐☐ 와 ☐☐☐ 사용은 사람들에게 불편과 혼란을 줘요.

◎ 맞으면 O, 틀리면 X 하세요.

1. 키오스크와 메뉴에 외래어와 외국어가 많이 쓰여 있어 알아보기가 어려워요. ☐
2. 젊은 사람들은 외래어와 외국어가 쓰여 있어도 크게 불편해하지 않아요. ☐
3. 앞으로는 키오스크에 외국어로 표기하되, 한글로 아래에 설명을 써둘 거예요. ☐

◎ 신문 어휘 풀이

- **엔화**: 엔을 화폐 단위로 하는 일본의 화폐
- **원화**: 원을 단위로 하는 한국의 화폐
- **유로화**: 유로를 화폐 단위로 하는 유럽의 화폐
- **환율**: 자기 나라 돈과 다른 나라 돈의 교환 비율
- **매한가지**: 결국 같음
- **관공서**: 국가의 일을 하는 관청이나 공공 기관
- **과도하다**: 정도가 지나치다
- **원칙**: 어떤 행동이나 이론 등에서 일관되게 지켜야 하는 기본적인 규칙이나 법칙

토론하기

Q1. 식당이나 카페에 갔을 때 키오스크에서 외래어나 외국어를 본 경험이 있어요?

Q2. 외국어와 외래어를 과도하게 사용하는 현상에 대해서 어떻게 생각해요? 가족들에게 의견을 물어보고 이 현상에 대해 토론해 보세요.

사회   2023년 6월

벼랑 위의 한국, 떨어지지 않게 꼭 붙잡아요

심화버전

배경 지식

● **인구절벽**: 일을 할 수 있는 나이의 사람들(15세~64세)이 빠른 속도로 줄어드는 현상을 말해요.

신문 읽기

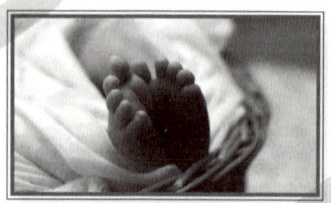

저출생·고령화 현상이 빨라지면서 한국의 인구가 가파르게 줄어들고 있어요.

얼마나 줄어들고 있냐면
통계청 자료에 따르면, 2023년 6월 인구는 8,205명이 자연 감소한 것으로 나타났는데 이는 인구 통계를 작성하기 시작한 1981년 이후 가장 많이 감소한 것이라고 해요. 지난해 출산율이 0.78명까지 내려가 최저치를 기록했는데, 올 상반기 출산율은 0.70명으로 더 떨어졌어요. 이 추세라면 2035년에는 서울의 학생 수마저 올해의 절반 수준으로 떨어질 것으로 예상돼요.

"그게 나랑 무슨 상관이죠?"라고 말할 수도 있지만
급격한 인구 감소는 중요한 사회 문제예요. 생산과 소비가 줄어 심각한 경제위기로 이어질 수 있거든요. 전문가들은 인구절벽이 이제 정말 현실화가 됐다고 입을 모아 말해요. 합계출산율 0.78이라는 수치는 나라가 무너지고 사회가 붕괴됐을 때에나 나올 만한 수라고 해요. 2750년에는 한국이 지구상 최초의 인구 소멸 국가가 될 수도 있다며 우려하는 학자도 있고요. 한국의 급격한 인구 감소를 두고 적극적인 이민 정책을 통해 인구절벽의 문제를 해결해야 한다는 의견도 있어요. 그러나 인구절벽은 여러 가지 사회적 문제가 뒤섞여 나타나는 현상이므로 이민 정책, 경제적

지원 정책 등 한두 가지 방법으로는 해결할 수 없다고 주장하는 전문가들도 많아요.

정리하기

◎ 다음 빈칸을 채우세요.

전문가들은 인구가 급격하게 감소하는 [   ]이 현실이 되었다고 해요.

◎ 맞으면 O, 틀리면 X 하세요.

1. 올해 서울의 학생 수가 예전의 절반 수준이 되었어요. [ ]
2. 한국은 2750년에 사라질지도 모른다고 해요. [ ]
3. 인구절벽을 해결할 수 있는 가장 좋은 방법은 이민 정책이에요. [ ]

◎ 신문 어휘 풀이

- 저출생: 일정한 기간에 태어난 사람의 수가 적음
- 고령화: 한 사회의 전체 인구 중 노인의 인구 비율이 높아지는 것
- 통계청: 인구 조사 및 각종 통계에 관한 사무를 맡아보는 중앙 행정 기관
- 최저치: 가장 낮은 값
- 추세: 어떤 현상이 일정한 방향으로 나아가는 경향
- 급격하다: 변화의 움직임이 급하고 격렬하다
- 수치: 계산하여 얻은 값
- 붕괴되다: 무너지고 깨어지게 되다
- 소멸: 사라져 없어짐
- 이민 정책: 일할 목적으로 다른 나라로 이주하는 것을 국가가 관리하는 것
- 지원: 물질이나 행동으로 도움

토론하기

Q1. 왜 한국에서 인구가 급격히 줄어들고 있을까요? 여러분의 생각을 자유롭게 이야기해 보세요.

Q2. 인구절벽의 해결책 중 하나는 이민인데요, 이민 정책에 반대하는 사람들도 있고 찬성하는 사람들도 있어요. 여러분의 생각은 어때요? 이에 대해 찬반 토론을 해 보세요.

21 사회　　　　　　　　　　　　　　　　　　　　　　2023년 8월

친절을 베푸는 사람에게 일어나는 마법 같은 일

배경 지식

- **헬퍼스 하이**(Helper's High): 다른 사람을 도와주는 사람들의 기분이 좋아지는 현상을 말해요.
- **마더 테레사 효과**: 봉사활동을 하거나 보기만 해도 면역기능이 크게 향상되는 것을 말해요. 테레사 수녀의 이름을 따 만든 말이에요.

신문 읽기

마더 테레사

남을 위해 대가 없이 자원봉사를 하거나 기부를 한 사람들이 그렇지 않은 사람들에 비해 더 많이 가지게 되는 것이 있다고 해요.

그것은 무엇일까요?

남에게 선행을 베푸는 사람이 그렇지 않은 사람보다 행복감을 더 많이 느낄 뿐만 아니라, 더 건강하고 오래 산다는 연구 결과가 나왔어요. 미국 캘리포니아에서 진행된 한 연구에 따르면, 자원봉사에 참여한 사람들이 그렇지 않은 사람들보다 사망률이 63%나 낮은 것으로 나타났어요. 기부나 자원봉사를 하면 건강해지는 이유는요, 남을 도울 때 행복 호르몬이 분비되고, 스트레스 호르몬은 줄어들어 우울한 느낌이 줄어들기 때문이에요. 남을 돕고 나서 기분이 좋아지는 이와 같은 현상을 '헬퍼스 하이'라고 부르기도 해요.

다른 사람의 착한 행동을 보기만 하는 건 어떨까요?

미국 하버드 의대에서 학생들에게 가난하고 병든 사람들을 위해 봉사활동을 한 테레사 수녀에 관한 영상을 보여주고 그동안 달라진 신체 변화를 측정했어요. 실험

결과 학생들의 **면역** 물질이 50%나 증가해 면역력이 크게 **향상된** 것으로 나타났어요. 이 실험을 통해 다른 사람의 선행을 보기만 해도 면역력이 좋아지는 현상을 가리키는 '마더 테레사 **효과**'라는 말이 탄생했어요. 이처럼 남을 도우면 나도 행복하고 건강해지는 마법 같은 일이 벌어져요. '헬퍼스 하이', '마더 테레사 효과'! 이 현상들이 우리에게 **시사하는** 바는 무엇일까요?

정리하기

◎ 다음 빈칸을 채우세요.

남을 돕고 나서 기분이 좋아지는 현상을 □□□□ 라고 해요.

◎ 맞으면 O, 틀리면 X 하세요.

1. 자원봉사와 기부를 하는 사람들은 그렇지 않은 사람들보다 더 오래 살아요. □
2. 남에게 친절을 베풀면 행복 호르몬과 스트레스 호르몬 분비량이 늘어요. □
3. 다른 사람의 선행을 보는 것만으로는 나의 건강 상태가 달라지지 않아요. □

◎ 신문 어휘 풀이

- **대가**: 어떤 일에 들인 노력에 대한 보수
- **기부**: 다른 사람을 도울 목적으로 돈이나 재산을 대가 없이 내놓음
- **선행**: 착하고 올바른 행동
- **측정하다**: 어떤 기계나 장치를 사용하여 양을 재다
- **면역**: 균에 대하여 항체가 만들어져, 같은 균에 더 이상 감염되지 않는 상태
- **향상되다**: 실력, 수준, 기술 등이 더 나아지다
- **시사하다**: 어떤 것을 미리 알아차릴 수 있도록 간접적으로 나타내거나 일러 주다

토론하기

Q1. 다른 사람을 도와준 적이 있어요? 그때 기분이 어땠어요?

Q2. 이 기사를 읽고 새롭게 생긴 다짐이나 생각이 있다면 이야기해 보세요.

22 사회　　　　　　　　　　　　　　　　　　　　2023년 8월

제 사진, 이제 마음대로 올리시면 안 돼요

배경 지식

✓ 셰어런팅(Sharenting): '공유(Share)'와 양육'(Parenting)'을 합친 말로, 양육자가 아동 사진을 사회관계망서비스(SNS)에 올리는 것을 말해요.

신문 읽기

출처: 마크 저커버그 인스타그램

얼마 전 페이스북 창업자 마크 저커버그가 자신의 페이스북에 가족사진을 올렸어요. 자녀의 얼굴은 이모티콘으로 가린 채요.

그는 왜 아이들의 얼굴을 이모티콘으로 가렸을까요?
　마크 저커버그는 페이스북, 인스타그램을 만들어 수백만 명의 사람들에게 사진을 자유롭게 올릴 수 있는 온라인 환경을 제공했어요. 이로써 수많은 사람들이 SNS에 자신뿐만 아니라 자녀의 사진과 영상을 업로드하는 '셰어런팅'을 하게 되었죠. 그런데 정작 저커버그는 자녀 얼굴을 가리고 가족사진을 올린 거예요.

셰어런팅, 정말 위험한 것일까요?
　프랑스에서는 셰어런팅이 아동 개인의 **사생활**과 **초상권**을 **침해한다**고 보기 때문에 부모가 마음대로 자녀의 사진을 올리면 법적 **처벌**을 받을 수 있어요. 또 영국에서도 2030년에는 셰어런팅으로 인해 700만 건의 **신원 도용**과 온라인 사기가 발생할 수 있다고 밝혔어요. 아이들의 이미지가 SNS에 올라간 순간 누구나 이미지를 수집할 수 있고, 범죄에 **악용**될 수도 있기 때문이죠. 한국에서도 2024년에 아동·청소년 개인정보보호법이 **제정**될 예정인데요, 이 **법안**이 통과되면 아동·청소년 시기

에 업로드된 게시물 중 지우고 싶은 게시물의 삭제를 요청할 수 있어요. 이처럼 한국에서도 디지털 환경에서 아동의 권리가 법으로 보장받을 수 있어야 한다는 인식이 커지고 있어요.

정리하기

◎ 다음 빈칸을 채우세요.

　　□□□□ 은 부모가 아이의 사진을 SNS에 올리는 행동을 말해요.

◎ 맞으면 O, 틀리면 X 하세요.

1. 마크 저커버그는 셰어런팅에 대해 위험하지 않다고 말했어요.　□
2. 셰어런팅이 위험한 이유는 업로드된 사진이 범죄에 이용될 수 있어서예요.　□
3. 한국에서도 함부로 셰어런팅을 하면 처벌을 받아요.　□

◎ 신문 어휘 풀이

- **사생활**: 개인의 사적인 일상생활
- **초상권**: 자기 얼굴을 자신의 허락 없이 다른 사람이 사용할 수 없게 하는 권리
- **침해하다**: 남의 땅이나 권리, 재산 등을 범하여 해를 끼치다
- **처벌**: 범죄를 저지른 사람에게 국가나 특정 기관이 벌을 줌
- **신원**: 개인의 주소, 신분, 직업 등 개인이 자라 온 과정과 관련되는 자료
- **도용**: 남의 것을 허락 없이 몰래 씀
- **악용되다**: 나쁜 일에 쓰이거나 나쁘게 이용되다
- **제정되다**: 법이나 제도 등이 만들어져서 정해지다
- **법안**: 법으로 만들고자 하는 사항을 정리해 국회에 제출하는 문서나 안건

토론하기

Q1. SNS에 여러분의 사진이 올라가는 것에 대해 어떻게 생각해요?

Q2. 세계 각국에서 위험하다고 판단하는 '셰어런팅'에 대해 여러분은 어떻게 생각해요? 가족들과 그 문제에 대해 이야기하고, 어떤 해결 방법이 있을지 토론해 보세요.

사회

2023년 10월

"저 길 건널 거예요!", 이제는 손짓으로 말해 주세요

배경 지식

- **넛지 효과**: 넛지(Nudge)라는 말은 '팔꿈치로 슬쩍 찌르다'라는 뜻으로, 부드러운 개입을 통해 사람들이 어떤 선택을 하도록 유도하는 것을 뜻해요.

신문 읽기

출처: 도로교통공단

지난해부터 보행자가 길을 건너려고만 해도 자동차가 일시 정지해야 하는 법이 **시행**되었어요. 이에 도로교통공단은 **보행자**와 운전자의 **비언어적 소통**이 원활하게 되도록 횡단보도 손짓 캠페인을 진행했어요.

손짓 캠페인이 시작된 진짜 이유는

보행자가 길을 건너려고만 해도 자동차가 일시 정지해야 하는 법이 시행되었지만, 정작 신호등이 없는 횡단보도에서 보행자를 위해 멈추는 차는 적었어요. 이는 보행자가 길을 건너려는지 아닌지 확인하기 어렵기 때문이었는데요, 이러한 문제를 해결하기 위해 손짓 캠페인이 시작되었어요. 보행자가 차를 향해 손을 들어 길을 건너겠다는 **의사**를 표시하면 운전자가 차를 멈춰 세울 거라는 판단에서였죠.

손짓 캠페인의 효과는

클까요? 적을까요? 손짓 캠페인의 효과를 알아보기 위해 실험을 진행했는데요, 보행자가 운전자를 향해 손짓하면 달리던 차량 10대 중 9대가 멈춰 섰어요. 반면 손짓을 하지 않았을 때는 보행자를 보고 일시 정지하는 차량은 28.3%에 지나지 않앞어요. 이에 대해 전문가들은 보행자의 손짓은 운전자로 하여금 자연스럽게 브레이크 페달을 밟게 하는 **넛지 효과**를 **유도**할 수 있다고 해요. 넛지 효과는 부드러운 **개입**을 통해 사람들이 어떤 선택을 하도록 이끄는 것을 뜻해요. 도로교통공단은 횡단보도 손짓 캠페인은 안전한 보행에 매우 효과적이며, 더 많은 사람들이 이 캠페인에 참여하길 바란다고 말했어요.

정리하기

◎ 다음 빈칸을 채우세요.

☐☐☐ 는 부드러운 개입을 통해 사람들이 어떤 선택을 하도록 하는 것을 뜻해요.

◎ 맞으면 O, 틀리면 X 하세요.

1. 손짓 캠페인 전에도 대다수 운전자는 보행자가 길을 건너려고 할 때 멈췄어요. ☐
2. 보행자의 손짓에 운전자가 멈춰 서는 것은 넛지 효과와 관계가 있어요. ☐
3. 손짓 캠페인은 안전한 보행에 매우 효과적이에요. ☐

◎ 신문 어휘 풀이

- **시행되다**: 법률이나 명령 등이 사람들에게 알려진 뒤에 실제로 행해지다
- **보행자**: 길거리를 걸어 다니는 사람
- **비언어적 소통**: 말없이 표정, 몸짓, 손짓 따위를 이용하여 메시지를 전달하는 것
- **원활하다**: 막힘이 없이 순조롭고 매끄럽다
- **의사**: 무엇을 하고자 마음먹은 생각
- **유도하다**: 사람이나 물건을 원하는 방향이나 장소로 이끌다
- **개입**: 직접적인 관계가 없는 일에 끼어듦

토론하기

Q1. 누군가의 부드러운 개입이나 제안으로 여러분의 행동이 바뀐 적 있어요?

Q2. 손짓 캠페인이 널리 퍼지면 어떤 점이 좋을까요?

사회 2023년 11월

가도 가도 마트가 보이지 않는 그곳의 이름은

배경 지식

- **식료품 사막**: 식료품 상점이 부족하거나 너무 멀리 있어서 신선식품을 구매하기 어려운 지역을 의미해요.
- **고령화**: 한 사회에서 노인의 인구 비율이 높아지는 현상을 말해요.

신문 읽기

'사막'을 생각하면 끝없이 펼쳐진 모래땅이 떠올라요. 가도 가도 물을 구하기 힘든 사막처럼, 아무리 둘러보아도 마트가 보이지 않아 식료품을 구하기 어려운 지역이 늘어나고 있어요.

마트가 사라지고 식료품 사막화가 시작되었어요

'**식료품 사막**'이란 식료품 상점이 부족하거나 멀리 떨어져 있어 신선식품을 사기 어려워진 지역을 의미해요. 식료품 사막 지역은 주로 **고령화**가 심한 지방에서 나타나요. 인구 감소와 더불어 젊은 사람들이 **수도권**으로 이사 간 지역에는 노인들만 남게 되었고, **유동 인구**가 줄어들자 자연스럽게 식료품 상점들이 문을 닫기 시작한 것이죠. 이는 코로나19 시기 온라인 소비가 **급증**하면서 더욱 심해졌어요. 노인층은 온라인 주문에 익숙하지 않기도 하지만, 노인들이 많이 사는 지역에는 **수익성**이 낮다는 이유로 온라인 새벽 배송 서비스가 제공되지 않고 있어요.

다른 나라 사정은 어떤가요?

한국보다 고령화 사회가 더 빨리 됐던 미국, 영국, 일본 등에서는 이미 식료품 사막화 현상이 사회적인 문제가 되었어요. 이들 나라에서는 관련 연구와 정책을 마련해 적극적으로 대응하고 있어요. 한국도 이제 노인들이 많이 사는 곳에서 식료품 사막화가 진행되고 있어요. 현장 마트가 몇몇 지역에서 열리고는 있지만, 노인층의 식료품 고립과 소외를 적극적으로 막기 위해서는 정부 차원의 대책이 필요해요.

정리하기

◎ 다음 빈칸을 채우세요.

신선식품을 구매하기 어려운 ☐☐☐☐ 지역에 사는 노인들을 돕기 위해 정부의 도움이 필요해요.

◎ 맞으면 O, 틀리면 X 하세요.

1. 식료품 사막화 현상은 도시에서도 쉽게 찾아볼 수 있어요. ☐
2. 한국에서는 노인들을 위해 고령화 지역에 새벽 배송 서비스를 시작했어요. ☐
3. 일본과 미국에서는 식료품 사막화 현상에 대한 정책을 마련했어요. ☐

◎ 신문 어휘 풀이

- 수도권: 수도를 중심으로 이루어진 대도시권
- 유동 인구: 일정 기간 한 지역을 오가는 사람 수
- 급증하다: 짧은 기간 안에 갑자기 늘어나다
- 수익성: 이익을 얻을 수 있는 정도
- 대응하다: 어떤 일이나 상황에 알맞게 행동을 하다
- 고립: 다른 곳이나 사람들과 교류하지 못하고 혼자 따로 떨어짐
- 대책: 어려운 상황을 이겨낼 수 있는 계획

토론하기

Q1. 식료품 사막화 현상을 해결하는 방법에는 무엇이 있을까요?

Q2. 식료품 사막 현상은 고령화 사회의 문제 중 하나예요. 고령화 사회와 관련해 알고 있는 문제나 전에 읽은 비슷한 기사가 있다면 이야기해 보세요.

사회

2023년 12월

제가 '숏폼'에 중독된 건 아니겠죠?

배경 지식

- **도파민**: 뇌 신경세포의 흥분을 전달하는 신경전달물질이자 호르몬의 하나로 주로 즐거움과 관련된 신호를 전달해요.

신문 읽기

귀여운 동물 쇼츠를 한번 클릭했을 뿐인데 비슷한 것들이 연속으로 자동 재생돼, 넋을 놓고 본 경험이 있다면 이 기사를 주의 깊게 읽어보세요.

한국인이 한 달에 유튜브를 사용하는 시간은 지난 5년간 약 3배 가까이 늘어, 무려 1,000억 분이 넘는 것으로 나타났어요. 인스타그램, 틱톡 등의 사용 시간도 큰 폭으로 **증가했고요**.

SNS 사용 시간이 이렇게 늘어난 것은 숏폼 채널이 등장했기 때문이라고 해요. 자극적인 내용을 다루는 숏폼을 보면 우리 뇌에서는 즐거움을 느끼게 해주는 호르몬인 **도파민**이 나와요. 문제는 비슷한 자극이 반복되면 도파민이 적게 만들어진다는 사실이에요. 보통 사람들은 이전에 느꼈던 만큼의 즐거움을 얻고 싶어 하는데요, 이를 위해 더 **강렬한** 영상을 찾아 더 오래 시청하게 되고, 이것은 결국 도파민 중독으로 이어져요.

숏폼 중독에 당하고 있지만은 않겠어요

미국에서는 지난해 10월, 33개 주의 법무장관이 인스타그램과 페이스북의 **모기**

업인 메타를 상대로 **소송**을 제기했어요. 그들은 메타 때문에 사람들이 SNS에 중독됐다고 주장하고 있어요. 숏폼 중독은 무엇보다 아이들에게 심각한 악영향을 끼쳐요. 전문가들은 어린이가 숏폼에 계속 노출될 경우, 뇌 발달에 문제가 생기고 글을 읽고 이해하는 능력이 크게 떨어진다며 숏폼 중독의 위험성에 대해 경고하고 있어요.

정리하기

◎ 다음 빈칸을 채우세요.

숏폼을 보면 즐거움을 느끼게 해주는 호르몬인 [　　] 이 나와요.

◎ 맞으면 O, 틀리면 X 하세요.

1. 지난 5년간 한국 사람들이 유튜브를 시청하는 시간이 크게 늘었어요.
2. 도파민은 어떤 자극에도 비슷한 양으로 나와요.
3. 숏폼에 중독된 어린이는 글을 제대로 읽고 이해하지 못해요.

◎ 신문 어휘 풀이

· **증가하다**: 수나 양이 더 늘어나거나 많아지다
· **강렬하다**: 매우 강하고 세다
· **모기업**: 한 기업에서 다른 기업이 갈라져 나왔을 때, 근본이 되는 원래의 기업
· **소송**: 사람들 사이에 일어난 다툼을 법률에 따라 판결해 달라고 법원에 요구함

토론하기

Q1. 여러분은 숏폼을 자주 봐요? 친구들, 가족들이 얼마나 자주, 많이 보는지 서로 이야기해 보세요.

Q2. 숏폼을 계속 보면 우리에게 어떤 변화가 생길까요?

Q3. 사람들이 짧은 영상만 보고, 글은 읽지 않는다면 우리 사회가 어떻게 변할까요?

사회 　　　　　　　　　　　　　　　　　　　　　　　　2023년 12월

'펑' 하고 나타났다 연기처럼 사라진 가게들이 남기고 간 자리에는

배경 지식

● 젠트리피케이션(Gentrification): 뒤처졌던 도시가 중산층 이상의 사람들이 몰려오며 활기를 되찾아 임대료가 오르는 바람에 원래 살던 사람들이 쫓겨나게 된 현상을 말해요.

신문 읽기

아무 데서나 살 수 없는 한정판 물건을 팔고, 특별한 경험을 제공하는 가게, 팝업 스토어가 요즘 큰 인기를 끌고 있어요.

경험을 사세요, 그것도 한정판으로요!

팝업 스토어는 짧은 기간 열리는 임시 매장으로 패션, 화장품, 캐릭터 상품 등 다양한 제품을 팔아요. 다른 곳에선 살 수 없는 '한정판' 제품을 판매해, 사람들이 몰려들기도 해요. 그러나 무엇보다 팝업 스토어 인기의 핵심은 물건을 사는 것보다 특별한 경험을 할 수 있다는 데 있어요. 일반 가게와는 달리, 팝업 스토어에서는 게임을 하거나, 네 컷 사진을 찍고, 화려한 미술 작품을 감상할 수 있거든요.

폭발적인 성공 이면에 드리운 어두운 그림자, 젠트리피케이션

팝업 스토어가 인기를 끌고 있지만 긍정적인 면만 있는 것은 아니에요. 서울 성동구 성수동에서는 한 달에 100개 이상의 팝업 스토어가 열리는데요, 팝업 스토어가 유행하면서 주변 상가의 임대료가 5년 만에 2~3배 올랐다고 해요. 그러자 오른 임대료를 감당하지 못하고 기존 상인들이 지역을 떠나는 젠트리피케이션 현상

이 나타나기 시작했어요. 팝업 스토어 문제는 또 있어요. 짧은 기간에 매장을 꾸미고 치우는 과정이 반복되면서 인테리어 폐기물이 많이 나와 환경오염을 시키거든요. 이제는 소비 생활의 핵심 자리를 차지한 팝업 스토어! 어떻게 하면 젠트리피케이션과 환경오염 문제를 해결하며 발전해나갈 수 있을까요?

정리하기

◎ 다음 빈칸을 채우세요.

도시가 갑자기 인기가 많아져 임대료가 비싸지면서, 원래 살던 사람들이 떠나게 되는 현상을 ☐☐☐☐☐☐ 이라고 해요.

◎ 맞으면 O, 틀리면 X 하세요.

1. 팝업 스토어의 핵심은 평소 구하기 힘든 물건을 살 수 있다는 데 있어요. ☐
2. 팝업 스토어가 들어서 인기를 끈 곳의 주변 상가 임대료가 크게 올랐어요. ☐
3. 팝업 스토어는 버려지는 인테리어 폐기물이 많아 환경을 오염시켜요. ☐

◎ 신문 어휘 풀이

- 한정판: 일정한 수량만큼만 만드는 제품
- 임시: 오랫동안 지속되는 것이 아니라 일시적인
- 이면: 물체의 뒤쪽 면, 또는 겉으로 나타나거나 눈에 보이지 않는 부분
- 임대료: 남에게 물건이나 건물, 땅 등을 빌려준 대가로 받는 돈
- 감당하다: 어려운 일을 참고 이겨내다
- 폐기물: 못 쓰게 되어 버리는 물건

토론하기

Q1. 팝업 스토어가 일반 가게나 온라인 쇼핑보다 인기가 많은 이유는 뭘까요?

Q2. 팝업 스토어가 인기를 얻으면 어떤 문제가 발생해요? 어떤 해결 방법이 있을까요?

27 사회 2023년 12월

AI가 베꼈다면 우리는 그것을 도둑질이라 부를 수 있을까? 없을까?

배경 지식

- **생성형 인공지능(AI)**: 텍스트, 오디오, 이미지 등 기존 콘텐츠를 학습하고 활용해 유사한 콘텐츠를 새롭게 만들어내는 인공지능(AI) 기술을 말해요.
- **저작권**: 창작물을 만든 사람의 노력과 가치를 인정하고, 만든 사람의 권리를 보호하는 것을 말해요.

신문 읽기

미국 작가들이 챗GPT를 개발한 회사, 오픈AI와 이곳에 투자한 마이크로소프트(MS)를 상대로 **소송**을 제기했어요.

작가들이 소송을 제기한 까닭은
생성형 AI를 학습시킬 때 자신들의 창작물을 허락 없이 사용했기 때문이에요. 더 심각한 문제는 AI가 작가들의 작품을 학습하고 이용, **모방해** 비슷한 작품들을 만들어낸다는 점이에요. AI 학습에 작가들의 작품이 **무단**으로 사용되는 것도, 모방 작품이 쏟아져나오는 것도, 모두 **저작권 침해** 문제를 불러일으킬 수 있어요.

그렇다면 AI는 저작권 침해를 책임져야 할까요? 아닐까요?
최근에 생성형 AI는 저작권 침해에 대해 책임지지 않아도 된다는 주장이 힘을 얻고 있어요. 그러나 작가들은 한목소리로 우려를 표했어요. AI가 작품을 학습해 이를 빠른 속도로 모방해낸다면, 작가들은 새로운 작품을 만들어 나갈 동기와 열정을 잃을 테니까요. 또 아무런 보상 없이 작품이 여기저기 이용되는 것도 작가들에게 큰 경제적 **손실**이 될 거예요. 앞으로 생성형 AI와 관련한 저작권 논란은 작가뿐만 아니라 음악가, 배우 등 전반적인 문화 산업에서 계속 이어질 것으로 예상돼요. AI의 창작 활동에 따른 저작권 침해 문제, 더 나아가 작가들의 일자리를 AI가 빼앗아 갈지도 모른다는 우려가 잇따르고 있어요. AI와 인간이 조화롭게 창작을 해나가는 방법은 없을까요? 이에 대한 진지한 논의는 앞으로도 계속될 것으로 보여요.

정리하기

◎ 다음 빈칸을 채우세요.

생성형 AI는 기존 창작물을 학습하고 새로운 창작물을 만들어내는데, 이때 ☐☐ ☐☐ 문제가 발생할 수 있어요.

◎ 맞으면 O, 틀리면 X 하세요.

1. 생성형 AI는 기존 작가 작품을 학습하여 비슷한 작품을 만들어 내요. ☐
2. AI 학습에 작가들의 작품이 무단으로 사용되는 것은 저작권 침해와 관계없어요. ☐
3. AI와 관련한 저작권 문제는 문학 작품에만 해당돼요. ☐

◎ 신문 어휘 풀이

· **소송**: 사람들 사이에 일어난 다툼을 법률에 따라 판결해 달라고 법원에 요구함
· **모방하다**: 다른 것을 본뜨거나 남의 행동을 흉내내다
· **무단**: 사전에 허락 없음
· **침해**: 남의 땅이나 권리, 재산 등을 범하여 해를 끼침
· **손실**: 줄거나 잃어버려서 손해를 봄

토론하기

Q1. 생성형 AI는 작가들의 작품을 학습하고 이를 이용해 비슷한 작품을 만들어내고 있어요. 이는 저작권을 침해하는 것일까요? 아닐까요? 여러분의 생각은 어때요?

Q2. AI와 사람들이 저작권 침해 논란 없이 조화롭게 창작해나갈 방법에는 뭐가 있을까요?

사회 2024년 1월

내가 보고 싶은 것만 볼 거야!
내 말이 다 옳아!

배경 지식

- **확증 편향**: 자기 생각, 기대, 판단이 옳다고 증명해주는 정보만을 선택적으로 인정하고 자신의 주장에 반대되는 증거는 무시하는 사고방식을 말해요.
- **필터 버블(Filter Bubble)**: 인터넷 정보제공자가 이용자에게 맞춤형 정보를 제공하는 것을 말해요.

신문 읽기

필터버블. 출처: Spread Privacy

모두가 자신이 '보고 싶은 것'만 보면서 '나'만 옳다고 주장한다면 어떨까요? 반대되는 주장은 아예 눈감고 거들떠보지도 않는다면요?

우리는 모두 자기가 보고 싶은 것만 보려고 해요

심리 분야 전문가들을 대상으로 설문조사를 실시한 결과, 2024년 한국 사회가 가장 조심해야 할 사회심리 현상으로 '확증 편향'이 선정되었어요. 확증 편향이란, 자신이 맞는다는 것을 확인해주는 정보만 적극적으로 찾고 자신의 견해와 반대되는 증거는 무시해버리는 경향을 말해요. 즉, 보고 싶은 것만 본다는 말이죠. 최근에는 인터넷과 소셜미디어에서 사용자가 보고 검색한 기록을 바탕으로 개개인이 관심 있어 하는 정보만이 제공되는 '필터 버블', 또는 '추천 알고리즘'의 영향으로 확증 편향은 점점 더 심해지고 있어요.

사람들이 확증 편향에 빠져버리는 이유는요

빠르게 결정하려는 특성이 있기 때문이에요. 빠른 결정을 내리기 위해 이미 믿고 있던 것과 맞아떨어지는 정보만을 골라내는 거죠. 또 자신이 틀렸다는 것을 인정하기 싫은 마음도 확증 편향의 이유 중 하나예요. 확증 편향은 대부분 자신도 모르는 사이에 일어나요. 따라서 자신이 틀렸을지도 모른다는 열린 마음을 갖고, 자신의 믿음과 반대되는 정보도 찾아보려는 노력이 필요하다고 전문가들은 말해요.

정리하기

◎ 다음 빈칸을 채우세요.

□□□ 은 자신이 옳다는 것을 증명해주는 정보만을 선택적으로 받아들이는 경향을 말합니다.

◎ 맞으면 O, 틀리면 X 하세요

1. 확증 편향은 자신이 옳다고 믿으며 반대 의견은 들으려고 하지 않아요.
2. 인터넷과 소셜미디어의 추천 알고리즘은 확증 편향을 더 강하게 만들어요.
3. 사람들은 자신이 확증 편향의 성향을 지니고 있다는 것을 잘 알고 있어요.

◎ 신문 어휘 풀이

· 확증: 확실히 증명함, 또는 그런 증거
· 편향: 한쪽으로 치우침
· 견해: 어떤 사물이나 현상에 대한 자기의 의견이나 생각

토론하기

Q1. 다른 사람 말을 무시하고 내 말이 맞는다고 우긴 적이 있어요?

Q2. 내 말이 맞는다고 믿고 있었는데, 나중에 알고 보니 틀렸던 때가 있어요? 그때 어떤 느낌이 들었어요?

Q3. 나와 생각이 다른 사람과 이야기할 때, 어떤 태도를 가지고 이야기를 나누는 게 좋을까요?

사회 | 2024년 1월

스마트폰, 너 이제 학교에서는 아웃!

배경 지식

✓ 법안: 법으로 만들고 싶은 사항을 항목별로 정리해 국회에 제출하는 문서나 안건을 말해요.

신문 읽기

어린이와 청소년의 스마트폰 중독이 전 세계적인 문제가 되면서 '학교 안에서는 스마트폰 사용이 금지야!'라고 외치는 나라들이 늘고 있어요.

학교 안에서만이라도 스마트폰은 이제 그만!

아동·청소년의 스마트폰 사용을 가장 강하게 규제하는 나라, 대만에서는 2살 이하의 아기에게 스마트폰을 보여주면 207만 원의 벌금을 물려요. 프랑스에서는 학교 안에서 스마트폰 사용을 전면 금지하는 법이 통과됐고요. 영국에서는 학생이 학교에서 스마트폰을 몰래 사용하다 들키면 처벌받을 수도 있어요. 미국에서도 스마트폰만 들여다보고 있는 10대들이 20년 뒤에는 엄청난 사회적 문제로 떠오를 것이라고 경고하며, 스마트폰 사용을 규제하려는 움직임을 서두르고 있어요.

한국은 어떻게 하고 있어요?

한국에서도 아동·청소년의 스마트폰 중독 문제가 심각해요. 잠시도 스마트폰을 손에서 내려놓지 못하는 아이들이 크게 늘고 있고, 각종 영상에 빠진 아이들은 수업을 포함한 그 어떤 활동에도 흥미를 느끼지 못하고 있어요. 그럼에도 한국에서는 아동의 스마트폰 사용 규제 **법안**이 통과되지 못했어요. 학생들이 스스로 스마트폰 사용을 통제할 수 있는 능력을 키우는 것이 더 중요하다고 보기 때문이에요. 그러나 교육 현장에서는 이미 스마트폰에 중독된 아이들이 많은 만큼 전 세계적인 **추세**에 따라 **강제적**인 스마트폰 규제가 **시급하다**는 목소리가 높아지고 있어요

정리하기

◎ 다음 빈칸을 채우세요.

한국은 스마트폰 사용 규제와 관련한 ☐☐ 이 통과되지 못했어요.

◎ 맞으면 O, 틀리면 X 하세요.

1. 대만에서는 2살 이하 어린 아기에게 스마트폰을 보여주면 안 돼요. ☐
2. 프랑스와 영국에서는 수업 시간에만 스마트폰 사용이 금지돼요. ☐
3. 한국에서도 학교 내에서 스마트폰 사용을 금지하는 법이 통과됐어요. ☐

◎ 신문 어휘 풀이

- **규제하다**: 규칙이나 법에 의하여 개인이나 단체의 활동을 제한하다
- **전면**: 전체적인 모든 면
- **추세**: 어떤 현상이 일정한 방향으로 나아가는 경향
- **강제적**: 권력이나 힘으로 남이 원하지 않는 일을 억지로 시키는 것
- **시급하다**: 시간적인 여유가 없어 매우 급하다

토론하기

Q1. 각 나라에서 아동·청소년들의 스마트폰 사용을 규제하려고 하는 이유가 뭘까요?

Q2. 학교에서 스마트폰을 규제하는 것에 대해서 여러분은 찬성해요? 아니면 반대해요? 이 문제에 대해 가족들이나 친구들과 토론해 보세요.

사회　　　　　　　　　　　　　　　　　　　　　　　2024년 1월

인공지능(AI)과 함께 살아가는 세상 속 너와 나의 미래는

배경 지식

- 인공지능(AI): 인간의 학습·추론·판단 능력을 컴퓨터 프로그램으로 나타낸 기술을 말해요.
- 국제통화기금(IMF): 세계 무역 안정을 목적으로 1945년에 설립된 국제금융기구예요.

신문 읽기

인공지능 기술이 하루가 다르게 발전해나가고 있어요. 사람 수준으로 생각하고 일하는 AI와 함께 살아가는 세상은 어떤 모습일까요?

앞서나가는 선진국, 뒤처지는 개발도상국

국제통화기금(IMF)은 AI가 우리 삶에 미칠 영향에 대한 보고서에서 AI는 **개발도상국**보다 **선진국**의 일자리에 더 큰 영향을 미칠 것으로 내다봤어요. 선진국의 경우 일자리 60%가 인공지능의 영향을 받게 되지만, 인도와 브라질 등의 **신흥국**은 40%, 저소득 국가들은 26% 정도만 영향을 받는다고 해요. 이는 신흥국이나 저소득 국가에서는 AI를 잘 활용할 수 있는 사람들이 적기 때문이에요. 국제통화기금은 선진국은 인공지능을 활용해 앞서나가고, 개발도상국은 이를 따라가지 못하면서 시간이 지날수록 국가 간 **격차**가 벌어질 것이라 예상했어요.

이러한 격차는 한 나라 안에서도 일어날 거예요

노동자 중 절반은 AI를 잘 활용해 임금을 더 받게 되지만, 나머지 절반은 인공지능이 사람의 역할을 대신하면서 오히려 임금이 낮아질 수 있어요. 최악의 경우, 직

업을 잃을 수도 있고요. 또 젊은 노동자는 새로운 기술에 적응해 인공지능을 잘 이용할 수 있지만, 나이 든 노동자는 인공지능 환경에 적응하지 못해 뒤처질 수 있어요. 인공지능의 활용 정도에 따라 노동자들의 **소득**에 큰 차이가 생길 것으로 예상돼요. 이에 전문가들은 앞으로 AI로 인한 부의 불평등이 심해질 거라고 말했어요.

정리하기

◎ 다음 빈칸을 채우세요.

국제통화기금(IMF)에 따르면 ☐☐☐ 의 활용 정도에 따라 나라 간, 또 노동자 간, 부의 불평등이 심해질 것이라고 해요.

◎ 맞으면 O, 틀리면 X 하세요.

1. 저소득 국가일수록 AI가 일자리에 미치는 영향이 커요. ☐
2. 나이가 많은 사람들일수록 AI로부터 혜택을 받을 가능성이 높아요. ☐
3. 인공지능을 얼마나 잘 이용할 줄 아느냐에 따라 임금 차이가 발생할 거예요. ☐

◎ 신문 어휘 풀이

· **개발도상국**: 산업의 근대화와 경제 개발이 선진국에 비하여 뒤떨어진 나라
· **선진국**: 다른 나라보다 정치·경제·문화·발달이 앞선 나라
· **신흥국**: 경제, 산업 등이 두드러진 발전을 보이고 있는 나라
· **격차**: 빈부, 임금, 기술 수준 따위가 서로 벌어져 다른 정도
· **소득**: 일한 결과로 얻은 정신적·물질적 이익

토론하기

Q1. AI와 함께 일하며 살아가는 세상에서는 어떤 좋은 점과 나쁜 점이 있을까요?

Q2. AI가 대신할 수 없는 일에는 어떤 것이 있을까요?

사회 | 2024년 2월

공부를 잘하고 싶어요? 그럼 ○○○를 쓰세요!

배경 지식

- **뇌파**: 뇌가 활동할 때 신경세포가 내보내는 전류를 말해요.
- **인지발달**: 인간의 사고·학습·추리·요약하는 능력이 성장해 지식을 얻는 지적인 사람으로 변화되어 가는 발달 과정을 말해요.

신문 읽기

손글씨를 쓰는 것이 타이핑보다 공부에 훨씬 더 도움이 된다는 연구 결과가 나왔어요.

손글씨를 쓰면 오래오래 기억할 수 있어요

노르웨이 과학기술대 연구팀은 36명의 대학생에게 256개의 센서가 달린 **뇌파** 측정 장치를 쓰게 한 뒤, 화면에 나타나는 단어를 손으로 쓰거나 키보드로 타이핑하도록 했어요. 연구 결과, 손글씨를 쓸 때 감각과 운동 능력, 기억력과 관련된 뇌 부위가 더 **정교하게** 연결되는 것으로 나타났어요. 연구팀은 손글씨를 쓰면 손동작을 **정밀하게** 움직여야 하는데, 이때 얻는 시각, 동작 정보가 학습을 **촉진하는** 뇌 연결에 도움을 주어 학습 능력을 높인다고 설명했어요.

타이핑만 하면 내용이 물거품처럼 사라지기 쉬우니 조심하세요

컴퓨터 스크린과 키보드를 이용해 공부하면 책과 펜을 사용할 때와는 달리 학습한 내용이 머릿속에 쌓이지 않고 사라진다는 연구 결과도 있어요. 손으로 글을 쓰면 뇌에 흔적을 남겨서 글을 이해하고 기억하는 것에 도움을 주지만, 키보드에 글자를 타이핑하는 동작은 뇌에 흔적을 남기지 않아 공부에 도움을 주지 않는다는 것이죠. 세계 각국은 손글씨의 학습 효과에 **주목하며**, 손글씨 교육에 적극적으로 나서고 있어요. 스웨덴은 태블릿PC와 스마트폰 사용을 멈추고 종이책을 읽고 종이에 글을 쓰는 교육에 힘쓰고 있고요, 미국 캘리포니아주에서는 **인지발달**과 독해력 향상을 위해 초등학생들에게 쓰기 교육을 **의무적**으로 하고 있어요.

정리하기

◎ 다음 빈칸을 채우세요.

□□□ 는 학습 능력을 향상시키는 데 도움을 줘요.

◎ 맞으면 O, 틀리면 X 하세요.

1. 손글씨보다 타이핑할 때 기억력에 관계된 뇌 부위가 더 많이 움직여요.   □
2. 손글씨를 쓰면 학습에 도움이 되는 뇌 부위가 연결돼 학습 능력을 높여요.   □
3. 타이핑을 하면 공부한 내용이 머릿속에 남지 않고 상당수 사라져요.   □

◎ 신문 어휘 풀이

· **정교하다**: 솜씨나 기술이 빈틈이 없이 자세하고 뛰어나다
· **정밀하다**: 아주 정확하고 꼼꼼하여 빈틈이 없고 자세하다
· **촉진하다**: 다그쳐서 빨리 진행하게 하다
· **주목하다**: 관심을 가지고 주의 깊게 살피다
· **의무적**: 마땅히 해야 하는

토론하기

Q1. 기사의 내용을 3문장으로 요약해 보세요.

Q2. 여러분은 시험공부를 할 때 어떻게 공부해야 가장 기억에 많이 남나요?

사회 | 2024년 2월

사람들은 집으로 돌아가세요, 이제 AI 우리가 일합니다

배경 지식

- **블루칼라**: 작업 현장(제조업·광업·건설업 등)에서 일하는 노동자를 통틀어 나타내는 말이에요. 주로 청색 작업복을 입는 데서 생긴 말이에요.
- **화이트칼라**: 사무직 노동자, 정신적 노동을 하는 사람들을 말해요. 와이셔츠와 양복 차림을 자주 해서 화이트칼라라고 불러요.
- **인공일반지능**(AGI; Artificial General Intelligence): 특정한 조건 내에서만 적용할 수 있는 인공지능과 달리 모든 상황에 두루 적용할 수 있는 AI를 말해요.

신문 읽기

미국 실리콘밸리에 차가운 **해고** 바람이 몰아닥치고 있어요. 글로벌 기업들이 인공지능(AI)을 적극적으로 활용하기 시작하면서 직원 수만 명을 해고하고 나섰거든요.

얼마나 많은 사람들이 해고를 당했냐면요
지난 1월 **실리콘밸리**에서는 89개 기업이 약 2만 5,000여 명의 직원을 내보냈어요. 유튜브에서는 100여 개의 **직책**을, 애플은 AI 비서인 시리 담당 부서를 없앴어요. 아마존도 직원 수백 명을 줄였고 마이크로소프트(MS)사는 게임 부분에서 약 1,900명 직원을 **감축하겠다**고 밝혔어요. AI로 바꿀 수 있는 인력은 가능하면 줄이겠다는 뜻이죠.

어떤 일자리가 더 빨리 사라질까요?
빅테크 회사들은 경쟁에서 살아남기 위해 AI 관련 **투자**를 늘리는 대신 일하던 직원들은 내보내고 있어요. 특히 **사무직**을 중심으로 인원을 줄이고 있는데요, AI는 앞으로도 직접 상품을 만드는 **생산직 '블루칼라'** 보다 전문 지식을 활용하며 일하는 '**화이트칼라**' 사무직을 대신할 것으로 예상돼요. 미국 투자은행 골드만삭스는 2035년까지 기존 일자리 3억 개가 사라질 수도 있다고 말했어요. 또 전문가들은 **인공일반지능(AGI)** 시대가 오면 인류 전체가 위협을 받을지도 모른다고 경고했어요. 인공일반지능은 스스로 생각하고 배워나갈 수 있는 AI로, 사람보다 훨씬 더 똑똑해질 수 있기 때문이에요.

정리하기

◎ 다음 빈칸을 채우세요.

AI는 주로 전문 지식을 활용하는 ☐☐☐☐ 사무직을 대체할 거예요.

◎ 맞으면 O, 틀리면 X 하세요.

1. 미국 실리콘밸리 기업들이 직원들을 해고한 것은 AI와 관련이 있어요. ☐
2. 전문 지식을 활용하는 사무직 일은 AI가 대신할 수 없어요. ☐
3. 앞으로 AI 때문에 더 많은 일자리가 사라질지도 몰라요. ☐

◎ 신문 어휘 풀이

- **해고**: 일터에서 일하던 사람을 그만두게 하여 내보냄
- **실리콘밸리**: 미국 샌프란시스코에 있는 전자, 컴퓨터 관련 산업이 집중된 공업 지역
- **직책**: 직무상의 책임
- **감축하다**: 덜어서 줄이다
- **빅테크**: 구글, 아마존, 메타, 애플, 알파벳 같은 대형 정보기술(IT) 기업
- **투자**: 이익을 얻기 위하여 어떤 일에 자본을 대거나 시간이나 정성을 쏟음
- **사무직**: 주로 책상에서 문서를 다루는 일을 하는 직무, 또는 그런 일을 하는 직원
- **생산직**: 산업 현장에서 상품을 직접 만들어내는 직업, 또는 그런 일을 하는 직원

토론하기

Q1. 생산직보다 사무직 직원들이 AI에 더 영향을 많이 받는 이유가 뭘까요?

Q2. 인간보다 더 똑똑한 AGI 시대가 오기 전에 어떤 준비를 해두면 좋을까요?

사회 | 2024년 2월

페파피그 때문에 우리 아이가 달라졌어요

> **배경 지식**
> - **페파피그**: 2004년 출시된 영국의 어린이용 애니메이션이에요. 주인공 페파와 부모님, 그리고 남동생으로 이루어진 페파 가족의 재미있는 이야기를 그렸어요.
> - **모방**: 다른 개인의 행동을 관찰해 이에 자극되어 그와 닮은 행동을 하는 것을 말해요.

신문 읽기

최근 미국에서 아이들에게 페파피그를 보여주지 않는 학부모가 늘고 있다고 해요.

페파피그처럼 귀여운 만화를 왜 보여주지 않는 거죠?

주인공의 버릇없는 행동이 아이들에게 교육적으로 나쁜 영향을 미친다는 이유에서예요. 페파피그 속 주인공들은 매회 무례하게 행동하고 부모에게 제멋대로 구는데요, 이 만화를 본 아이들이 주인공 행동을 모방하여, 마음에 들지 않는 음식을 먹을 때 '웩', '윽'과 같은 소리를 낸다거나 친구에게 조금이라도 짜증이 나면 "넌 내 친구가 아니야"라고 소리를 지른다고 해요. 몸집이 큰 사람을 보고 "배가 크다", "덩치가 크다" 등 들었을 때 불쾌할 만한 말을 직설적으로 내뱉기도 해요. 반복되는 주인공들의 버릇없는 행동이 아이들에게 그렇게 해도 된다는 것을 가르치고 있다며 우려를 표하는 사람들이 늘고 있어요.

그런데 페파는 4살짜리 꼬맹이인걸요?

페파피그 제작자들은 학부모들의 이와 같은 여론에 반발하고 나섰어요. 페파는 **천방지축**에 친절하지 않은 어린이지만 원래 4살짜리 아이는 그런 모습이라고 말했어요. 또한 페파는 자신의 감정을 솔직하게 표현할 줄 아는 아이라면서 자신감 있는 아이를 문제가 있다고 보면 안 된다고 주장했어요. 페파피그는 정말 교육적이지 않은 만화인 걸까요? 이 만화를 아이들에게 보여주면 안 될까요? 큰 인기를 얻은 만화인 만큼 앞으로 논란이 계속될 것으로 보여요.

정리하기

◎ 다음 빈칸을 채우세요.

　페파피그 주인공의 버릇없는 행동을 아이들이 ☐☐ 해 문제가 되고 있어요.

◎ 맞으면 O, 틀리면 X 하세요.

1. 페파피그가 교육적으로 악영향을 미친다고 생각하는 부모가 늘었어요. ☐
2. 페파피그의 나쁜 행동을 보고 아이들은 그렇게 하면 안 된다고 생각해요. ☐
3. 페파피그 제작자들은 주인공의 버릇없는 행동을 바꾸겠다고 했어요. ☐

◎ 신문 어휘 풀이

- **무례하다**: 말이나 행동에 예의가 없다
- **직설적**: 숨기거나 꾸미지 않고 사실과 다름없이 말하는 것
- **천방지축**: 종잡을 수 없게 덤벙이며 어리석게 구는 일

토론하기

Q1. 만화나 영화 속 주인공의 행동을 보고 따라 한 적이 있어요?

Q2. 여러분은 아이들이 페파피그 만화를 봐도 된다고 생각해요? 보면 안 된다고 생각해요? 여러분의 생각을 이야기해 보세요.

사회   2024년 3월

코끼리도 장례식에 갑니다

배경 지식

- **코끼리**: 육지에 사는 동물 중 몸집이 가장 크고 코도 가장 길어요. 코끼리 코로 수백kg도 들 수 있고 후각이 발달했어요.
- **사회성**: 사회에 적응하고 다른 이들과 어울려 함께 살려고 하는 성질을 말해요.

신문 읽기

인도에서 코끼리들이 죽은 새끼 코끼리를 땅에 묻어 **장례**를 치른 흔적이 발견되었어요. 동물들은 친구와 가족을 잃은 슬픔을 어떻게 **애도할까요?**

아기코끼리야, 이제 하늘나라에서 편히 쉬렴

아프리카 코끼리는 죽은 친구의 몸을 이리저리 만져봅니다. 그리고 나뭇잎과 나뭇가지, 흙을 가져와 친구의 몸을 덮어줍니다. 죽은 친구를 두고 가지 못해 친구 주변을 며칠 동안 맴돌며 자리를 지켜요. 한편, 아시아 코끼리들은 죽은 새끼를 묻을 만한 안전한 곳을 찾아 48시간을 걷고 또 걸었어요. 그러다 **매장지**를 찾은 코끼리들은 65cm 깊이의 구멍을 파 새끼를 묻었어요. 그리고선 30분 넘게 그 자리에 서서 **포효하는** 소리를 내며 울음을 멈추지 못했어요.

사람만 헤어짐의 슬픔을 느끼는 게 아니에요

학자들은 코끼리가 죽은 새끼를 매장지로 옮겨 땅에 묻은 일이 발견된 것은 이번

이 처음이라고 말해요. 또 그들의 포효 소리는 헤어짐의 슬픔과 고통을 표현하고 죽은 새끼를 애도하기 위한 행동이었을 것으로 봐요. 죽은 가족과 친구에 대해 애도하고 사람처럼 장례 의식을 치르는 동물은 **영장류**, 고래류, 코끼리처럼 인지능력이 뛰어나고 높은 수준의 **사회성**을 지닌 동물들이에요. 사람처럼 슬픔을 느끼고 친구와 가족의 죽음을 애도할 줄 아는 동물들. 우리는 앞으로 동물들을 대할 때 어떤 마음을 가져야 할까요?

정리하기

◎ 다음 빈칸을 채우세요.

코끼리는 친구나 가족의 죽음을 슬퍼하고 장례를 치르는 높은 수준의 ☐☐ 을 지닌 동물이에요.

◎ 맞으면 O, 틀리면 X 하세요.

1. 코끼리는 나뭇잎을 덮어주거나 땅에 묻는 방식으로 장례 의식을 치러요. ☐
2. 이전에도 죽은 새끼를 땅에 묻은 사례가 발견된 적이 종종 있었어요. ☐
3. 사람처럼 장례 의식을 치르는 동물에는 영장류, 고래류, 코끼리 등이 있어요. ☐

◎ 신문 어휘 풀이

- **장례**: 사람이 죽은 후 땅에 묻거나 화장하는 일
- **애도하다**: 사람의 죽음을 슬퍼하다
- **매장지**: 죽은 사람을 묻는 땅
- **포효하다**: 짐승이 크게 울부짖다
- **영장류**: 인간이나 원숭이처럼 가장 진화한 동물에 속하는 무리

토론하기

Q1. 코끼리도 죽음을 슬퍼하고 장례를 치른다는 기사를 읽고 어떤 생각이 들었어요?

Q2. 우리는 어떤 마음가짐으로 동물들을 대해야 할까요?

03

세계

35 영국 여왕님, 비켜주세요. 이제 호주 원주민의 차례랍니다!
36 나를 뽑아 주세요! 그럼 이것저것 다 해줄게요
37 백인의 나라 미국이 달라지고 있어요
38 오염수가 흘러가도 바다는 아파하지 않을까
39 학교에 그런 옷은 입고 오지 마세요!
40 우리는 차라리 쿠데타를 원해요
41 세계 첫 달 착륙선, 혹독한 달의 밤에 영원히 잠들다
42 이스라엘과 팔레스타인의 싸움, 그 끝이 있기나 할까 (심화) 포함
43 이렇게 일할 수는 없지! 멈춰버린 할리우드의 시계

44 굿바이 세계화! 이제 같은 편끼리만 친하게 지낼 거야 (심화 포함)
45 경제가 쿨렁, 슈퍼 선거 주의보가 울리고 있어요
46 가자지구 어린이들에게 어른들이 이러면 안 되는 거잖아요
47 하늘 높이 날아오르는 슈퍼 코끼리, 인도!
48 '오빤 독재 스타일!' 중남미를 홀린 멋쟁이 독재자, 부켈레
49 '옆 나라니까 우리 땅이지!' 누가 이 나라 억지 주장 좀 말려주세요
50 스웨덴, 나토에 오신 것을 환영합니다

영국 여왕님, 비켜주세요. 이제 호주 원주민의 차례랍니다!

배경 지식

- **군주제**: 국가의 최고 권력을 가진 왕이 나라를 다스리는 정치 제도예요.
- **공화제**: 국가 대표가 국민의 선거에 의해 선출되고 일정한 임기로 교체되는 정치 체제를 말해요.

신문 읽기

호주 화폐

호주 중앙은행이 5달러 지폐에 원주민 예술 작품을 넣기로 했어요. 기존 지폐에 그려져 있던 고(故) 엘리자베스 2세 여왕을 영국의 새 군주, 찰스 3세 국왕 초상화로 바꾸지 않고요! 그런데 그게 무슨 큰일이냐고요?

호주 역사를 돌아보면 이 결정이 얼마나 의미 있는 일인지 알 수 있어요

영국은 18세기 말부터 호주를 **식민지화**했어요. 이때 영국인들은 식민 지배를 **정당화**하기 위해 호주가 '주인 없는 땅'이라고 주장했어요. 원주민들은 영국인들이 오기 한참 전인 6만 5000년 전부터 호주 땅에 살고 있었는데 말이죠. 그리고 식민 지배 과정에서 수많은 원주민들은 삶의 터전을 빼앗기고 말았어요. 호주는 1901년에 영국으로부터 독립했지만, 지금까지 영국 왕실을 군주로 인정해왔어요. 하지만 호주인들에게 인기가 많았던 엘리자베스 2세 여왕이 2022년 9월에 **서거하자**, 군주제를 **지지하는** 사람이 점차 줄기 시작했어요.

작지만 의미심장한 변화가 호주에서 일어나고 있어요

　호주에서는 원주민을 인정함과 동시에 군주제를 버리고 **공화**제로 나아가자는 의견이 많아지고 있어요. 5달러 지폐 속 엘리자베스 2세 여왕 초상화를 원주민의 예술 작품으로 바꾼 것도 이러한 변화 중 하나예요. 호주가 영국으로부터 완전한 독립을 이룰 수 있을지 많은 이들이 앞으로의 변화를 지켜보고 있어요.

정리하기

◎ 다음 빈칸을 채우세요.

　호주는 군주제에서 [　　　]로 변화해 가려는 움직임이 일어나고 있어요.

◎ 맞으면 O, 틀리면 X 하세요.

1. 호주의 지폐에 호주 원주민과 관련된 이미지를 그려 넣기로 했어요. [　]
2. 18세기 말, 영국이 주인 없는 땅 호주를 식민지화한 것은 정당했어요. [　]
3. 호주 사람들은 여전히 영국 왕실을 군주로 인정하고 싶어 해요. [　]

◎ 신문 어휘 풀이

- 원주민: 그 지역에 본디부터 살고 있는 사람들
- 군주: 한 나라를 다스리는 왕
- 식민지화하다: 정치적·경제적으로 국가 주권이 없는 나라로 만들다
- 정당화하다: 올바르지 않은 것을 올바른 것으로 꾸며대다
- 서거하다: (높임말로) 죽어서 세상을 떠나다
- 지지하다: 어떤 사람이나 단체 등이 내세우는 주의나 의견 등에 찬성하고 따르다

토론하기

Q1. 호주 내에서도 군주제 폐지에 대해 찬성하는 사람도 있고 반대하는 사람도 있어요. 여러분이 호주 사람이라면 어떤 의견을 낼 것 같아요? 왜요?

Q2. 만약 한국에 십만 원권 지폐가 생긴다면, 어떤 그림이나 인물을 넣으면 좋을까요?

세계

2023년 5월

나를 뽑아 주세요! 그럼 이것저것 다 해줄게요

배경 지식

- **민족주의**: 민족의 독립과 통일을 가장 중시하는 사상이에요.
- **포퓰리즘 정책**: 일반 대중들의 인기를 얻기 위한 정치 형태를 말해요. 정치 권력을 획득하거나 집권 세력의 권력을 계속 유지하기 위하여 이용돼요.

신문 읽기

에르도안 대통령

2023년 세계에서 가장 중요한 선거로 불린 튀르키예 대통령 선거에서 20년째 권력을 잡고있는 에르도안 대통령이 다시 당선되었어요.

에르도안 대통령이 당선된 이유는

이번 선거 초반에만 해도 에르도안의 집권은 더 이상 힘들 것이라는 분석이 나왔어요. 에르도안은 경제를 어렵게 만들었을 뿐만 아니라 민주주의를 뒷걸음질시켰다는 비판을 받아왔기 때문이에요. 그러나 에르도안은 '강한 튀르키예'를 외치며 민족주의 카드를 내밀었어요. 또한 에르도안 대통령은 한시적으로 가스와 인터넷 데이터를 무상으로 제공하고 연금을 빨리 받을 수 있게 하는 등의 포퓰리즘 정책을 펼쳤어요. 지진 피해 지역에는 올해 안에 32만 가구의 주택을 공급하겠다며 사람들의 마음을 달랬어요. 이렇게 강력한 리더십과 포퓰리즘 정책을 내보인 에르도안에게 경제난과 대지진 피해로 지친 튀르키예 국민들의 표가 향한 것이죠.

올해 세계에서 가장 중요한 선거로 불린 까닭은

전세계는 튀르키예 대선에 큰 관심을 보였어요. 튀르키예는 그동안 미국·유럽

나라들의 군사동맹인 나토(NATO·북대서양조약기구) 멤버였지만, 러시아와 가깝게 지내왔기 때문이에요. 실제로 나토 가입 국가들이 우크라이나 전쟁을 일으킨 러시아에 대해 제재를 가할 때도 튀르키예는 모르는 체하며 오히려 러시아와 무역을 늘리기도 했어요. 러시아와 친한 에르도안 대통령이 다시 권력을 잡은 것이 우·러 전쟁에 앞으로 어떤 영향을 미치게 될지 전 세계가 주목하고 있어요.

정리하기

◎ 다음 빈칸을 채우세요.

☐☐☐ 정책은 정치인들이 대중들의 인기를 얻기 위해 펼치는 정책을 말해요.

◎ 맞으면 O, 틀리면 X 하세요.

1. 에르도안 대통령은 튀르키예에서 처음으로 대통령에 당선되었어요. ☐
2. 에르도안은 지진 피해 지역에 여러 채의 집을 지어주겠다고 말했어요. ☐
3. 에르도안이 대통령이 됨으로써 러시아의 위치가 곤란해졌어요. ☐

◎ 신문 어휘 풀이

- 당선: 선거에서 뽑힘
- 집권: 권세나 정권을 잡음
- 한시적: 일정한 기간에 한정되어 있는 것
- 연금: 특별한 일을 했거나 일정 기간 국가 기관에서 일한 사람에게 해마다 주는 돈
- 공급하다: 요구나 필요에 따라 물품 따위를 제공하다
- 대선: 대통령을 뽑는 선거
- 제재: 일정한 규칙이나 관습의 위반에 대하여 제한하거나 금지함. 또는 그런 조치

토론하기

Q1. 튀르키예에서 20년 이상 같은 대통령이 당선되어 집권하는 것에 대해 어떻게 생각해요?

Q2. 튀르키예는 나토 멤버인데요, 러시아와 친하게 지내는 것이 왜 문제일까요? 이 책에 나온 나토 관련 기사를 찾아 읽어보고 이야기해 보세요.

백인의 나라 미국이 달라지고 있어요

배경 지식

- **인종의 용광로**(멜팅팟, Melting Pot): 이민자들로 구성된 국가에서 여러 인종·민족·문화를 용광로에 넣어 녹이듯 하나의 문화로 만든다는 뜻이에요.
- **인종의 샐러드볼**: 여러 채소나 과일들이 각각 색과 맛을 유지한 채 나오는 샐러드처럼, 서로 다른 문화의 독창성들이 유지되고 보호된다는 뜻이에요.
- **히스패닉계**: 스페인어 사용 국가에서 태어났거나 조상이 스페인인으로 미국에 살며 스페인어를 쓰는 사람을 가리키는 말이에요.

신문 읽기

'인종의 용광로', '인종의 샐러드볼'이라 불리는 미국에는 다양한 사람들이 살고 있지만 그중에서 백인이 절반 이상을 차지하고 있어요.

"미국은 백인의 나라예요"

그러나 이 말도 곧 옛말이 될 거라고 해요. 1980년대에는 백인이 미국 인구의 80%를 차지했지만, 최근 '다인종'이 크게 늘고 있어요. 미국 인구조사국 자료에 의하면, 2045년에는 히스패닉계가 아닌 백인은 미국 인구의 49.73%로 전체의 절반에 못 미칠 거라고 해요. 2050년에는 47.81%로 더 떨어지고 미성년 인구에서만 따져보면 백인의 비율은 40%도 채 되지 않을 거라고 예상해요. 자료에 따르면 Z세대가 백인이 다수 인종을 이루는 마지막 세대가 될 것이며, 20년 후에는 미국 인구의 과반이 유색인종으로 구성될 거라고 내다봤어요.

백인 인구가 줄어들면 미국은 어떻게 되나요?

소수 인종이 미국에서 차지하는 비율이 높아지는 것을 걱정하는 사람들도 있어요. 하지만 전문가들은 인구의 인종 다양성이 증가하는 것은 사회가 성장하는 데 있어 중요한 힘이 된다고 말해요. 또 미국의 경제가 꾸준히 성장하기 위해서는 이민자들이 많이 필요하다고 주장해요. 백인의 평균 나이는 43세이고 히스패닉계의 평균 나이는 31세로, 중남미 이민자가 많이 들어오면 미국 사회를 더욱 젊고 활기차게 유지할 수 있다고 판단하는 것이죠.

정리하기

◎ 다음 빈칸을 채우세요.

최근 미국에서 여러 인종, 즉, [　　　] 이 크게 늘고 있어요.

◎ 맞으면 O, 틀리면 X 하세요.

1. 1980년대부터 다인종의 수가 크게 늘었어요.　[　]
2. 20년 후 미국에서는 유색인종이 백인보다 2배 이상 많아질 거예요.　[　]
3. 미국에서 이민자의 유입이 많아지는 것은 미국 경제에 도움이 돼요.　[　]

◎ 신문 어휘 풀이

- 다인종: 여러 인종
- 미성년: 법적으로 아직 성인이 되지 않은 나이
- Z세대: 1990년대 중반에서 2000년대 초반에 걸쳐 태어난 젊은 세대
- 과반: 절반이 넘음
- 유색인종: 백색 인종을 제외한 모든 인종을 통틀어 이르는 말
- 유지하다: 어떤 상태나 상황 등을 그대로 이어 나가다

토론하기

Q1. 미국에서 유색인종이 백인보다 더 많아진다면 미국 사회에는 어떤 변화가 생길까요?

Q2. 미국 인종의 다양성이 증가하면 좋은 점은 뭐예요?

세계   2023년 8월

오염수가 흘러가도 바다는 아파하지 않을까

배경 지식

- **후쿠시마 원전 사고**: 2011년 3월 11일, 일본에서 일어난 대지진과 해일로 후쿠시마 원자력 발전소에 있던 방사성 물질이 흘러나와 주변의 땅과 물을 오염시켰어요.
- **오염수 방류**: 모아서 가두어둔 오염된 물을 바다로 흘려보내는 것을 말해요.

신문 읽기

제1 원자력 발전소. 출처: 그린피스

여러 **논란**을 뒤로한 채, 일본은 2023년 8월 24일 1시부터 후쿠시마 제1 원자력발전소 오염수를 바다로 **방류**하기 시작했어요.

오염수 방류, 정말 괜찮을까요?

일본 정부는 오염수에 들어 있는 여러 **방사성** 물질을 깨끗하게 제거하고, 처리하기 힘든 **삼중수소**는 바닷물로 **희석해** 안전하게 흘려보내겠다고 했어요. 일본 정부는 여러 단계를 거쳐 방사성 물질의 **농도**를 낮췄기 때문에, 오염수를 방류해도 안전하다고 주장해요. 실제로 일본은 오염수 방류 다음 날 인근 해역 방사성 물질 농도를 **측정했는데요**, 삼중수소의 농도가 기준보다 낮다는 결과를 발표했어요. 우리 정부도 우리나라 해역의 방사성 물질 농도를 측정했는데, **세슘**과 삼중수소 모두 안전한 수준이라며 안심해도 된다고 했어요.

그러나 여전한 우려의 목소리

일본 민간단체는 바다를 핵 쓰레기장으로 만들지 말라며 반대 운동을 계속 이어가고 있고요, 중국은 일본산 수산물 수입을 금지하는 등 오염수 방류에 거세게 **반발하**

고 있어요. 오염수는 30년가량 방류될 것으로 예상되지만, 후쿠시마 제1 원전에는 이미 1천여 개의 대형 탱크에 오염수가 가득 차 있고 현재도 계속 오염수가 발생하고 있어서 방류가 30년 안에 끝날지 확신할 수 없어요. 그리고 오랜 기간의 오염수 방류가 바다 생태계에 어떤 영향을 미칠지 예측할 수 없다는 점이 많은 사람들의 우려를 잠재우지 못하고 있어요.

정리하기

◎ 다음 빈칸을 채우세요.

일본은 ☐☐ 를 바다로 방류하기 시작했어요.

◎ 맞으면 O, 틀리면 X 하세요.

1. 일본의 오염수에 있는 모든 방사성 물질이 깨끗하게 제거되었어요. ☐
2. 중국은 일본의 오염수 방류에 크게 반대하고 있어요. ☐
3. 일본의 오염수는 바다 생태계에는 아무런 영향을 미치지 않아요. ☐

◎ 신문 어휘 풀이

- 논란: 여럿이 서로 다른 주장을 내며 다툼
- 방류하다: 모아서 가두어 둔 물을 흘려보내다
- 방사성: 원자핵이 붕괴되면서 여러 가지 방사선을 내보내는 성질
- 삼중수소: 방사능을 가지고 있는 수소로 암을 유발할 수 있는 물질
- 희석하다: 용액에 물이나 다른 용매를 더하여 농도를 묽게 하다
- 농도: 기체나 액체에 들어있는 한 성분의 진함과 묽음의 정도
- 측정하다: 어떤 기계나 장치를 사용하여 양을 재다
- 세슘: 알칼리 금속 원소의 하나
- 반발하다: 어떤 상태나 행동 따위에 대하여 거스르고 반항하다

토론하기

Q1. 일본의 오염수 방류에 대한 여러분의 입장은 어느 쪽인가요? 왜 그렇게 생각해요?

Q2. 바다와 같이 모두가 공유하는 자원을 지키려면 어떻게 해야 할까요?

세계　　　　　　　　　　　　　　　　　　　　　　　　　2023년 9월

학교에 그런 옷은 입고 오지 마세요!

배경 지식

- **무슬림**: 이슬람교를 믿는 사람을 말해요.
- **아바야**: 무슬림 여성들이 자주 입는 전통의상이에요.
- **세속주의(라이시테·Laïcité)**: 프랑스에서 1905년 제정된 법칙으로, 공적인 자리에서는 종교를 철저히 제외한다는 원칙을 말해요.

신문 읽기

아바야

프랑스 정부가 2023년 가을학기부터 학교에서 '이 옷'의 **착용**을 금지했다고 해요. 어떤 옷을 학교에 입고 오면 안 된다고 했을까요?

아바야를 입고 오지 마세요, 종교는 집에 두고 오세요!

프랑스 교육부는 프랑스의 세속주의 원칙을 내세워 무슬림 전통의상인 '아바야'를 학교에 입고 오면 안 된다고 했어요. 프랑스는 이미 2004년부터 학교에서 큰 십자가 목걸이, 히잡 등 종교적 옷과 **장신구** 착용을 금지해 왔어요. 그동안 아바야는 원피스와 큰 차이가 없어서 **허용되었지만**, 이제 금지된 것이죠. 프랑스 교육부 장관은 교실에서 학생의 옷차림을 보고 종교를 알아볼 수 있어서는 안 된다고 했어요.

그러나 무슬림들에 대한 차별이 될 수도 있어요

프랑스 정부의 이번 정책은 무슬림들에 대한 차별이자, 자유의 **억압**이라는 비판의 목소리가 커지고 있어요. 복장만으로 종교적인 표시를 했다고 볼 수 없다는 것이죠. 또 이슬람 여학생들은 히잡을 쓰지 않았을 때 학교 활동에 소극적으로 참여했다고 해요. 따라서 아바야 금지령은 이슬람 여학생들을 학교 활동에서 **제외하는** 결과

로 이어질 수 있어요. 종교적 옷을 입으라고 하는 것도 벗으라고 **강요하는** 것도 무슬림들에게는 억압이자 차별일 수 있어요. **관용**의 나라라고 말하는 프랑스가 내린 이 금지령이 차별적인 **조치**는 아닌지 우리는 생각해 봐야 해요.

정리하기

◎ 다음 빈칸을 채우세요.

프랑스 정부가 ☐☐☐ 원칙에 따라 아바야를 학교에서 금지했어요.

◎ 맞으면 O, 틀리면 X 하세요.

1. 프랑스는 처음으로 종교를 나타내는 복장을 학교에 못 입고 오게 했어요. ☐
2. 세속주의는 정치와 교육에서 정치적인 표시를 드러내면 안 된다는 법칙이에요. ☐
3. 아바야 금지령은 무슬림 여성들을 적극적으로 활동하지 못하게 할 수도 있어요. ☐

◎ 신문 어휘 풀이

- **착용**: 옷이나 신발 등을 입거나 신거나 함
- **장신구**: 몸을 보기 좋게 꾸미는 데 쓰는 물건
- **허용되다**: 문제 삼아지지 않고 허락되어 받아들여지다
- **억압**: 자유롭게 행동하지 못하도록 권력이나 세력을 이용해 강제로 억누름
- **제외하다**: 따로 떼어 놓다
- **강요하다**: 어떤 일을 강제로 요구하다
- **관용**: 다른 사람의 잘못을 너그러이 받아들이거나 용서함, 또는 그런 용서
- **조치**: 벌어진 사태에 대하여 적절한 대책을 세워서 행함, 또는 그 대책

토론하기

Q1. 프랑스의 세속주의(라이시테) 원칙은 왜 생겼을까요?

Q2. 여러분은 아바야 착용 금지가 무슬림들에 대한 차별이라고 생각해요? 아니라고 생각해요? 이유를 들어 자유롭게 이야기해 보세요.

세계 | 2023년 9월

우리는 차라리 쿠데타를 원해요

배경 지식

- **사하라 사막**: 아프리카 북부에 있는 세계 최대의 사막으로, 지구상에서 가장 무덥고 건조한 곳이에요.
- **쿠데타**: 비합법적인 군사적 힘으로 국가의 지도자를 몰아내고 정권을 빼앗는 일을 '쿠데타'라고 해요.

신문 읽기

쿠데타 벨트

58°C까지 온도가 올라가 뜨겁기로 유명한 **사하라 사막**. 그 주변에 위치한 나라(기니, 말리, 차드, 부르키나파소, 니제르, 가봉)에 지난 3년간 뜨거운 **쿠데타** 바람이 불어닥쳤어요.

민주주의 국가라고 하지만, 민주주의가 없는 나라

쿠데타를 좋아하는 국민은 아마 없을 거예요. 하지만 이 지역 국민 대부분은 쿠데타를 원했다고 해요. 이 나라들은 모두 과거에 프랑스 **식민**지였다가 1950~60년대에 독립을 이루고 민주주의 국가가 되었어요. 하지만 이들의 '민주주의'에는 문제가 많았어요. 이 지역은 아직도 프랑스의 정치적 **개입**에서 벗어나지 못했고, 정치 **부패**가 심했어요. **부정 선거**는 흔한 일이었고, 대통령들은 **임기**를 계속 늘려가 결국 **독재**와 다를 바 없었어요. 가봉에서는 아버지와 아들이 합쳐서 무려 56년이나 통치하기도 했어요.

국민들이 쿠데타를 원할 수밖에 없는 까닭은

부정부패가 심한 상태에서 소수 엘리트 집단을 제외한 나머지 사람들은 극심한 빈곤에 시달리며 살아요. 서아프리카의 경우, 프랑스 기업이 천연자원을 마구 캐가면서도 현지인들과는 이득을 나누지 않고 있고요. 또 이 지역에서는 테러 때문에 지난해에만 1만 명이 넘는 사람이 목숨을 잃었지만, 정부는 시민들을 지켜주지 못했어요. 지난 3년간의 쿠데타는 **무능하고** 부패한 **정권**의 결과라고 볼 수 있어요. 하지만 쿠데타는 다시 독재로 이어질 수 있다며 전문가들은 우려를 표해요.

정리하기

◎ 다음 빈칸을 채우세요.

최근 3년간 사하라 인근 여러 아프리카 나라에서 ☐☐ 가 일어났어요.

◎ 맞으면 O, 틀리면 X 하세요.

1. 기니, 말리, 차드와 같은 나라들은 프랑스로부터 완전한 독립을 이루었어요. ☐
2. 이 나라들의 정부는 테러 집단으로부터 국민들의 안전을 지켜주지 못해요. ☐
3. 쿠데타로 무능한 정권과 테러 집단을 막고 민주주의를 되찾을 수 있어요. ☐

◎ 신문 어휘 풀이

- **식민지**: 힘이 센 다른 나라에 정치적, 경제적으로 지배 받는 나라
- **개입**: 직접적인 관계가 없는 일에 끼어듦
- **부패**: 정치, 사상, 의식 등이 정의롭지 못한 쪽으로 빠져드는 것
- **부정 선거**: 정당하지 못한 수단과 방법으로 행해진 선거
- **임기**: 일을 맡아서 하는 일정한 기간
- **독재**: 한 나라의 권력을 한 사람이 모두 차지하고 자기 마음대로 하는 정치
- **통치하다**: 나라나 지역을 맡아 다스리다
- **무능하다**: 어떤 일을 해결하는 능력이 없다
- **정권**: 정치를 맡아 행하는 권력

토론하기

Q1. 민주주의 국가는 어떤 나라일까요? 가족들과 함께 각자 자신이 생각하는 민주주의 국가의 특징을 이야기해 보세요.

Q2. 사하라 사막 주변 국가에서 쿠데타 없이 민주주의를 이룰 수 있을까요? 어떤 방법이 있을까요?

세계 | 2023년 9월

세계 첫 달 착륙선, 혹독한 달의 밤에 영원히 잠들다

배경 지식

- **착륙선**: 착륙선은 천체의 표면에 착륙해 임무를 수행하는 탐사선이에요.
- **찬드라얀 3호**: 인도의 달 탐사선으로, 2023년 8월 23일에 세계 최초로 달의 남극에 착륙했어요. 궤도선과 착륙선(비크람) 그리고 탐사로봇(프라기안)으로 구성돼 있어요.

신문 읽기

찬드라얀 3호 달 표면 착륙. 출처: ISRO

세계 최초로 달의 남극에 착륙한 인도 달 탐사선 '찬드라얀 3호'의 착륙선과 탐사로봇이 작동을 멈추고 말았어요.

세계 최초의 달 남극 착륙선 '비크람'은

2023년 8월 23일에 달 남극에 착륙해서 **탐사**로봇 '프라기안'과 함께 탐사를 시작했어요. 비크람은 달 남극 **표면의 토양** 기온을 측정했는데요, 그 결과 달 남극 토양 온도는 영상 50도, 달 표면 8cm 아래 토양은 영하 10도인 것으로 나타났어요. 달 표면 온도는 지금까지 과학자들이 예상했던 것보다 훨씬 더 높은 온도였어요. 또 프라기안은 13일 동안 100m를 이동하면서 황을 비롯한 알루미늄, 칼슘, 크롬, 철 등의 물질을 발견해 달에 물과 얼음의 존재 가능성도 보여줬어요.

길고 긴, 혹독한 달의 밤

달은 낮과 밤이 14일 **주기**로 바뀌어요. 비크람과 프라기안은 **태양광**으로 전기를 만들어 작동하기 때문에, 달의 밤에는 잠들었다가 낮이 되면 태양전지판을 데워 다시 활동할 수 있을 거라고 기대했어요. 그러나 비크람과 프라기안은 영하 100도까지 기온이 떨어지는 차가운 달의 밤을 이겨내지 못한 채 영원히 잠들고 말았어요. 인도 달 착륙선은 비록 작동을 멈추었지만, 인도는 미국과 러시아, 중국에 이어 세계 네 번째로 달에 탐사선을 착륙시킨 나라이자, 달의 남극에는 최초로 탐사선을 착륙시킨 나라가 되었어요. 이로써 인도는 우주 분야 초강대국으로서의 **위상**을 다질 수 있게 됐어요.

정리하기

◎ 다음 빈칸을 채우세요.

세계 최초로 달의 남극에 탐사선을 착륙시킨 나라는 ☐ 예요.

◎ 맞으면 O, 틀리면 X 하세요

1. 인도는 세계 최초로 달에 탐사선을 착륙시킨 나라예요. ☐
2. 인도의 달 탐사로봇은 달에 다양한 물질이 있음을 확인했어요. ☐
3. 비크람과 프라기안이 지금은 잠들었지만, 해가 뜨면 다시 활동할 수 있어요. ☐

◎ 신문 어휘 풀이

- **탐사**: 알려지지 않은 사물이나 사실을 빠짐없이 조사함
- **표면**: 사물의 가장 바깥쪽 또는 가장 윗부분
- **토양**: 행성 표면을 덮고 있는 작은 알갱이로 이루어진 물질
- **주기**: 같은 현상이나 특징이 한 번 나타나고 다음에 다시 나타나기까지의 기간
- **태양광**: 태양의 빛
- **위상**: 어떤 사물이 다른 사물과의 관계 속에서 가지는 위치나 상태

토론하기

Q1. 세계 각국은 왜 달에 가려고 할까요?

Q2. 여러분이 달에 가게 된다면 무엇을 해보고 싶어요?

42 세계 / 2023년 10월

이스라엘과 팔레스타인의 싸움, 그 끝이 있기나 할까

배경 지식

- **가자지구**: 팔레스타인 남서부, 이집트와 이스라엘 사이에 위치한 곳으로, 이스라엘이 차지한 지역 내의 팔레스타인 사람들이 모여사는 지역이에요.

신문 읽기

가자지구

2023년 10월 7일 새벽, 가자지구 근처 이스라엘 도시와 이스라엘 수도에 팔레스타인 통치자 하마스의 공격이 시작되었어요.

길고 긴 이스라엘과 팔레스타인의 싸움의 역사

이스라엘과 팔레스타인은 '중동의 화약고'로 불릴 만큼 싸움이 계속되고 있는 곳이에요. 이들 싸움의 시작은 아주 오래전으로 거슬러 올라가요. 유대인들은 팔레스타인 지역이 오래전 자신들의 조상이 살았던 '이스라엘의 땅'이라고 생각했어요. 이러한 이유로 유대인들은 19세기 말부터 팔레스타인으로 오기 시작했고 그들의 나라를 건설하고 싶다는 열망이 점차 커져 1948년에 팔레스타인에 나라를 세우게 돼요. 그 당시 팔레스타인 사람들은 나라가 없는 상태로 살고 있었는데, 이스라엘이라는 나라가 먼저 세워진 거예요. 팔레스타인 사람들은 하루아침에 살 곳을 빼앗겼고, '가자지구'라는 지역에서만 모여 살 수 있게 되었어요. 가자지구는 사람답게 살 수 없는 곳이었어요. 그리하여 이스라엘과 팔레스타인의 분쟁은 오늘날까지도 끊이지 않게 되었죠.

해결책이 보이지 않는다는데

이번 전쟁은 이스라엘의 **보복전**이 시작되면서 **민간인** 희생자 수가 크게 늘고 있어요. 국제 사회 전문가들은 이스라엘과 팔레스타인은 종교와 역사, 영토 문제가 복잡하게 얽혀있어 해결책을 찾기 어려울 것이라고 말해요. 이스라엘과 팔레스타인, 그 싸움의 끝은 어디일까요?

정리하기

◎ 다음 빈칸을 채우세요.

☐☐☐☐ 는 팔레스타인 사람들이 제한적으로 모여 살고 있는 곳이에요.

◎ 맞으면 O, 틀리면 X 하세요.

1. 이스라엘과 팔레스타인의 싸움은 올해 10월 7일에 처음 시작됐어요. ☐
2. 가자지구에는 이스라엘 사람들이 살고 있어요. ☐
3. 이스라엘과 팔레스타인의 분쟁은 해결책을 찾기 어려워요. ☐

◎ 신문 어휘 풀이

- **화약고**: 화약 창고라는 뜻으로, 전쟁이나 분쟁이 일어날 위험이 많은 지역을 뜻함
- **분쟁**: 서로 물러서지 않고 치열하게 다툼
- **보복전**: 복수하기 위하여 벌이는 전쟁
- **민간인**: 관리나 군인이 아닌 일반 사람

토론하기

Q1. 여러분은 이스라엘과 팔레스타인 중에서 어느 나라의 입장을 더 잘 이해할 수 있어요? 왜요?

Q2. 이스라엘과 팔레스타인의 싸움으로 잘못 없는 희생자들의 수가 늘어가고 있어요. 이들의 희생을 줄일 방법은 없을까요? 우리는 어떤 도움을 줄 수 있을까요?

이렇게 일할 수는 없지! 멈춰버린 할리우드의 시계

배경 지식

- **파업**: 노동자들이 집단적으로 한꺼번에 작업을 중지하는 일을 말해요.
- **OTT(Over The Top)**: 인터넷을 통해 영화, 드라마, TV 방송 등 각종 영상을 제공하는 서비스를 말해요. 대표적인 업체로 넷플릭스, 디즈니, 왓챠 등이 있어요.
- **스트리밍(Streaming)**: 인터넷상에서 음성이나 영상, 애니메이션 등을 실시간으로 재생하는 기법을 말해요.

신문 읽기

할리우드는 미국 영화 산업의 중심지로, 전 세계에서 사랑받는 수많은 영화가 태어난 곳이에요. 그런데 할리우드 작가들과 배우들이 2023년에 5개월 동안이나 일을 멈췄어요.

무슨 일이 있었던 걸까요?

예전에는 영화가 TV에서 방송될 때마다 배우나 작가는 **수익**을 얻었어요. 하지만 OTT 스트리밍 서비스 시대로 변화하면서 수익 **배분**에 문제가 생겼어요. OTT 기업들이 영화가 방송될 때마다 생기는 수익을 몽땅 다 가져버렸거든요. 그리고 영화 제작 **비용**을 **절감하기** 위해 AI 기술을 활용하기 시작하면서 또 다른 문제가 발생했어요. 배우가 출연하지 않아도 그들의 목소리와 얼굴을 영화에 이용할 수 있게 됐고, AI가 만든 대본도 영화 제작에 쓸 수 있게 됐어요. 이에 작가와 배우들은 정당한 **보상**을 요구하는 동시에 **무분별한** AI 활용에 반대하며 파업을 시작했어요.

128일 만에 마무리된 할리우드 파업, 그리고 그 뒷이야기

기업들은 결국 그들의 요구를 들어주었어요. 영화가 OTT 스트리밍 서비스를 통해 방송될 때마다 배우와 작가가 돈을 받게 됐고요, AI가 작가들의 이전 작품을 활용해 각본을 쓰는 일이 금지되었어요. 또 앞으로는 어떤 배우의 디지털 이미지도 허락 없이는 사용할 수 없게 됐어요. 이렇게 기업과 창작자 간의 갈등은 일단 마무리되었지만, 전문가들은 OTT 스트리밍 시대가 가져온 대혼란은 계속될 것으로 보고 있어요.

정리하기

◎ 다음 빈칸을 채우세요.

노동자들이 한꺼번에 작업을 멈추는 일을 [　　] 이라고 해요.

◎ 맞으면 O, 틀리면 X 하세요.

1. 할리우드 파업은 너무 힘든 근무 환경 때문에 일어났어요. [　]
2. OTT 회사에서는 영화가 방송될 때마다 생기는 수익을 독차지했어요. [　]
3. 이제 배우들의 디지털 이미지를 영화나 드라마에서 언제든지 쓸 수 있어요. [　]

◎ 신문 어휘 풀이

- **수익**: 일이나 사업 등에서 얻은 이익
- **배분**: 각각의 몫으로 나눔
- **비용**: 어떤 일을 하는 데 드는 돈
- **절감하다**: 아껴서 줄이다
- **보상**: 어떤 일에 대해 받은 대가
- **무분별하다**: 바른 생각이나 판단을 할 줄 모른다

토론하기

Q1. 할리우드 배우와 작가들이 파업을 하게 된 배경을 설명해 보세요.

Q2. AI 기술은 영화 산업에도 영향을 미치고 있어요. 이 책에 나온 AI와 관련된 다른 기사들을 찾아서 읽어보고 이 기사와 비슷한 점을 찾아보세요.

세계 2023년 12월

굿바이 세계화! 이제 같은 편끼리만 친하게 지낼 거야

배경 지식

- **탈세계화**: 정치·경제·문화 등 여러 분야에서 국가 간 교류가 활발해지는 세계화와 반대되는 의미예요.
- **블록화 현상**: 세계 각국이 다른 국가와 공동체를 만들어 그 안에 속한 국가들끼리 서로 돕고 경제적 이익을 얻는 지역주의 현상이에요.
- **보호무역**: 자국의 산업을 보호하기 위해 국가가 간섭하여 수출·수입을 제한하는 정책을 말해요.

신문 읽기

세계 **교역**에 먹구름이 잔뜩 끼었어요. 나라 간 물건을 사고파는 양이 크게 줄었거든요. 전 세계적으로 경제가 나빠졌기 때문일까요? 아니면 또 다른 이유가 있는 걸까요?

우리 편이 아니면 같이 놀지 않겠어!

미국과 중국의 사이가 점점 더 나빠지고 있어요. 미국을 중심으로 한 나라들과 중국·러시아를 중심으로 한 나라들 사이에 금이 그어지면서, 같은 편끼리만 도우며 친하게 지내는 **블록화** 현상이 더욱 심해지고 있거든요. 우크라이나-러시아 전쟁과 이스라엘-팔레스타인 **분쟁**으로 인해 정치적인 안정성이 흔들린 것도 블록화 현상에 상당한 영향을 미쳤어요. 정치적으로 자기 나라 편이 아니면 경제적으로 서로 돕지 않게 됐죠. 또 미국과 중국처럼 자기 나라 산업만 보호하는 '**보호무역**' 정책을 **채택**하는 나라들이 늘면서, 국가 간 무역 협력이 줄고 정보와 기술을 **공유**하는 일도 줄어들었어요.

탈세계화가 된다고 해서 특별히 나빠질 것이 있나요?

　세계 경제 블록화가 **지속되면서** 탈세계화가 **가속화**되는 것에 대해 전문가들은 우려를 표해요. 친한 나라하고만 협력하게 되면, 세계 경제 성장은 느려질 것이고, 또 전 세계가 함께 고민해야 하는 인구·기후·식량·안보 등과 같은 문제도 같이 해결해나갈 수 없으니까요. 한국은 탈세계화 시대가 오면, **손실**이 아주 클 거예요. 탈세계화 시대에는 한국과 같이 무역에 의존하는 나라가 **타격**을 입을 수밖에 없기 때문이에요.

정리하기

◎ 다음 빈칸을 채우세요.

　같은 편 나라하고만 도움을 주고받는 □□ 현상이 심해지고 있어요.

◎ 맞으면 O, 틀리면 X 하세요.

1. 보호무역 정책을 선택하면, 정보와 기술 발달이 더 크게 이루어져요. □
2. 탈세계화 시대가 오면 세계 경제는 성장을 많이 하지 못해요. □
3. 한국은 탈세계화의 영향을 별로 받지 않을 거라고 예상해요. □

◎ 신문 어휘 풀이

- **교역**: 나라와 나라 사이에 물건을 서로 사고팖
- **분쟁**: 서로 물러서지 않고 치열하게 다툼
- **채택하다**: 여러 가지 중에서 골라서 다루거나 뽑아 쓰다
- **공유하다**: 두 사람 이상이 어떤 것을 함께 가지고 있다
- **지속되다**: 어떤 상태가 오래 계속되다
- **가속화**: 속도가 더욱 빨라지게 됨
- **손실**: 줄거나 잃어버려서 손해를 봄
- **타격**: 어떤 일에서 크게 사기를 꺾거나 손해를 줌

토론하기

Q1. 블록화 현상은 왜 일어나게 되었는지 설명해 보세요.

Q2. 탈세계화 현상이 계속되면 어떤 문제가 생길까요?

세계 | 2024년 1월

경제가 출렁, 슈퍼 선거 주의보가 울리고 있어요

배경 지식

- **선거**: 투표를 통해 공직자나 대표자를 뽑는 의사를 결정하는 절차를 말해요.
- **폴리코노미(Policonomy)**: 정치를 뜻하는 영어 '폴리틱스(Politics)'와 경제를 뜻하는 '이코노미(Economy)'가 합쳐진 말로 경제가 정치에 휘둘리는 현상을 말해요.

신문 읽기

2024년은 전 세계 인구 절반이 넘는 40억 명 이상이 **투표**에 참여하는 슈퍼 **선거**의 해예요. 한해에 이렇게 많은 인구가 투표하는 것은 이번이 역사상 최초라고 해요.

전 세계 중요한 선거들이 2024년에 다 몰려 있어요

2024년에는 전 세계 76개국에서 선거가 예정되어 있어요. 1월에는 대만의 총통 선거가 있고요, 3월에는 러시아 대통령 선거가 있어요. 4월 한국에서는 **총선**을, 6월에는 유럽연합(EU) 의회 선거가, 9월 일본에서는 자민당 총재 선거를 앞두고 있어요. 무엇보다 전 세계가 가장 주목하는 것은 11월 5일에 치러지는 미국 선거 결과이고요.

우리가 슈퍼 선거의 해에 주목해야 하는 이유

사람들은 주로 '누가 나를 경제적으로 더 잘 살게 해주는가?'를 중요하게 생각하고 투표해요. 정치인들은 **유권자**들의 이런 마음을 얻기 위해 각종 **공약**을 내놓는데요, 이것은 한 나라의 경제 **정책**을 뒤흔들어 놓기도 해요. 정치가 경제를 쥐고 뒤흔드는 현상을 **폴리코노미**라고 불러요. 이 현상은 한 나라 안에서뿐만 아니라, 해외 주요 국가들의 정치가 다른 나라 경제에 영향을 미치는 것으로도 나타나요. 한국은 4월 총선 결과에 따라 주요 경제 정책이 달라질 거예요. 또 11월 미국 대통령 선거 결과도 우리 경제에 큰 변화를 가져올 거예요. 미국 대통령이 내놓는 정책에 따라 우리가 나아가야 할 방향과 전략이 달라지기 때문이에요.

정리하기

◎ 다음 빈칸을 채우세요.

경제가 정치에 휘둘리는 현상을 ☐☐☐☐ 라고 불러요.

◎ 맞으면 O, 틀리면 X 하세요.

1. 사람들은 보통 자기를 경제적으로 잘 살게 해주겠다는 정치인을 뽑아요. ☐
2. 폴리코노미 현상은 한 나라 안에서만 나타나요. ☐
3. 미국 대통령이 누가 되느냐는 우리나라 경제에 큰 영향을 미쳐요. ☐

◎ 신문 어휘 풀이

- **투표**: 선거를 하거나 어떤 일을 결정할 때 정해진 용지에 의견을 표시하여 내는 일
- **총선**: 국회의원 전체를 한꺼번에 뽑는 선거
- **유권자**: 선거할 권리를 가진 사람
- **공약**: 정부, 정당, 입후보자 등이 앞으로 어떤 일을 하겠다고 국민에게 하는 약속
- **정책**: 공공 문제를 해결하기 위해 정부에 의해 결정된 방침

토론하기

Q1. 투표를 하는 게 중요한 이유가 뭘까요?

Q2. 여러분은 어떤 공약을 내놓은 후보를 선거에서 뽑고 싶어요?

세계 | 2024년 1월

가자지구 어린이들에게 어른들이 이러면 안 되는 거잖아요

배경 지식

- **가자지구**: 팔레스타인 남서부, 이집트와 이스라엘 사이에 위치한 곳으로 이스라엘이 차지한 지역 내의 팔레스타인 사람들이 모여사는 지역이에요.
- **하마스**: 이스라엘에 반대하는 팔레스타인의 무장 단체예요.

신문 읽기

출처: 유니세프

팔레스타인의 하마스와 이스라엘의 전쟁이 시작된 지 석 달의 시간이 흘렀어요. 가자지구에는 이스라엘의 공격이 여전히 계속되고 있어요.

석 달간 치러진 9,000번 이상의 어린이 장례식

2023년 10월 7일, 하마스와 이스라엘의 전쟁이 일어난 후 이스라엘은 가자지구에 폭격을 가하기 시작했어요. 이스라엘의 공격으로 가자지구에서는 2만 2,835명의 팔레스타인 사람들이 숨졌고, 5만 8,416명이 부상을 입었어요. 팔레스타인 보건 당국은 사망자 중 여성은 5,300명, 어린이는 9,000명 이상이라고 밝혔어요.

어린이들이 도대체 왜 고통받아야 하나요?

어른들이 일으킨 전쟁 때문에 아무런 잘못 없는 아이들이 심하게 다치거나 목숨을 잃고 있어요. 살아남았다고 하더라도 아이들은 극심한 **식량난**으로 가축 사료를 먹고 더러운 물을 마시며 고통스러운 삶을 이어 나가고 있어요. 대부분의 가자지구 어린이들은 심각한 **영양실조** 내지는 감염병에 걸려 고통받고 있고요. 유엔을 비롯한 각종 구호 단체들이 가자지구로 **구호** 물품을 보내고 있지만, 이스라엘군에 막혀 대부분의 구호 물품이 주민들에게 전달되지 못하고 있어요. 유엔 사무총장은 11월 6일 기자회견에서 "가자지구가 어린이들의 무덤이 되고 있다"라고 말했어요. 어린이들의 생명을 구하고 보호하기 위해서는 **인도주의**적인 **휴전**을 서두르고 국제 사회는 구호 **자금 지원**을 하루 속히 확대해야 해요.

정리하기

◎ 다음 빈칸을 채우세요.

가자지구 어린이들의 생명을 구하기 위해 [　　　]적 휴전을 서둘러야 해요.

◎ 맞으면 O, 틀리면 X 하세요.

1. 이스라엘의 공격으로 수많은 팔레스타인 사람들이 다치거나 숨졌어요. [　]
2. 가자지구 주민들은 극심한 식량난에 시달리고 있어요. [　]
3. 가자지구에 구호 물품이 주민들에게 전달되기 시작했어요. [　]

◎ 신문 어휘 풀이

- **식량난**: 먹을 것이 모자라서 생기는 어려움
- **영양실조**: 신체에 영양소가 부족하여 어지러움, 설사, 피로감 등이 나타나는 증상
- **구호**: 재난이나 재해를 당한 사람을 도와서 보호함
- **인도주의**: 인종, 민족, 종교의 차이를 넘어 인간의 존엄성을 최고로 여기는 태도
- **휴전**: 전쟁을 일정한 기간 멈추는 일
- **자금**: 특정한 목적을 위해 쓰는 돈
- **지원**: 물질이나 행동으로 도움

토론하기

Q1. 가자지구 어린이들을 돕기 위해 우리는 무엇을 할 수 있을까요?

Q2. '가자지구가 어린이들의 무덤이 되고 있다'라는 말을 듣고 어떤 생각이 들었어요? 여러분의 생각을 이야기해 보세요.

하늘 높이 날아오르는 슈퍼 코끼리, 인도!

배경 지식

✓ **경제성장률**: 한 나라의 경제가 일정한 기간에 얼마나 성장했는지를 나타내는 지표예요.

신문 읽기

인도 타지마할

코끼리는 인도를 상징하는 동물인데요, 최근 인구와 경제 규모가 **급속도**로 커지고 있는 인도를 두고 하늘을 날아오르는 '슈퍼 코끼리'라고 부른다고 해요.

인도, 과거의 영광을 되찾으며 슈퍼 코끼리가 되다!

인도는 1세기부터 18세기 초까지 향신료, 귀금속, 차 등을 중심으로 전 세계에서 가장 강력한 경제력을 지닌 나라였지만, 18세기 이후부터 '가난'이 인도를 대표하는 말이 되었어요. 그러나 최근 인도의 경제성장률이 심상치 않아요. 인도는 지난해 영국을 제치며 세계 5위 경제 **대국**이 되었어요. 국제통화기금(IMF)는 26년에는 일본을, 27년에는 독일을 넘어 세계 3위 경제 대국이 될 것이라 **예상했어요**.

슈퍼 코끼리가 하늘 높이 날아오르는 이유로

먼저 인도의 젊은 노동력을 들 수 있어요. 세계 1위 인구 국가인 인도의 인구 절반이 30대 이하이기 때문에 애플, 구글과 같은 세계적인 기업 공장들이 인도로 향하고 있어요. 또 인도 총리는 '메이크 인 인디아(Make in india)'라는 정책을 내걸며, 인도에서 공장을 짓는 기업에 다양한 혜택을 주고 있어요. 이로써 전 세계 **첨단** 산업이 인도로 향하고 있지요. 또한 인도는 미국이나 중국 중 어느 한 나라를 선택하지 않고 모두와 사이좋게 지내고 있는데요, 이러한 외교정책도 인도 경제 성장의 중요한 이유 중 하나예요. 전 세계의 돈이 몰리고 있는 인도! 슈퍼 코끼리는 어디까지 날아오를까요?

정리하기

◎ 다음 빈칸을 채우세요.

인도로 세계적인 기업이 몰리는 이유 중 하나는 인구 절반이 30대 이하인 인도의 젊은 ☐☐ 때문이에요.

◎ 맞으면 O, 틀리면 X 하세요.

1. 인도는 올해 세계 3위 경제 대국이 되었어요. ☐
2. 인도의 '메이크 인 인디아' 경제 정책은 인도의 경제성장에 도움이 되었어요. ☐
3. 인도는 미국과 중국 중 어느 쪽으로도 치우치지 않는 정책을 펼치고 있어요. ☐

◎ 신문 어휘 풀이

- **상징하다**: 추상적인 개념이나 사물을 구체적인 사물로 나타내다
- **급속도**: 매우 빠른 속도
- **대국**: 국력이 강하거나 국토가 넓은 나라
- **예상하다**: 어떤 일을 직접 당하기 전에 미리 생각하여 두다
- **첨단**: 시대나 학문, 유행 등의 가장 앞서는 자리

토론하기

Q1. 최근 인도가 경제 성장을 이루고 있는 이유가 뭐예요?

Q2. 인도의 정책 중에서 가장 마음에 드는 게 뭐예요? 왜요?

48 | 세계 | 2024년 2월

'오빤 독재 스타일!' 중남미를 홀린 멋쟁이 독재자, 부켈레

배경 지식

- **인권**: 인권은 인간으로서 당연히 누려야 할 권리를 말해요.
- **헌법**: 헌법은 가장 기본이 되는 법으로, 국민의 권리를 보장하고 국가의 근본을 알리는 법이에요.

신문 읽기

출처: 부켈레 페이스북

선글라스에 가죽 재킷을 입고, 청바지에 모자까지 뒤로 돌려쓴 한 남자가 중남미를 흔들고 있어요. 인기 배우나 가수냐고요? 아니에요. 멋진 스타일을 뽐내는 이 남자는 나이브 부켈레(42), 엘살바도르 대통령이에요.

범죄자 너 딱 걸렸어!

2019년 6월에 대통령이 된 부켈레는 엄청난 규모의 범죄 **소탕** 작전을 이끌어 큰 인기를 얻었어요. 엘살바도르는 세계 최고 수준의 살인율에 시달릴 만큼 **치안** 문제가 심각했는데요, 부켈레가 대통령이 된 이후에는 2015년 인구 10만 명당 105.2건이었던 살인 사건이 2023년 2.4건으로 뚝 떨어졌어요. 이에 엘살바도르 국민 대다수는 부켈레를 지지하게 되었고, 범죄를 피해서 미국이나 멕시코로 떠나는 국민 수도 2010년대 초반에 비해 절반 가까이 줄어들었어요.

인권? 헌법? 그런 건 잘 모르겠어요

그러나 부켈레 정권의 '일단 잡고 보는' 식의 체포 방식과 대규모 **단속**은 **인권침해** 논란을 일으켰어요. 그뿐만 아니라, 부켈레는 대통령을 계속하려고 해 독재자라는 비판을 받았죠. 그럼에도 불구하고 부켈레는 2024년 2월 4일, 약 83%의 지지를 받으며 다시 **당선되었는데요**, 이를 보고 에콰도르, 아르헨티나 등 주변국 정치인들도 대놓고 부켈레의 의상과 정치 스타일을 따라 하기 시작했어요. 이에 국제 사회는 부켈레의 폭발적인 인기에 중남미가 민주주의에서 멀어지고 있다며 우려를 표하고 있어요.

정리하기

◎ 다음 빈칸을 채우세요.

엘살바도르 대통령 부켈레의 범죄자 체포 방식은 ☐☐ 침해 논란을 일으켰어요.

◎ 맞으면 O, 틀리면 X 하세요.

1. 부켈레가 엘살바도르 대통령이 된 이후 범죄율이 크게 줄었어요. ☐
2. 부켈레는 독재를 했기 때문에 다시 대통령이 되지 못했어요. ☐
3. 독재자 부켈레를 따라 하는 중남미 국가 정치인들이 늘어나고 있어요. ☐

◎ 신문 어휘 풀이

- **소탕**: 모조리 잡거나 없애 버림
- **치안**: 사회의 안전과 질서를 유지함
- **단속**: 법, 규칙, 명령 등을 어기지 않도록 통제함
- **인권침해**: 인권을 침범하여 해치는 일
- **당선되다**: 선거에서 뽑히게 되다

토론하기

Q1. 여러분이 엘살바도르 국민이었다면 부켈레를 지지했을 것 같아요? 이유를 들어 이야기해 보세요.

Q2. 부켈레 대통령의 인기가 더 많아지면 어떤 문제가 생길 수 있을까요?

세계 | 2024년 2월

'옆 나라니까 우리 땅이지!' 누가 이 나라 억지 주장 좀 말려주세요

배경 지식

- 베네수엘라: 남미 북부에 위치한 국가로 석유가 풍부하게 매장돼 있어 경제 성장을 이루었지만, 현재는 현재 재정 파탄 상태에 이르렀어요.
- 유전: 석유가 나서 생산할 수 있는 곳을 말해요.

신문 읽기

가이아나 분쟁지역

베네수엘라의 이웃 나라인 '가이아나'는 가난하고 힘없는 나라예요. 그런데 이 나라에서 2015년에 초대형 유전이 발견되었어요.

가이아나, 이제 부자 나라가 되는 건가요?

가이아나에서 원유가 나오는 곳은 가이아나 땅의 74%를 차지하는 '에세퀴보'라는 지역이에요. 2019년 이후 가이아나의 원유 생산량은 점점 늘어났고 2022년에는 62.3%의 높은 경제성장률을 보이며 세계 최대 경제 성장국이 되었어요. 가난한 농업국가에서 벗어나 아랍에미리트, 카타르와 같은 석유 부국이 될 날이 머지않은 거죠.

그런데 기쁨도 잠시, 훼방꾼이 나타났어요

훼방꾼은 바로 옆 나라 베네수엘라예요. 사실 베네수엘라와 가이아나는 19세기부터 '에세퀴보' 땅을 놓고 다퉈왔는데요, 이 지역에서 유전이 발견되자 베네수엘라는 황당한 국민투표를 진행했어요. 옆 나라 가이아나의 땅을 자기네 땅으로 만드는 것에 찬성하느냐를 묻는 투표였죠. 투표 결과, 국민 95%가 찬성했고, 이에 베네수엘라는 가이아나를 자신들 **영토**로 합치겠다며 군대를 몰고 와 가이아나를 위협하고 있어요. 인구 80만 명에 고작 3,000여 명의 군사력을 가진 가이아나는 국제연합(UN)에 도움을 요청했어요. 국제사법재판소는 가이아나의 **주권**을 위협하지 말라고 명령했지만, 베네수엘라는 이를 받아들이지 않고 있어요.

정리하기

◎ 다음 빈칸을 채우세요.

　가이아나 에세퀴보 지역에 대규모 ☐☐ 이 발견되었어요.

◎ 맞으면 O, 틀리면 X 하세요.

　1. 가이아나는 원유 생산으로 경제적으로 크게 발전했어요. ☐
　2. 가이아나는 원래 베네수엘라 땅이었어요. ☐
　3. 베네수엘라는 가이아나 땅을 빼앗기 위해 위협하고 있어요. ☐

◎ 신문 어휘 풀이

　· **원유**: 불순물을 걸러 내지 않은, 땅속에서 뽑아낸 상태 그대로의 기름
　· **경제성장률**: 일정 기간 한 나라의 경제의 성장을 나타내는 지표
　· **부국**: 부유한 나라
　· **영토**: 한 국가의 땅
　· **주권**: 국가의 의사를 최종적으로 결정하는 권력

토론하기

Q1. 베네수엘라에서 진행한 국민투표에 대해 어떻게 생각해요? 여러분의 생각을 자유롭게 이야기해 보세요.

Q2. 여러분이 베네수엘라 국민이었다면 국민투표에서 어떤 선택을 했을 것 같아요?

스웨덴, 나토에 오신 것을 환영합니다

배경 지식

- **나토**(북대서양 조약기구: North Atlantic Treaty Organization): 제2차 세계대전이 끝난 후, 1949년에 영국·미국·캐나다·덴마크 등 12개국이 옛 러시아인 소련에 대항하기 위해 만든 군사동맹 기구예요.
- **군사동맹**: 다른 나라의 공격에 대하여 둘 이상의 나라가 서로 돕기로 한 약속을 말해요.

신문 읽기

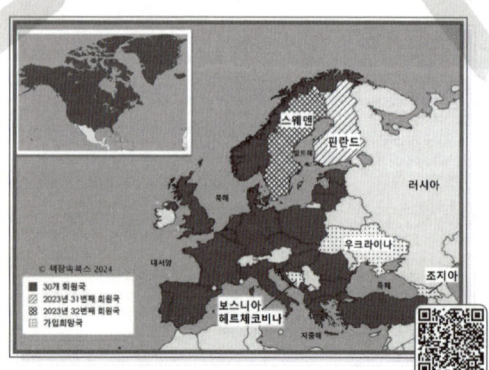

나토 가입국

200년 동안 누구의 편도 들지 않고 **중립**을 지켜오다가 최근 32번째 나토 **동맹국**이 된 나라가 있어요. 그 주인공은 바로 스웨덴이에요.

나토는 뭘 하는 곳이길래 스웨덴이 가입하고 싶어 했을까요?

나토는 '북대서양 조약기구'로 제2차 세계대전이 끝난 뒤 미국·영국·프랑스 등 12개 나라가 공산주의 소련을 **견제하기** 위해 만든 **군사동맹**이에요. 만약 나토 동맹국 중의 한 나라가 다른 나라로부터 공격받게 되면, 나토에 속한 모든 나라가 힘을 합해 군사적으로 도와줘요. 그래서 러시아도 나토 동맹국은 함부로 공격할 수 없어요.

러시아는 우크라이나의 나토 가입을 막으려고 재작년에 우크라이나와 전쟁을 벌였어요. 이에 스웨덴도 위협을 느껴, 자기 나라의 안전을 함께 지켜줄 수 있는 나토에 서둘러 가입하고자 했죠.

스웨덴의 나토 가입으로 러시아는 붉으락푸르락

스웨덴이 32번째 나토 동맹국이 되면서, 러시아는 **지형적**으로 나토 동맹국들로부터 완전히 둘러싸이게 됐어요. 소련에 대항하기 위해 만들어진 군사 동맹국들에 둘러싸여 있다는 건 러시아로서는 매우 불리한 상황이에요. 그럼에도 불구하고 러시아는 **강경한** 태도를 보이고 있어요. 10년 안에 나토와 큰 전쟁을 벌일 수도 있다고 하면서 14년 전 없어진 군사 조직을 다시 만들 계획이라고 밝혔어요.

정리하기

◎ 다음 빈칸을 채우세요.

☐☐ 는 옛 러시아인 소련에 대항하기 위해 만든 군사동맹 기구예요.

◎ 맞으면 O, 틀리면 X 하세요

1. 우크라이나가 나토에 가입했기 때문에 우·러 전쟁이 시작됐어요. ☐
2. 스웨덴이 나토 가입을 하면서 러시아는 아주 불리한 상황이 되었어요. ☐
3. 러시아는 우크라이나에 대항하기 위해 나토와 전쟁을 벌이겠다고 했어요. ☐

◎ 신문 어휘 풀이

- **중립**: 어느 편에도 치우치지 않고 중간적인 입장에 섬
- **동맹국**: 이익을 위하여 서로 도울 것을 약속한 나라
- **견제하다**: 일정한 힘을 가해 상대편이 지나치게 세력을 펴지 못하게 억누르다
- **지형적**: 땅의 생긴 모양과 관련된
- **강경하다**: 굳세게 버티어 굽히지 않다

토론하기

Q1. 나토는 무엇을 하는 곳이에요? 읽은 내용을 잘 정리해 설명해 보세요.

Q2. 스웨덴이 나토에 가입한 이유를 설명해 보세요.

04

과학

51 홈런볼과 날씨의 비밀스러운 거래가 시작됐다
52 강원도에 산불이 자주 나는 이유는
53 태양계 위성 부자는 바로 나! 토성!
54 우리들의 댕댕이는 점점 더 똑똑해지고 있어요
55 화성에서 한 해 살아볼래요? (심화 포함)
56 하늘에서 수박 눈이 내리면
57 태양이 '후'하고 바람을 불면 인터넷이 안 된다?
58 지구에 양산을 씌워주세요. 얼굴이 빨개졌거든요
59 한 번에 꿀꺽! 4000만 년 나이를 삼켜버린 달
60 반쪽짜리 과학의 경고! '여성이 안전할지 아닐지 우리는 몰라요'

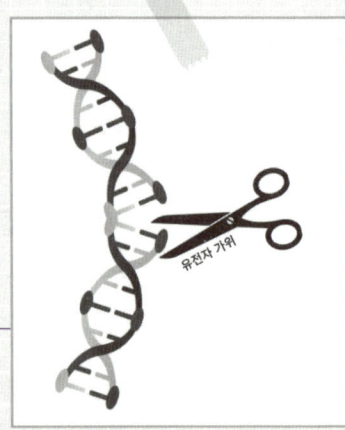
유전자 가위

61 생쥐의 상상력 꽃이 피었습니다
62 저 좀 지나갈게요. 제가 지금 배달 중이거든요
63 대왕고래야, 왕좌에서 내려오렴. 이제 내가 제일 크단다!
64 화난 마음도 녹여버리는 눈물의 힘
65 싹둑! 유전자 가위로 아픈 곳을 편집해 드립니다 (심화) 포함
66 마음이 튼튼해지려면 필요한 그것은
67 사이가 멀어진 꿀벌과 팬지꽃은 다시 친해질 수 있을까
68 "하나, 둘, 셋", 니모는 사실 숫자를 셀 줄 알아요

과학 2023년 4월

홈런볼과 날씨의 비밀스러운 거래가 시작됐다

배경 지식

- **공기 밀도**: 공기의 양이 일정 공간에 흩어져 있는 정도를 말해요. 온도와 압력 따위에 의하여 변화해요.
- **공기 저항**: 공기의 흐름이 물체에 미치는 힘, 다시 말해 공기의 방해를 받는 것을 말해요.

신문 읽기

날씨가 더울수록 야구 경기에서 홈런볼이 나올 확률이 높다는 연구 결과가 나왔어요.

어떤 연구였어요?

미국 다트머스대 연구팀은 기온이 홈런을 칠 확률에 미치는 영향을 확인하기 위해 2010년 이후 메이저리그에서 열린 10만 건의 야구 경기와 홈런볼 22만 개를 **분석했어요**. 분석 결과 **지표**면 온도의 **상승**은 홈런 확률을 높인 것으로 나타났어요. 야구장에서 기온이 1도 오르면 홈런 수가 1.96% 늘었고 기온이 더 높게 오른 오후에는 홈런 수가 2.4%까지 높아졌다고 해요. 반면 기온이 떨어지는 밤 경기는 1.7%로 떨어졌고요. 2010년 이후 10년간 나온 홈런 중 0.8%에 해당하는 홈런은 온난화로 **비거리**가 늘어났기 때문에 생긴 거라고 해요.

기온 상승과 홈런, 대체 무슨 관계죠?

기온이 높을수록 홈런의 확률이 높아지는 이유는 바로 야구공의 비거리가 기온의 영향을 받기 때문이에요. 기온이 상승하면 기체의 운동이 활발해지면서 공기의 밀도가 낮아져요. 그럼 야구공이 저항을 적게 받아 더 멀리 날아가게 되죠. 연구팀은 앞으로 기후변화로 나오는 홈런의 수가 더 늘어날 것으로 전망했어요. 2010년 이후 현재까지 홈런 중 1% 정도가 기온 상승의 영향을 받았지만 2100년에는 홈런 중 10%가 기온 상승의 영향을 받을 것이라고 봤어요. 연구팀은 이번 연구를 통해 기후변화가 인간의 삶에 얼마나 직접적인 영향을 미치는지 알 수 있다고 말했어요.

정리하기

◎ 다음 빈칸을 채우세요.

　기온이 높아지면 공기의 [　　] 가 낮아져, [　　] 을 적게 받아 야구공이 더 멀리 날아가요.

◎ 맞으면 O, 틀리면 X 하세요.

1. 오전보다 기온이 더 높은 오후에 홈런의 수가 줄어들었어요. [　]
2. 지구온난화가 더 진행될수록 홈런의 수가 더 늘어날 거예요. [　]
3. 지표면 온도의 상승은 홈런의 수와 큰 관계가 없어요. [　]

◎ 신문 어휘 풀이

· 분석하다: 복잡한 것을 풀어서 개별적인 요소나 성질로 나누다
· 지표면: 땅의 겉면
· 상승: 낮은 데서 위로 올라감
· 비거리: 야구나 골프에서 친 볼이 날아간 거리

토론하기

Q1. 기온 상승과 홈런볼은 어떤 관계가 있었어요? 가족들에게 설명해 보세요.

Q2. 지구 온난화로 기온이 오르면 스포츠에 또 어떤 영향을 미칠까요?

과학　　　　　　　　　　　　　　　　　　　　　　　　2023년 4월

강원도에 산불이 자주 나는 이유는

배경 지식

- **푄현상**: 습한 바람이 태백산맥을 넘을 때 고온 건조해지는 현상을 말해요.
- **양간지풍**: 봄철에 영서지방에서 영동지방으로 부는 강풍이에요.

신문 읽기

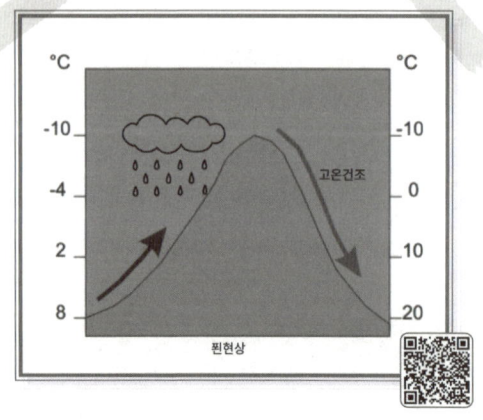

봄철이면 강원도에서는 산불이 나곤 해요. 올해도 강원도에 큰 산불이 나 큰 피해가 발생했어요. 이번 산불로 축구장 면적의 144배에 이르는 **산림**, 그리고 주택과 펜션 등 72채가 불타고 **인명 피해**도 발생했어요.

강원도 산불이 이렇게 커진 것은

　강한 바람 때문이에요. 봄에는 남쪽의 고기압, 북쪽의 저기압이 발달하면서 서쪽에서 동쪽으로 바람이 불어오는데요, 이 서풍이 태백산맥을 넘어오면서 뜨겁고 건조해지는 **푄현상**을 일으켜요. 이때 바람의 세기도 태풍처럼 빨라지는데, 이 바람을 **양간지풍**이라고 불러요. 양간지풍은 강원도 영동지방의 양양과 간성 사이에서 부는 바람이라는 뜻에서 만들어진 말이에요. 이번 강원도 산불 때 불었던 바람의 세기는 시속 100km가 넘는 강태풍급이었어요.

여기에 기후변화도 한몫했어요

　기후변화로 지구가 점점 건조해지고 있다는 점도 매해 반복되는 산불의 이유 중

하나예요. 기후변화로 기온이 오르고 **강수량**이 줄면서 산불 위험이 점점 커지고 있어요. 소방청에 따르면 올해 산불은 **역대 최다**였던 지난해 같은 기간보다 더 많이 발생했다고 해요. 매년 산불 발생 위험도가 높아지는 만큼 모두의 주의가 필요한 때예요.

정리하기

◎ 다음 빈칸을 채우세요.

☐☐☐ 은 강원도 양양과 간성 사이에서 부는 바람으로 바람의 세기가 매우 강해요.

◎ 맞으면 O, 틀리면 X 하세요.

1. 이번 강원도 산불은 다행히 큰 피해 없이 지나갔어요. ☐
2. 푄현상은 서풍이 태백산맥을 넘어오며 뜨겁고 건조해지는 현상이에요. ☐
3. 강원도 산불은 기후변화와는 큰 관련이 없어요. ☐

◎ 신문 어휘 풀이

- **면적**: 면이 공간을 차지하는 넓이의 크기
- **산림**: 산과 숲
- **인명 피해**: 자연재해나 사고 따위로 사람이 생명을 잃거나 다치는 피해
- **강수량**: 비, 눈, 우박, 안개 따위로 일정 기간 동안 일정한 곳에 내린 물의 총량
- **역대**: 대대로 이어 내려온 여러 대
- **최다**: 수나 양이 가장 많음

토론하기

Q1. 이 기사에서 봄철에 강원도 지역에 산불이 나는 이유 세 가지를 찾아보세요.

Q2. 강원도 산불 피해를 줄이려면 어떻게 해야 할까요? 어떤 예방책을 준비해야 할까요?

과학　　　　　　　　　　　　　　　　　　　　　　2023년 5월

태양계 위성 부자는 바로 나! 토성!

배경 지식

- **태양계**: 태양과 태양을 중심으로 공전하는 천체의 집합을 말해요.
- **행성**: 중심별의 주위를 도는 천체로 태양계에는 수성, 금성, 지구, 화성, 목성, 토성, 천왕성, 해왕성의 여덟 개 행성이 있어요.
- **토성**: 태양계의 행성 가운데 둘째로 큰 행성으로, 둘레에 아름다운 큰 고리 같은 테가 있어요.
- **위성**: 행성의 인력(떨어져 있는 물체끼리 서로 끌어당기는 힘)에 의하여 그 둘레를 도는 천체를 말해요.

신문 읽기

토성

토성의 **위성** 62개가 새로 발견되면서 토성이 **태양계**에서 위성을 가장 많이 가진 **행성** 1위가 되었어요.

토성과 목성의 엎치락뒤치락! 최종 승자는 바로 바로 토성!

목성은 지난 2월 위성 12개를 새로 발견하면서 태양계에서 위성을 가장 많이 **보유한** 행성 1위 자리를 차지했어요. 당시 목성은 95개의 위성을, 토성은 83개의 위성을 가지고 있었어요. 그러나 최근 토성의 위성 62개가 추가로 발견되면서 토성의 전체 위성 수가 145개로 늘어났어요. 토성의 위성을 발견한 캐나다 브리티시 컬럼비아 대의 연구팀은 "토성은 위성 개수가 거의 두 배 늘었을 뿐만 아니라, 태양계 다른 행성들의 위성을 모두 합친 것보다 많아졌다"라고 밝혔어요. 또 연구진은 미세한 빛까지 살펴볼 수 있는 기술 덕분에 토성의 위성을 새로 발견할 수 있었다고 덧붙였어요.

새로 발견된 토성의 위성은

새로 발견된 위성들은 3km를 넘지 않는 크기에 모양도 울퉁불퉁 제각각으로, 모두 불규칙 위성이에요. 행성과 가까운 거리에서 행성과 같은 방향으로 회전하는 규칙 위성과는 달리, 불규칙 위성은 먼 거리에서 행성과 반대 방향으로 도는 경우가 많아요. 연구진은 토성의 이러한 불규칙 위성들은 더 큰 위성들이 별들과 부딪히면서 생겨난 파편들일 것으로 추정했어요. 연구진은 토성의 작은 위성을 자세히 관찰하면 오래전 태양계에서 일어난 일들도 알아낼 수 있을 것으로 기대하고 있어요.

정리하기

◎ 다음 빈칸을 채우세요.

☐☐의 위성 62개가 새로 발견돼, 위성이 가장 많은 행성이 됐어요.

◎ 맞으면 O, 틀리면 X 하세요.

1. 토성은 태양계에서 위성이 가장 많은 행성 1위 자리를 계속 누렸어요. ☐
2. 토성의 전체 위성 수는 태양계 다른 행성의 위성 수를 합한 것보다 많아요. ☐
3. 새로 발견된 위성은 크기가 크고 모양이 모두 일정한 규칙 위성이에요. ☐

◎ 신문 어휘 풀이

· **보유하다**: 가지고 있거나 간직하고 있다
· **회전하다**: 어떤 것을 축으로 물체 자체가 빙빙 돌다
· **파편**: 깨어지거나 부서진 조각
· **추정하다**: 미루어 생각하여 판정하다

토론하기

Q1. 토성은 어떻게 해서 태양계 1등 위성 부자가 되었어요? 그 발견 과정을 가족에게 설명해 보세요.

Q2. 연구진은 토성의 위성들을 관찰하면 오래전 태양계에서 일어난 사건들을 알아낼 수 있다고 말했어요. 무엇을 알아낼 수 있을 것 같아요?

과학 2023년 5월

우리들의 댕댕이는 점점 더 똑똑해지고 있어요

배경 지식

- **가축화**: 야생동물을 사람의 보호 아래 이용 목적에 합당하게 길들여서 키우는 것을 가축화라고 해요.

신문 읽기

사람과 함께 살아가기 전인 2만 5000년 전의 개가 더 똑똑할까요? 아니면 지금 우리와 살아가고 있는 개가 더 똑똑할까요?

사람과 함께 살아가기 시작하며 개들의 뇌가 작아졌어요

헝가리 외트뵈시 로란드 대학교 연구팀은 개와 늑대의 뇌 용적을 분석했어요. 연구팀은 총 159종의 개 865마리와 늑대 48마리의 뇌 용적을 비교했어요. 그 결과, 개의 뇌 용적은 비슷한 몸무게를 가진 늑대 뇌의 4분의 3밖에 되지 않은 것으로 나타났어요. 사람의 보호를 받게 된 개는 주변의 위험을 신경 쓰며 살지 않아도 돼서 두뇌가 20% 가까이 작아졌다고 해요. 즉, 가축화가 개의 뇌 용적을 줄여놓은 것이죠.

머리가 작아졌으니 개는 예전보다 덜 똑똑할까요?

그렇지 않아요. 가축화가 되면서 야생에서 사는 늑대보다 뇌 용적이 줄어들었지만, 시간이 지나며 개의 뇌는 다시 커진 것으로 나타났어요. 가축화 직후 고대 종보다 현대 종의 뇌 용적이 상대적으로 커진 건데요, 이는 사회 환경이 이전보다 더 복잡해졌고 이에 따라 개들이 더 많은 규칙과 기대에 부응해야 했기 때문이에요. 연구팀은 사회 환경의 변화가 개의 뇌 용량에 이와 같은 영향을 미친 것으로 보인다고 설명했어요.

정리하기

◎ 다음 빈칸을 채우세요.

개들은 고대에 ☐☐ 가 되면서 뇌 용적이 줄어들었다가 현대에 와서 다시 커졌어요.

◎ 맞으면 O, 틀리면 X 하세요.

1. 개의 뇌는 비슷한 몸무게의 늑대 뇌 용량보다 적어요. ☐
2. 가축화가 진행되면서 줄어든 개의 뇌 용량은 다시 커지지 않았어요. ☐
3. 따라야 할 규칙과 기대가 더 많아진 환경은 개의 뇌 용량에 영향을 미쳤어요. ☐

◎ 신문 어휘 풀이

- 용적: 물건을 담을 수 있는 부피, 또는 어떤 공간을 차지하는 분량
- 고대: 원시 시대와 중세 사이의 아주 옛 시대
- 종: 어떤 기준에 따라 여러 가지로 나눈 갈래
- 상대적: 서로 맞서거나 비교되는 관계에 있는
- 부응하다: 기대나 요구 등에 따라 응하다

토론하기

Q1. 가축화와 개의 뇌 크기는 어떤 관계가 있었어요?

Q2. 고대의 개보다 현대의 개의 뇌가 더 커진 이유를 설명해 보세요.

Q3. 뇌의 크기와 지능은 어떻게 연관되어 있을까요? 이 기사를 바탕으로 추론해 보세요.

과학 2023년 6월

화성에서 한 해 살아볼래요?

배경 지식

- **미국항공우주국(NASA)**: 미국항공우주국은 우주 개발에 대한 모든 일을 맡는 미국 국가 기관이에요.
- **가상현실**: 가상현실은 특정한 장소나 상황을 3차원 컴퓨터 그래픽으로 구현하여 간접적으로 경험할 수 있는 환경을 제공하는 기술이에요.

신문 읽기

실험에 참여하는 4명의 과학자들. 출처: NASA 홈페이지

한 우주비행사가 화성을 탐사하던 중 모래폭풍을 만나 **고립됐어요**. 그는 사람들이 자신을 구하러 올 때까지 화성에서 살아가요. 이는 영화 <마션>의 이야기인데요, 이 영화에서처럼 과학자들이 화성에서 살아보기로 했다네요!

화성에서 진짜 살아보는 거예요?

아니요, 이 실험은 화성을 본떠 만든 '마스 듄 알파(Mars Dune Alpha)'라는 곳에서 진행돼요. **미국항공우주국(NASA)**이 이 실험에 **착수한** 까닭은 화성에서의 생활이 우주인들의 몸과 마음에 미치는 영향을 관찰하기 위해서예요. 실험에 참여하는 과학자 4명은 1년 동안 진짜 화성에 간 것처럼 화성 사진을 찍고, 장비를 **유지하고 보수**할 거예요. 가짜 야외 공간에서 **가상현실** 안경을 쓴 채 화성 표면을 걷는 훈련도 하고요.

물도, 음식도, 통신도 진짜 화성 스타일로!

화성에는 이용 가능한 물이 적기 때문에 물은 조금만 나눠주고 우주용 건조식품과 직접 키운 야채만 먹게 해요. 또 외부와 통화할 때 20분간의 시간 차이를 둔다고 해요. 화성과 지구는 평균 2억 2,500만km 떨어져 있어 20분 정도의 **시차**가 발생하기 때문이에요. NASA는 실제 화성 탐사를 위해서는 오랜 사회적 고립이 사람들에게 미치는 영향을 미리 살펴봐야 한다고 말해요. 1차 실험은 23년 6월부터 진행되었고, 2차 실험은 2025년 봄에 시행할 예정이에요.

정리하기

◎ 다음 빈칸을 채우세요.

과학자들은 ☐☐☐ 안경을 쓰고 화성을 걷는 훈련을 해요.

◎ 맞으면 O, 틀리면 X 하세요.

1. 과학자 4명은 실제로 화성에 가서 1년 동안 살 거예요. ☐
2. 화성에서 지구와 통화를 하려면 20분 정도 시간 차이가 발생해요. ☐
3. 나사는 화성 생활이 사람에게 미치는 영향을 살펴보기 위해 이 연구를 진행해요. ☐

◎ 신문 어휘 풀이

· **고립되다**: 주변 사람들과 오고가는 관계가 끊겨 혼자 지내다
· **착수하다**: 어떤 일을 시작하다
· **유지하다**: 어떤 상태나 상황 등을 그대로 이어 나가다
· **보수하다**: 시설이 낡거나 부서진 것을 손봐서 고치다
· **시차**: 지역 간 시간 차이

토론하기

Q1. 여러분이 화성에서 1년을 산다면, 어떤 점이 재미있고 어떤 점이 힘들 것 같아요?

Q2. 23년 6월부터 실험에 들어간 사람들이 실험이 끝난 후 어떤 이야기를 할 것 같아요?

Q3. 1년간 다른 사람들과 떨어져서 고립된 상태로 살아가는 것은 사람들에게 어떤 영향을 미칠 것 같아요?

과학 2023년 7월

하늘에서 수박 눈이 내리면

배경 지식

- **수박 눈**: 붉은빛과 분홍빛을 띠는 눈을 부르는 말이에요.
- **녹조류**: 엽록소를 가지고 있어 녹색을 띤 물속에 사는 식물을 말해요.
- **해수면 상승**: 바닷물의 높이가 높아지는 것을 말해요.

신문 읽기

수박 눈이 덮인 산

하늘에서 달콤한 수박 눈이 내린다면 어떨까요? 양손 가득 눈을 담아 한입 먹으면 아주 맛있을 것 같은데요, 미국 유타주의 눈산이 분홍빛으로 물드는 일이 벌어졌어요. 정말 수박 눈이 내린 걸까요?

실제로 수박 눈이 하늘에서 내린 건 아니고요

만년설 지대의 눈 속에서 살아가는 **녹조류**가 부린 마법 때문이라고 해요. 이 녹조류의 이름은 '클라미도모나스 니발리스'예요. 이 녹조류는 강한 햇빛이나 자외선을 만나면 열을 **흡수**해 스스로 분홍색 **색소**를 만든다고 해요. 이 붉은 색소는 강한 자외선으로부터 **세포**를 보호하는 역할을 해요. 즉, 강한 햇빛으로부터 자신을 보호하기 위해 '클라미도모나스 니발리스'가 스스로 붉은 색소를 만들어낸 것이죠.

달콤하진 않으니 먹지는 마세요

녹조류가 만들어낸 수박 눈은 다행히 사람이나 동물들에게 위험하지 않다고 해요. **식수**를 오염시키지도 않고요. 하지만 전문가들은 굳이 이 수박 눈을 먹지 말라고 말했어요. 수박 눈 자체는 해롭지 않지만, 장기적으로 봤을 때, 수박 눈은 환경에 부정적인 영향을 미칠 수도 있다고 해요. 흰 눈보다 수박 눈은 햇빛을 적게 **반사**시키기 때문이에요. 즉, 수박 눈은 흰 눈보다 색이 어두우니 햇빛을 튕겨내지 못하고 그대로 빨아들이게 되는데요, 이로써 땅 온도가 올라가고 급기야 빙하가 녹는 속도도 빨라질 수 있어요. 빙하가 더 빨리 녹으면 해수면 상승에 영향을 미칠 수도 있어요.

정리하기

◎ 다음 빈칸을 채우세요.

수박 눈의 색이 붉은 까닭은 〔   〕가 햇빛으로부터 자신을 보호하기 위해 만든 붉은 색 색소 때문이에요.

◎ 맞으면 O, 틀리면 X 하세요.

1. 수박 눈은 실제로 하늘에서 내린 분홍색 눈이에요.
2. 눈 속 녹조류가 자외선으로부터 자기를 보호하려고 붉은 색소를 만들었어요.
3. 수박 눈은 오염되어 있기 때문에 먹으면 절대 안 돼요.

◎ 신문 어휘 풀이

· 만년설: 아주 추운 지방이나 높은 산지에 언제나 녹지 않고 쌓여 있는 눈
· 지대: 자연적, 또는 인위적으로 한정된 일정 구역
· 녹조류: 엽록소를 가지고 있어 녹색을 띤 조류
· 흡수하다: 안이나 속으로 빨아들이다
· 색소: 물체의 색깔이 나타나도록 해 주는 성분
· 세포: 생물체를 이루는 기본 단위
· 식수: 먹을 용도의 물
· 장기적: 오랜 기간에 걸치는 것
· 반사: 빛이나 전파 따위가 어떤 물체의 표면에 부딪쳐 되돌아가는 현상

토론하기

Q1. 하얀 눈이 수박 눈으로 바뀐 까닭을 설명해 보세요.

Q2. 수박 눈은 계속 발생하면 어떤 일이 벌어질까요?

과학

2023년 8월

태양이 '후'하고 바람을 불면 인터넷이 안 된다?

배경 지식

- **태양풍**: 태양으로부터 날아온, 전기를 띤 입자(미세한 크기의 물질)의 흐름을 일컫는 말이에요.
- **오로라**: 태양풍이 지구 자기장(자석으로 인해 일어나는 주위 공간의 성질)에 이끌려 대기로 들어오면서 공기와 부딪혀 빛을 내는 현상을 말해요.

신문 읽기

출처: 국가기상위성센터

태양이 '후'하고 바람을 불기도 한다는 사실, 알고 계셨어요? 그럴 때면 지구에 여러 가지 일들이 벌어진다고 해요.

태양이 바람을 불면 벌어지는 일

태양풍은 태양의 **대기층**에서 전기를 띤 **입자**들이 빠르게 내보내지는 현상으로, 태양 활동이 활발할수록 강해져요. 보통 태양 활동은 11년을 **주기**로 '세졌다', '약해졌다'를 반복하는데, 과학자들은 2025년에 태양 활동이 가장 강해질 거라고 예상해요. 태양풍이 강해지면 아름다운 오로라도 선명하게 볼 수 있어요. 오로라는 태양풍에 실려 오는 입자들이 대기와 부딪히면서 빛을 내는 현상이므로, 태양풍이 강해지면 오로라를 자주 볼 수 있게 돼요. 문제는 태양풍이 **위성**이나 **통신망**을 멈추게 하기도 한다는 점이에요. 태양풍이 거셀수록 통신, **전력망**, 항공기 운항 시스템, 우주선 등에 커다란 장애를 일으켜요.

피해 갈 수 없는 태양풍, 어떻게 해야 할까요?

과학자들은 태양풍을 긍정적으로 활용할 수 있는 방법을 찾아 나섰어요. 미국항공우주국(NASA)은 태양풍으로 우주선을 움직여 우주여행을 할 수 있는 방법을 찾고 있어요. 또 태양풍은 우주 쓰레기를 처리해주기도 해요. 태양풍이 강해지면 우주 쓰레기가 **궤도**를 벗어나게 돼, 자연스럽게 우주 쓰레기가 정리되거든요. 통신과 전력망에 문제를 일으키지만, 우리 삶에 도움이 될 수도 있는 태양풍! 역으로 활용할 수 있는 방법을 적극적으로 찾아야겠어요.

정리하기

◎ 다음 빈칸을 채우세요.

☐☐☐ 은 태양으로부터 날아온 전기를 띤 입자의 흐름을 일컫는 말이에요.

◎ 맞으면 O, 틀리면 X 하세요.

1. 태양풍이 거세지면 통신과 전력에 문제가 발생할 수 있어요. ☐
2. 태양풍이 약하게 불어야 오로라를 자주 볼 수 있어요. ☐
3. 과학자들은 태양풍을 긍정적으로 활용할 방법을 찾고 있어요. ☐

◎ 신문 어휘 풀이

- (태양의) **대기층**: 태양의 천체를 둘러싼 기체의 층
- **입자**: 물질을 이루는 아주 작은 크기의 물체
- **주기**: 같은 현상이나 특징이 한 번 나타나고 다음에 다시 나타나기까지의 기간
- **위성**: 행성 주위를 도는 자연적이거나 인공적인 천체
- **통신망**: 유선, 무선 전화를 이용해 말이나 정보를 주고받을 수 있는 연락 체계
- **전력망**: 여러 수요자에게 전력을 공급하는 그물처럼 얽힌 체계
- **궤도**: 행성이나 혜성, 인공위성이 다른 천체의 주위를 돌면서 그리는 곡선의 길

토론하기

Q1. 사진이나 영상에서 혹은 직접 오로라를 본 적이 있어요? 오로라는 어떻게 그렇게 하늘을 아름답게 꾸밀까요?

Q2. 2025년에 태양풍이 가장 강해질 거라고 해요. 태양풍으로 인해 2025년에 우리에게는 어떤 일이 벌어질까요? 가능한 일을 모두 이야기해 보세요.

과학   2023년 8월

지구에 양산을 씌워주세요. 얼굴이 빨개졌거든요

배경 지식

- **태양 복사 에너지**: 태양으로부터 방출되는 모든 종류의 에너지를 말해요.
- **지구공학**: 지구 생태계나 지구 기후를 물리·화학적 방법을 통해 의도적으로 조작해, 온난화 속도를 늦추는 기술을 연구하는 학문을 말해요.

신문 읽기

이글거리는 한여름 태양을 피하려고 사람들이 양산을 쓰는 것처럼, 지구에도 양산을 씌워주자는 제안이 나와 관심이 쏠리고 있어요. 미국 과학자들이 낸 아이디어로, 하루가 달리 뜨거워지는 지구 온도를 낮추기 위해 태양과 지구 사이에 **가림막**을 설치하자는 내용이에요.

지구에 양산을 씌우면 지구 얼굴이 덜 빨개질까요?

미국 국립과학원 학술지에 실린 연구 결과에 따르면 지구와 태양 사이에 가림막을 설치하면 지구로 들어오는 복사 에너지를 1.7% 막을 수 있다고 해요. 복사 에너지를 1.7% **차단하면** 지구 평균 기온은 0.5~0.6℃ 내려갈 수 있어요.

그렇다면 지구 양산은 얼마만큼 커야 할까요?

가림막이 지구나 태양의 중력에 이리저리 끌려다니지 않고 **태양풍**에도 끄떡없으려면 수백만 톤은 되어야 해요. 수백만 톤의 양산을 만들어 우주로 이동시킨다는 것은 사실상 불가능해요. 이번 연구에서는 가림막의 현실적인 문제들을 해결하기 위해 소행성을 균형추로 이용하자는 대안을 내놓았어요. 균형추를 활용하게 되면 가림막의 무게를 획기적으로 줄일 수 있다고 해요. 과학자들의 이 같은 아이디어가 실현 가능성이 있을지 아닐지 아직은 잘 몰라요. 하지만 최근 지구온난화 속도를 늦추는 기술을 연구하는 학문인 지구공학이 기후변화를 막을 수 있는 대안으로 주목받고 있어, 이번 연구에 대해 과학계의 관심이 쏠리고 있어요. 언젠가는 지구도 양산을 쓰고 더위를 피할 날이 올까요?

정리하기

◎ 다음 빈칸을 채우세요.

☐☐☐☐ 이란 지구온난화 속도를 늦추는 기술을 연구하는 학문이에요.

◎ 맞으면 O, 틀리면 X 하세요.

1. 가림막을 설치하면 지구 온도가 약 0.5도 정도 내려가요. ☐
2. 소행성을 균형추로 이용하면 가림막 무게를 줄일 수 있어요. ☐
3. 이번 연구는 실현 가능성이 높아 과학자들의 관심을 받고 있어요. ☐

◎ 신문 어휘 풀이

· 가림막: 무엇을 가리기 위하여 설치한 막
· 차단하다: 액체나 기체 따위의 흐름 또는 통로를 막거나 끊어서 통하지 못하게 하다
· 태양풍: 태양으로부터 날아온, 전기를 띤 입자(미세한 크기의 물질)의 흐름
· 균형추: 균형을 잡기 위한 추. 불균형한 힘을 막기 위하여 기계나 장치물에 설치한다

토론하기

Q1. 지구에 가림막을 씌워주는 아이디어에 대해 여러분은 어떻게 생각해요? 정말 만들 수 있을까요?

Q2. 지구의 온도를 낮출 수 있는 방법으로 어떤 것이 있을까요?

과학　　　　　　　　　　　　　　　　　　　　　　　2023년 10월

한 번에 꿀꺽! 4000만 년 나이를 삼켜버린 달

배경 지식

- **달**: 지구의 유일한 자연 위성이며 태양계에서 5번째로 큰 위성이에요.
- **자전**: 천체가 스스로 고정된 축을 중심으로 회전하는 운동이에요.
- **조수 현상**: 달, 태양 따위의 인력(끌어당기는 힘)에 의하여 바닷물이 주기적으로 높아졌다 낮아졌다 하는 현상을 말해요.

신문 읽기

달 표면 채취 중인 아폴로17호 우주비행사. 출처: NASA

우리는 1년에 한 살 나이를 먹는데요, **달**은 얼마 전 4000만 살을 한 번에 먹어버렸다고 해요. 달에 무슨 일이 일어난 걸까요?

달은 어떻게 태어났을까요?

약 40억 년 전, 태양계가 젊고 지구가 막 성장하고 있었던 때, 화성 크기의 거대한 물체와 지구가 충돌했어요. 그때 떨어져 나온 **파편**들이 뭉쳐지면서 달이 만들어졌어요. 지금껏 달은 대략 44억 2000만 년 전에 만들어진 것으로 **추정하고** 있었지만, 달의 탄생이 정확하게 언제였는지 그 시기는 확실하게 알지 못했어요.

달의 나이를 밝혀라!

달은 지구의 유일한 자연 **위성**으로 지구 **자전축**을 23.5도로 유지 시키고 **조수 현상**을 일으켜요. 달이 없다면 지구에는 적당한 햇빛이 사라지고 급격한 기후변화, 해일,

홍수 등이 발생해 생명체가 살아갈 수 없게 돼요. 이처럼 지구를 보호해주는 데 중요한 역할을 하는 달의 나이를 밝혀내기 위해, 미국 시카고대와 영국 글래스고대 연구팀은 1972년 아폴로 17호가 가져온 달 샘플 내 **결정**들을 분석했어요. 달이 만들어질 때 생긴 결정들을 분석한 결과, 결정의 나이가 약 44억 6000만 년이라는 것이 밝혀졌어요. 이로써 달의 나이도 44억 6000만 살이 되었지요. 이번 연구로 비교적 정확한 달의 나이를 알게 되었어요. 하지만 달의 다른 지역에서 더 오래된 결정을 발견하게 된다면 앞으로 달의 나이가 더 많아질 수도 있어요.

정리하기

◎ 다음 빈칸을 채우세요.

달은 지구의 유일한 자연 ☐☐ 이에요.

◎ 맞으면 O, 틀리면 X 하세요.

1. 달은 지구보다 나이가 많아요. ☐
2. 달이 사라지면 사람들은 지구에서 살아가기 힘들어요. ☐
3. 달의 나이를 알기 위해 달의 샘플 내 달 결정을 분석했어요. ☐

◎ 신문 어휘 풀이

- **파편**: 깨어지거나 부서진 조각
- **추정하다**: 미루어 생각하여 판정하다
- **위성**: 행성 주위를 도는 자연적이거나 인공적인 천체
- **자전축**: 천체가 스스로 회전할 때 기준이 되는 고정된 중심축
- **결정**: 어떤 물질이 규칙적으로 배열되어 일정한 모양을 이룬 것

토론하기

Q1. 달은 어떻게 해서 만들어졌어요?

Q2. 달이 사라지면 지구에는 어떤 일이 벌어질까요? 영화의 한 장면처럼 생생하게 묘사해 보세요.

과학

2023년 10월

반쪽짜리 과학의 경고!
'여성이 안전할지 아닐지 우리는 몰라요'

배경 지식

- 젠더: 생물학적 성별에 따라 부과된 사회적 특성들 혹은 사람들에게 그런 특성을 부과하는 분류 체계를 일컫는 말이에요.

신문 읽기

성평등

남성과 여성 두 사람이 함께 자동차를 타고 가다가 사고가 났어요. 두 사람 다 안전띠를 매고 있었다면 둘은 모두 안전했을까요?

여성이 남성보다 더 많이 다칠 확률이 높아요

자동차의 안전띠와 머리 받침대는 남성을 대상으로 설계되었기 때문이에요. 따라서 안전띠와 머리 받침대가 여성과 소아, 임산부의 안전을 보장해주지는 못하는 거죠. 실제 자동차 사고에서 목뼈를 다칠 확률은 여성이 남성보다 2배나 높다고 해요. 이뿐만 아니라 의약품 개발 과정에서도 주로 수컷 동물만 실험에 쓰고, 성인 남성의 체중을 기준으로 약을 만들어서 성인 여성에게는 약이 잘 맞지 않아요.

여성들의 안전과 편리를 보장해주지 않는 과학, 이대로 괜찮은 걸까요?

이 문제를 해결하기 위해 과학 학술지 네이처는 남녀 모두를 실험에 포함시켜 연구에서의 성평등을 이루어야 한다고 말해요. 연구 결과를 발표할 때도 어느 성별에 어떤 효과가 나타났는지 구체적으로 나타낼 것을 권유하고 있고요. 또한 현재 여성 과학자는 전체 과학자의 30%에 지나지 않아요. 최근 120년간 노벨 과학상 수상자 600명 중에 여성은 단 23명에 그쳤어요. 과학 분야에서 젠더 편향 문제를 해결하고 **공정**한 과학 연구를 위해서는 성별 특성을 고려한 연구를 늘려나가야 해요. 이와 더불어 여성 과학자들이 더 많아지도록 여성이 지속적으로 일할 수 있는 환경을 만들어 나가야 해요.

정리하기

◎ 다음 빈칸을 채우세요.

과학계에서 ☐ 편향 문제를 해결하려면 성별 특성을 고려해야 하고, 여성 과학자들이 더 편하게 일할 수 있는 환경을 만들어야 해요.

◎ 맞으면 O, 틀리면 X 하세요.

1. 자동차의 안전띠는 여성과 남성 모두를 대상으로 만들었어요. ☐
2. 지금까지 과학 연구는 남성 위주로 진행되었어요. ☐
3. 여성 과학자들의 수가 아직도 부족해요. ☐

◎ 신문 어휘 풀이

- **설계되다**: 계획이 세워지다
- **보장하다**: 어떤 일이 어려움 없이 이루어지도록 조건을 마련하여 보호하다
- **권유하다**: 어떤 일 따위를 하도록 권하다
- **편향**: 한쪽으로 치우침
- **공정하다**: 공평하고 올바르다

토론하기

Q1. 지금까지 안전띠나 머리 받침대 설계나 약을 개발할 때, 왜 남성만을 대상으로 실험하고 연구해 결과를 발표해왔을까요?

Q2. 여성 과학자들의 수가 남성보다 적은 이유는 무엇일까요?

Q3. 여성 과학자들이 계속 일할 수 있는 환경을 만들어 나가려면 어떻게 해야 할까요?

과학

2023년 11월

생쥐의 상상력 꽃이 피었습니다

배경 지식

- **가상현실**: 가상현실은 특정한 장소나 상황을 3차원 컴퓨터 그래픽으로 구현하여 간접적으로 경험할 수 있는 환경을 제공하는 기술이에요.

신문 읽기

우리는 하루에 수십 번도 넘게 다양한 상상을 해요. 흔히 상상력은 인간만이 가진 고유한 능력이라고 여겨 왔는데요. 쥐들도 가 보지 않은 곳, 존재하지 않는 물체를 상상할 수 있다는 연구 결과가 나왔어요.

생쥐가 상상한다는 것을 어떻게 알아냈을까요?

미국 하워드휴스 의학연구소 연구팀은 쥐의 상상력을 알아보기 위해 쥐의 뇌에 기계 장치를 연결해 신경 활동을 **측정하고** 분석했어요. 먼저 연구팀은 쥐를 **가상현실** 환경에 노출시키고 러닝머신 위를 걷게 했어요. 쥐가 **가상**의 목표를 향해 달려 나갈 때 **보상**을 제공하면서 그때 어떤 신경 활동이 나타나는지 조사했어요. 러닝머신이 멈춘 후에도 쥐는 보상을 얻기 위해 특정 장소를 떠올리며 그 방향으로 이동하려고 했어요.

생쥐 머릿속, 몽글몽글 피어오른 상상력

이 연구에서는 쥐도 사람처럼 눈앞에 실제로 보이지 않는 공간을 상상할 수 있음을 밝혀냈어요. 사람이 '빵집에 가서 빵을 사오라'는 부탁을 받았을 때, 빵집에 가기 전 그 길을 미리 상상할 수 있는 것처럼 쥐도 어떤 목적을 위해 가야 할 길을 미리 생각할 수 있었어요. 그뿐만 아니라, 쥐는 가상의 물체를 떠올려내고 그 물건을 옮기는 것도 상상할 수 있었어요. 생쥐는 이런 상상을 할 때는 사람과 유사한 신경세포의 활동을 보였어요. 이제 동물들을 얕보면 안 되겠어요. 인간이 할 수 있는 놀라운 일 중 하나인 상상을 동물도 할 수 있으니까요!

정리하기

◎ 다음 빈칸을 채우세요.

쥐는 사람의 고유한 능력이라 믿었던 ☐☐ 을 갖고 있어요.

◎ 맞으면 O, 틀리면 X 하세요.

1. 상상력은 사람만이 가진 특별한 능력으로 여겨 왔어요. ☐
2. 쥐는 현재 머물러 있는 곳 이외의 특정 장소를 상상할 수 있어요. ☐
3. 쥐가 상상할 때는 사람과는 다른 신경세포를 사용해요. ☐

◎ 신문 어휘 풀이

- **고유하다**: 본래부터 가지고 있어 특유하다
- **측정하다**: 어떤 기계나 장치를 사용하여 양을 재다
- **가상**: 사실이 아니거나 사실 여부가 분명하지 않은 것을 사실이라고 가정하여 생각함
- **보상**: 행위를 촉진하기 위해 사람이나 동물에게 주는 물질이나 칭찬

토론하기

Q1. 여러분은 상상을 자주 해요? 어떤 상상을 해요?

Q2. 쥐는 어떤 상상을 할 수 있었어요? 기사에 쓰인 내용 외에 쥐는 어떤 것을 상상할까요? 여러분의 생각을 자유롭게 이야기해 보세요.

과학 2023년 11월

저 좀 지나갈게요.
제가 지금 배달 중이거든요

배경 지식

- **라이다(LiDAR)센서**: 라이다는 레이저를 목표물에 비춰 사물과의 거리 및 다양한 물성을 감지해 자율주행의 눈이 되어주는 기술이에요.
- **자율 주행 로봇**: 스스로 주변을 살피고 장애물을 감지하면서, 바퀴나 다리를 이용하여 목적지까지 최적 경로를 찾아가는 로봇이에요.

신문 읽기

배달 로봇. 출처: 배민로봇 홈페이지

요즘 식당에서 음식을 가져다주는 로봇을 흔히 볼 수 있는데요, 이제는 길거리에서도 배달하는 로봇을 볼 수 있게 될 거라고 해요.

배달 로봇도 보행자로 인정받았어요

지금까지는 로봇을 차로 취급했기 때문에 배달 로봇은 사람들처럼 **보도**를 오갈 수 없었어요. 그래서 식당이나 카페 등 실내에서만 **자율 주행 로봇**이 음식을 나르며 다닐 수 있었어요. 그러나 지난 3월 도로교통법이 바뀌면서 배달 로봇도 **보행자**로 인정받아 **인도**로 다닐 수 있게 됐어요. 배달 로봇은 직원이 상품 및 음식을 보관함에 넣으면 자동 출발하는데요, 사람이 천천히 걷는 속도로 가다가 길에 따라 속도를 더 낮추기도 합니다. 날씨가 궂을 때도 24시간 움직일 수 있고요, 로봇 한 대가 하루에 30건 정도의 배달을 할 수 있다고 해요.

배달 로봇이 스스로 움직일 수 있는 것은

로봇에 장착된 카메라와 라이다 센서 덕분이에요. 카메라와 라이다 센서는 땅의 모양이나 사물을 인식해서 어떻게 가야 할지에 대한 상황을 판단해 자율주행할 수 있게 해요. 비탈길이나 내리막길을 갈 때 물건이 쏟아지지 않도록 보관함을 항상 **수평**으로 유지하는 기능도 있어요. 로봇 배달을 **시험적**으로 **운행**해 본 결과, 배송 완료까지 보통 11분 정도가 걸렸다고 했어요. 이제 곧 길거리에서 배달 로봇이 배달하는 장면을 볼 수 있을 거라고 사람들은 기대하고 있어요.

정리하기

◎ 다음 빈칸을 채우세요.

배달 로봇이 ☐☐로 인정받아 보도를 걸어 다니며 배달할 수 있게 됐어요.

◎ 맞으면 O, 틀리면 X 하세요.

1. 배달 로봇은 이미 가게와 집 사이를 오고 가며 물건을 배달하고 있었어요. ☐
2. 배달 로봇은 날씨가 나쁠 때는 배달을 할 수 없다고 해요. ☐
3. 배달 로봇은 라이다 센서로 주변 사물을 인식해서 안전하게 주행할 수 있어요. ☐

◎ 신문 어휘 풀이

- **보도**: 사람이 걸어 다닐 수 있게 만든 길
- **보행자**: 길거리를 걸어 다니는 사람
- **인도**: 사람이 다니는 길
- **궂다**: 비나 눈이 내려 날씨가 나쁘다
- **장착되다**: 일정한 설비에 떨어지지 않게 붙여지다
- **인식하다**: 사물을 분별하고 판단하여 알다
- **판단하다**: 사물을 인식하여 논리나 기준 등에 따라 판정을 내리다
- **수평**: 기울지 않고 평평한 상태
- **시험적**: 재능이나 실력 따위를 일정한 절차에 따라 검사하고 평가하는 것
- **운행하다**: 차량 따위가 정해진 도로나 목적지를 오고 가다

토론하기

Q1. 사람 대신에 배달 로봇이 물건을 배달하면 어떤 점이 좋을까요?

Q2. 배달 로봇이 일으킬 수 있는 문제로는 어떤 것이 있을까요?

과학

2023년 11월

대왕고래야, 왕좌에서 내려오렴. 이제 내가 제일 크단다!

배경 지식

- **진화**: 생물이 생명이 생긴 후부터 여러 세대를 거치면서 점차 발전해 가는 현상을 말해요.
- **고래**: 바닷속에 사는 포유동물 중 고래목에 속하는 동물을 말해요. 수중 생활에 적응된 포유류로 뒷다리는 퇴화하였고 앞다리는 지느러미 모양으로 변했어요.

신문 읽기

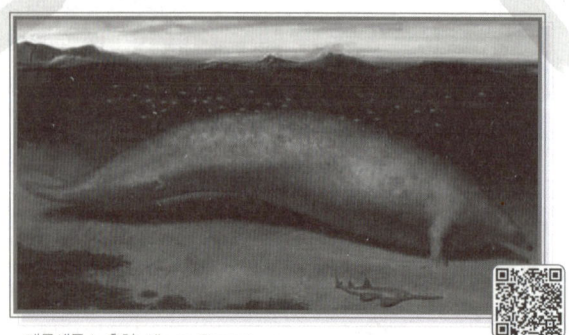

페루세투스. 출처: Alberto Gennari

지구 역사상 가장 크고 무거운 동물은 대왕고래였어요. 대왕고래의 몸무게는 약 100~150톤. 공룡보다 더 무거운 대왕고래가 이제 가장 큰 동물의 왕좌 자리에서 내려와야 한대요.

대왕고래보다 더 무겁다는 너는 대체 누구냐!

주인공은 바로 약 3900만 년 전 바다에 살았던 고래, 페루세투스 콜로서스예요. 독일의 한 연구팀은 국제학술지 <네이처>에 3900만 년 전에 대왕고래보다 더 큰 고래가 살았다는 연구 결과를 발표했어요. 분석 결과, 페루세투스는 길이 20m, 무게는 최대 약 340톤에 이를 것으로 추정됐어요.

대왕고래보다 몸집은 작지만 더 무거운 까닭은

페루세투스의 뼈가 무겁기 때문이에요. 뼈 무게만 최소 6~8톤 수준으로 대왕고래의 2배에 달한다고 해요. 추운 시기에 살았던 페루세투스가 차가운 바닷물을 견뎌내려면 상당한 지방이 필요했을 거예요. 지방이 많으면 물 위로 뜨려는 **부력**이 **작용**하는데, 이때 물 위로 떠오르지 않기 위해 뼈가 무거워졌을 것으로 추정해요. 페루세투스는 멸종되었기 때문에, 추정한 무게나 크기가 정확하다고 장담할 수는 없어요. 하지만 이번 연구를 통해 지금까지 알고 있었던 것보다 약 3000만 년이나 더 일찍 거대고래가 살았던 것을 알 수 있었어요. 이로써 약 300만 년 전부터 살았던 것으로 여겼던 거대고래 **진화**의 역사가 달라진 것이죠!

정리하기

◎ 다음 빈칸을 채우세요.

☐☐☐☐ 는 대왕고래보다 더 무거웠을 것으로 추정돼요.

◎ 맞으면 O, 틀리면 X 하세요.

1. 페루세투스는 현재 깊은 바닷속에 살고 있어요. ☐
2. 페루세투스는 대왕고래보다 몸집도 크고 더 무거워요. ☐
3. 페루세투스는 몸이 물 위로 뜨지 않게 하기 위해 무거운 뼈를 가졌어요. ☐

◎ 신문 어휘 풀이

· **추정되다**: 미루어져 생각되어 판정되다
· **달하다**: 어떠한 정도, 수준, 수량, 상태, 정도 등에 이르다
· **부력**: 액체나 기체 속에 있는 물체를 위로 떠오르게 하는 힘
· **작용하다**: 어떠한 현상이나 행동을 일으키거나 영향을 주다

토론하기

Q1. 페루세투스의 뼈가 다른 고래보다 더 무거운 이유가 뭐였어요?

Q2. 페루세투스가 거대고래 진화의 역사를 어떻게 바꾸어놓았어요?

과학 2023년 12월

화난 마음도 녹여버리는 눈물의 힘

배경 지식

- **공격성**: 해를 입히고자 하는 의도와 목적을 가지고 상대에게 바람직하지 않은 행동을 하거나 언어로 상처를 주는 것을 말해요.
- **진화**: 생물이 생명이 생긴 후부터 여러 세대를 거치면서 점차 발전해 가는 현상을 말해요.

신문 읽기

아무리 화가 난 상태여도 상대가 울기 시작하면 마음이 누그러지는 경험, 누구나 한 번쯤 해봤을 거예요. 그동안 짐작만 해왔던 눈물의 힘이 이제 과학적으로 증명되었다고 해요.

눈물 냄새를 맡으면 성난 마음도 말랑해진다!

이스라엘 바이츠만 연구소 연구팀은 여성의 눈물 냄새를 맡으면 남성의 **공격성**이 줄어든다는 연구 결과를 발표했어요. 연구팀은 먼저 남성 51명에게 게임을 하게 한 뒤, 일부러 점수를 깎아버려 공격적인 반응이 일어나도록 했어요. 이와 동시에 남성들에게 여성들의 눈물 또는 식염수 냄새를 맡게 했어요. 실험 결과는 놀라웠어요. 눈물 냄새를 맡은 남성들은 식염수 냄새를 맡은 남성들에 비해 공격적인 행동을 43.7%나 덜 보였어요. 연구팀은 MRI로 뇌 촬영도 했는데요, 화가 나는 상황에서 눈물 냄새를 맡으면 공격성과 관련한 뇌 활동도 줄어드는 것으로 나타났어요.

눈물은 아기들도 지켜줘요

연구팀은 사람의 공격성을 낮추는 눈물 속의 물질이 아기들의 안전을 위해 발전되어 온 진화의 한 현상일 거라고 설명했어요. 아기들은 "나를 공격하지 마세요!"라고 말을 할 수 없으니, 눈물로 자신을 안전하게 지키는 것이죠. 또 연구팀은 앞으로 눈물에서 공격성을 낮추는 성분이 정확히 무엇인지도 밝혀 나가겠다고 말했어요.

정리하기

◎ 다음 빈칸을 채우세요.

공격성을 낮추는 눈물 속 물질은 아기의 안전을 위한 [　　] 의 한 현상이에요.

◎ 맞으면 O, 틀리면 X 하세요.

1. 화가 나는 상황에서 눈물 냄새를 맡으면 공격성이 줄어들어요. [　]
2. 여성 눈물 냄새를 맡은 남성들 중에 43.7%는 여전히 공격성을 보였어요. [　]
3. 눈물 속 공격성을 낮추는 물질의 성분이 무엇인지 아직 잘 몰라요. [　]

◎ 신문 어휘 풀이

- 증명되다: 어떤 사항에 대하여 그것이 진실인지 아닌지 증거를 들어서 밝혀지다
- 성분: 사물이 가지고 있는 고유의 특성

토론하기

Q1. 다른 사람의 눈물을 보고 화난 마음이 누그러지는 경험을 해 본 적이 있어요?

Q2. 여러분은 어떨 때 울어요? 여러분이 울 때 옆에 있던 친구나 가족이 어떤 반응을 보였어요?

과학   2024년 1월

싹둑! 유전자 가위로 아픈 곳을 편집해 드립니다

배경 지식

✓ **유전자 가위**: 원하는 부위의 DNA를 정교하게 잘라내 유전자를 교정하는 기술이에요.

신문 읽기

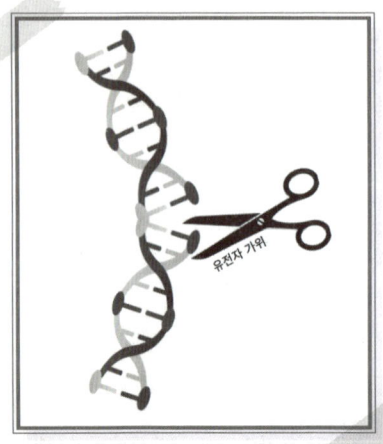

유전병으로 **실명**한 생쥐가 **유전자 가위** 덕분에 시력을 되찾았다고 해요!

유전자 가위가 뭐예요? 정말 싹둑 자르는 건가요?

유전자 가위는 사람과 동식물 세포의 **유전자**를 **교정하는** 기술이에요. 잘라내야 할 특정 유전자 부위를 없애고 원하는 유전자를 더하는 유전자 짜깁기로 이해하면 돼요. 현재 가장 주목받고 있는 4세대 유전자 가위는 이전 유전자 가위의 단점을 **보완한** 것으로, 관계있는 유전자만을 정확히 잘라내고 새로운 유전 정보를 넣을 수 있어요. 또 유전자가 **변형되는** 부작용 없이 유전자 편집과 교정을 동시에 할 수 있어요.

유전병과 헤어질 수 있는 시대가 시작되었을까요?

미국 메사추세츠공대(MIT)와 브로드연구소 연구진은 유전병으로 실명한 생쥐에게 유전자 가위 기술을 사용해 치료제를 넣었어요. 그러자 이상이 생긴 유전자의 20%가 교정되었을 뿐만 아니라 시력도 부분적으로 회복된 것으로 나타났어요. 생쥐에게 나타난 유전병은 사람에게도 나타나는 질환이기 때문에, 사람을 위한 치료제 개발 가능성이 높아졌지요. 과학자들은 유전자 가위로 유전병의 90%를 치료할 수 있을 것으로 기대해요. 그러나 한국에서는 유전자 가위 치료 개발에 어려움을 겪고 있어요. 뛰어난 기술력을 갖고 있지만, **투자**가 부족해 **임상시험**도 못 하고 있거든요. 유전자 가위 치료제 개발에 대한 적극적인 지원이 한국에서도 빨리 이루어져야 해요.

정리하기

◎ 다음 빈칸을 채우세요.

특정 유전자를 잘라내고 원하는 유전자를 더하는 기술을 ☐☐☐☐☐ 라고 불러요.

◎ 맞으면 O, 틀리면 X 하세요.

1. 유전자 가위 기술을 통해 유전병으로 실명한 쥐의 시력을 회복했어요. ☐
2. 4세대 유전자 가위는 유전자 변형을 일으키는 문제를 여전히 갖고 있어요. ☐
3. 4세대 유전자 가위가 유전병의 90%를 치료할 수 있을 것으로 기대해요. ☐

◎ 신문 어휘 풀이

- **실명**: 시력을 잃어 앞을 못 보게 됨
- **유전자**: 부모로부터 자식에게 전달되는 정보나 특징을 만들어내는 유전의 기본 단위
- **교정하다**: 고르지 못하거나 틀어지거나 잘못된 것을 바로잡다
- **보완하다**: 모자라거나 부족한 것을 보충하여 완전하게 하다
- **변형되다**: 모양이나 형태가 달라지다
- **투자**: 이익을 얻기 위하여 어떤 일에 자본을 대거나 시간이나 정성을 쏟음
- **임상시험**: 의료 분야에서 약물 등의 안전성을 시험하기 위해 사람을 대상으로 행하는 시험

토론하기

Q1. 유전자 가위가 뭐예요? 가족이나 친구에게 한 문장으로 설명해 주세요.

Q2. 유전자 가위로 인해 생길 수 있는 긍정적인 점과 부정적인 점에는 무엇이 있을까요?

과학　　　　　　　　　　　　　　　　　　　　　　　　　2024년 1월

마음이 튼튼해지려면 필요한 그것은

배경 지식

- 세로토닌: 감정, 수면, 식욕 등을 조절하는 신경 전달 물질이에요.
- 호르몬: 우리 몸에서 생성되는 화학 물질로, 다른 세포와 기관 사이에서 소통하는 메신저 역할을 해요.

신문 읽기

계획을 지키겠다고 아무리 굳게 마음을 먹어도, 며칠만 지나면 작심삼일로 끝나버리기 일쑤예요.

작심삼일로 끝나지 않기 위해 우리에게 필요한 것은

바로 행복 **호르몬**이라고 불리는 **세로토닌**이에요. 세로토닌은 우리의 기분·감정·수면·식욕 등을 조절하는 호르몬이에요. 세로토닌이 많으면 마음이 편안해지지만, 부족하면 아무것도 하지 못하는 **무기력**한 상태에 빠지게 돼요. 세로토닌이 충분해야, 의욕이 넘치는 자세로 결심한 바를 다 이룰 수 있어요.

뇌에서 활약하는 세로토닌이 만들어지는 곳은

뇌가 아니에요. 흥미롭게도 약 90% 이상의 세로토닌은 장에서 만들어져요. 세로토닌이 잘 만들어지는지 아닌지는 장 속의 환경에 의해 결정돼요. 장내 **유익균**이 많으면 세로토닌이 충분히 만들어져 안정감을 느끼게 되고요, 반대로 **유해균**이 많으면 우

울감과 불안감을 쉽게 느껴요. 이뿐만 아니라, 장내 유익균이 다양해지면, 어린이의 인지기능 점수도 높아지는 것으로 나타났어요. 따라서 우리 몸과 마음에 상당한 영향을 미치는 장 건강을 지키기 위해서는 유익균을 증가시켜야 하는데, 이를 위해서는 식이섬유 섭취가 무엇보다 중요해요. 미역·양배추·바나나와 같이 식이섬유가 풍부한 음식을 먹으면 기분도 좋아지고, 계획도 끝까지 지킬 수 있을 거예요.

정리하기

◎ 다음 빈칸을 채우세요.

흔들리지 않고 결심한 바를 지키려면 장에서 생성되는 ☐☐☐ 이 꼭 필요해요.

◎ 맞으면 O, 틀리면 X 하세요.

1. 세로토닌이 많으면 무기력한 상태에 빠지기 쉬워요. ☐
2. 세로토닌의 대부분은 장에서 만들어져요. ☐
3. 장을 건강하게 유지하면 기분이 좋아지고, 어린이의 인지기능도 높아져요. ☐

◎ 신문 어휘 풀이

- 작심삼일: 단단히 먹은 마음이 사흘을 못 간다는 뜻
- 무기력하다: 어떤 일을 할 수 있는 기운이나 힘이 없다
- 유익균: 사람의 몸에 도움이 되는 균
- 유해균: 사람의 몸에 병을 일으키는 해로운 균
- 인지기능: 무엇을 알아차리고 함축적인 사고로 깨닫게 되는 지적인 과정
- 섭취: 영양분 등을 몸속에 받아들임

토론하기

Q1. 작심삼일과 장 건강은 어떤 관계가 있어요?

Q2. 여러분은 어떤 결심을 했어요? 그 결심을 지금까지 잘 지키고 있어요?

Q3. 어떤 것을 하기로 마음먹었는데 작심삼일로 끝난 적이 있어요?

과학 2024년 1월

사이가 멀어진 꿀벌과 팬지꽃은 다시 친해질 수 있을까

배경 지식

- **수분**: 종자식물에서 수술의 화분(꽃가루)이 암술머리에 옮겨붙는 일을 말해요. 바람, 곤충, 새, 또는 사람의 손에 의해 이루어져요.
- **진화**: 생물이 생명이 생긴 후부터 여러 세대를 거치면서 점차 발전해 가는 현상을 말해요.

신문 읽기

팬지꽃이 지난 20~30년 전과 비교해서 꽃 크기가 작아지고 꿀 생산량도 줄어들었다고 해요.

팬지꽃에 무슨 일이 일어난 걸까요?

프랑스 몽펠리에대 연구팀이 20~30년 전과 현재 팬지꽃을 비교한 결과, 꽃 크기가 10% 작아지고, 꿀 생산량은 20% 줄어든 것으로 나타났어요. 이는 팬지꽃이 향이나 꿀로 **수분 매개 곤충**을 끌어들이는 노력을 예전만큼 하지 않는다는 뜻이죠. 팬지꽃은 그동안 주로 꿀벌을 통해 꽃가루를 **암술머리**에 옮겨 왔는데요, 이제 꿀벌의 도움 대신 **자가수분**을 하는 쪽으로 **진화**하기 시작했다고 해요.

팬지꽃과 꿀벌의 달라진 관계, 이대로 정말 괜찮을까요?

팬지꽃의 이와 같은 변화는 사실 팬지꽃 입장에서는 어쩔 수 없는 것이었어요. 심각한 기후변화로 23년 초에만 140억 마리의 꿀벌이 사라졌거든요. 꽃을 찾아오는 꿀벌이 크게 줄어들면서, 팬지꽃은 살아남기 위해 새로운 전략을 세울 수밖에 없었어요. 그러나 이러한 변화는 새로운 악순환을 불러일으킬 거예요. 꽃의 꿀 생산량이 줄어들면 꿀벌과 같은 곤충들의 먹이가 줄고, 이로써 곤충 수가 더 줄어들게 되니까요. 전문가들은 수백만 년 동안 **지속되어**온 팬지꽃과 꿀벌의 **상호작용** 관계가 놀라울 만큼 빠른 속도로 무너지고 있다고 지적했어요. 그들은 식물들의 변화를 되돌리기 어렵다고 말하면서 꿀벌 **개체수**가 감소하는 것을 하루빨리 막는 것이 최선이라고 말했어요.

정리하기

◎ 다음 빈칸을 채우세요.

팬지꽃은 꿀벌이 찾아오지 않자, ☐☐☐ 을 하기 시작했어요.

◎ 맞으면 O, 틀리면 X 하세요.

1. 꿀벌이 줄어들자 팬지꽃은 진한 향으로 꿀벌을 끌어들이려고 노력해요. ☐
2. 팬지꽃은 꿀벌의 도움을 계속 받기 위해 자가수분을 시작했어요. ☐
3. 오랫동안 계속된 팬지꽃과 꿀벌의 관계가 빠른 속도로 달라지고 있어요. ☐

◎ 신문 어휘 풀이

- **매개 곤충**: 꽃가루를 실어 나르며 수분시키는 곤충
- **암술머리**: 속씨식물에서 암술의 꼭대기에 있어 꽃가루를 받는 부분
- **자가수분**: 꽃의 꽃가루가 스스로 암술머리에 붙어 열매나 씨를 맺는 일
- **지속되다**: 어떤 상태가 오래 계속되다
- **상호작용**: 짝을 이루거나 관계를 맺고 있는 이쪽과 저쪽 사이에서 이루어지는 작용
- **개체수**: 개개의 생물체의 수

토론하기

Q1. 팬지꽃이 변화한 것과 꿀벌과는 어떤 관계가 있는지 이야기해 보세요.

Q2. 꿀벌 수가 감소하는 것을 막으려면 무엇을 해야 할까요?

과학

2024년 2월

"하나, 둘, 셋", 니모는 사실 숫자를 셀 줄 알아요

배경 지식

- 흰동가리: 전 세계에 28종이 있으며, 말미잘을 보금자리로 삼아요. 주로 열대와 아열대 해역에 살아요.

신문 읽기

만화영화 <니모를 찾아서>의 주인공 **흰동가리**가 다시 유명해졌어요. 숫자를 셀 줄 아는 바닷속 수학 천재라는 사실이 밝혀졌기 때문이에요!

내 집은 내가 지킨다!

주황색 몸통에 흰색 줄무늬를 가진 흰동가리는 귀여운 외모와는 달리 공격성이 굉장히 높아요. 흰동가리는 자기의 보금자리인 **말미잘**을 노리는 침입자가 나타나면 바로 달려들어 사정없이 물어뜯어요. 특히 자신처럼 말미잘을 좋아하는 **동종**이 다가오면 더 **경계하며** 사납게 공격해요. 하지만 흰동가리는 줄무늬가 없는 것부터 하나, 둘, 세 개가 있는 종류까지 총 28종이나 있는데, 서로를 어떻게 구별할까요?

적인지 아닌지, 어디 한 번 세 봅시다!

일본 오키나와 과학기술대학원 연구진은 줄무늬가 3개인 흰동가리를 여러 종류의 흰동가리와 만나게 했어요. 줄무늬가 없는 흰동가리부터 줄무늬가 1개, 2개, 3개 있는 흰동가리와 차례로요. 실험 결과, 흰동가리는 자신과 같은 줄무늬 개수를 가진 동종에게 공격적인 행동을 가장 많이 한 것으로 나타났고, 세로줄이 적을수록 공격성은 점점 더 낮아졌어요. 이를 바탕으로 연구진은 흰동가리가 줄무늬 수를 셀 줄 알며, 숫자로 종을 구분한다고 결론 내렸어요. 앞으로 연구진은 이 능력이 **선천**적인지, 아니면 학습을 통해 배운 것인지도 밝혀내겠다고 말했어요.

정리하기

◎ 다음 빈칸을 채우세요.

□□□□가 숫자를 셀 수 있고, 줄무늬 수로 종을 구분한다는 연구 결과가 발표되었어요.

◎ 맞으면 O, 틀리면 X 하세요.

1. 흰동가리는 보금자리에 다가오는 물고기는 누구든 사납게 공격해요. □
2. 흰동가리는 물고기 줄무늬 수를 셀 수 있어요. □
3. 흰동가리는 동종 물고기를 가장 많이 공격했어요. □

◎ 신문 어휘 풀이

· **말미잘**: 얕은 바닷물 속 바위에 붙어살며, 몸이 원통 모양이고 몸의 끝을 펼쳤다 오므렸다 하는 동물
· **동종**: 같은 종류
· **경계하다**: 적의 기습이나 침입을 막기 위하여 주변을 살피면서 지키다
· **선천적**: 태어날 때부터 지니고 있는

토론하기

Q1. 흔히들 물고기는 지능이 낮다고 주장하는 사람들이 많은데요, 흰동가리를 예로 들어 그런 주장에 반박해 보세요.

Q2. 만약 흰동가리의 숫자 세는 능력이 학습을 통해 길러진 것이라면, 흰동가리는 어떻게 배웠을까요? 여러분의 생각을 자유롭게 이야기해 보세요.

05

환경

69 꽃가루 알레르기 범인은 꽃이 아닌 바로 너야 너!
70 점점 더 뜨거운 여름이 우리를 찾아온다는 무서운 소식을 전합니다
71 우리가 꿀벌을 지켜야 하는 이유는 달콤한 꿀 때문이 아니에요
72 고기압 솥뚜껑에 이글이글 타오르는 산불
73 아마존 열대우림을 위한 에콰도르 시민들의 선택을 기억해주세요
74 저기요, 방귀를 뀌려거든 돈을 내고 뀌세요
75 화가 난 지구가 우리에게 보내는 경고를 무시하지 마세요
76 내 이름은 침입 외래종, 생태계 독차지를 즐긴답니다
77 나무 심기 마구 하지 마세요, 숲이 아파하니까요

78 '이제는 더 이상 참지 않을 거예요!' 돌고래, 법정에 서다 (심화 포함)
79 '그린'의 눈속임에 속지 마세요!
80 탄소를 많이 썼어요? 그럼 돈을 더 내세요
81 모기가 말해요, '뜨거워진 지구야, 고마워!'
82 날씨가 추워질수록 바다가 많이 먹는 건 뭐게요? (심화 포함)
83 메가톤급 태풍의 새로운 자리를 만들어 주세요
84 꽃향기가 사라져 곤충들이 길을 잃고 말았어요
85 북극곰 살이 빠진 건 다이어트를 해서가 아니에요
86 째깍째깍, 봄꽃 시계가 자꾸만 빨라지고 있어요

환경 2023년 5월

꽃가루 알레르기 범인은 꽃이 아닌, 바로 너야 너!

배경 지식

- **풍매화**: 풍매화는 바람을 이용해 꽃가루를 날리는 꽃으로, 소나무, 참나무 등이 있어요.
- **충매화**: 벌, 나비, 파리 등 곤충에 의해 꽃가루받이를 하는 꽃을 충매화라고 해요.

신문 읽기

참나무

봄만 되면 줄줄 흐르는 콧물과 멈추지 않는 재채기. 보통 꽃가루 알레르기 때문이라고 생각하기 쉬운데요, 알레르기를 일으키는 **주범**은 꽃이 아니라고 합니다.

범인은 꽃이 아닌 나무

보통 꽃들은 곤충이 꽃가루를 전달하기 때문에 알레르기를 유발하지 않는다고 해요. 꽃들의 꽃가루는 크기가 클 뿐만 아니라, 나비나 벌이 꽃가루를 운반할 때 꽃가루가 바람에 날리지 않기 때문이에요. 그러나 참나무나 소나무와 같은 풍매화는 말 그대로 꽃가루가 바람을 타고 날아가는 데다가 꽃가루 양도 많고 가벼워서 멀리, 더 넓게 퍼져나가 알레르기를 쉽게 일으켜요. 소나무의 꽃가루가 양은 가장 많지만, 다행히 알레르기를 쉽게 일으키지는 않는다고 해요. 반면 참나무는 알레르기를 아주 강하게 일으켜요.

꽃가루가 날리는 시기는

보통 4월 말부터 5월 중순까지예요. 그러나 기후변화로 기온이 점차 오르면서 꽃가루가 날리는 시기는 전 세계적으로 30년 전보다 한 달 정도 더 빨라졌어요. 알레르기 증상이 있는 사람의 경우, 꽃가루가 심하게 날리는 날은 외출을 자제하는 것이 좋다고 해요. 집으로 돌아온 후에는 손과 얼굴을 씻고 자기 전에는 샤워를 해서 꽃가루가 집안 곳곳에 묻지 않도록 해야 해요.

정리하기

◎ 다음 빈칸을 채우세요.

꽃가루 알레르기는 소나무, 참나무와 같은 ☐☐ 때문이에요.

◎ 맞으면 O, 틀리면 X 하세요.

1. 알레르기는 나비나 벌이 꽃가루를 옮기다가 꽃가루가 날려 생겨요. ☐
2. 소나무의 꽃가루가 양이 많아 알레르기를 심하게 일으켜요. ☐
3. 기후변화로 꽃가루 날리는 시기가 점차 빨라지고 있어요. ☐

◎ 신문 어휘 풀이

· 주범: 어떤 일에 대하여 좋지 아니한 결과를 만드는 주된 원인
· 유발하다: 어떤 것이 다른 일을 일어나게 하다
· 운반하다: 물건 따위를 옮겨 나르다
· 자제하다: 자기의 감정이나 욕망을 스스로 눌러서 멈추게 하다

토론하기

Q1. 꽃보다 나무의 꽃가루가 알레르기를 쉽게 유발하는 이유가 뭐였어요?

Q2. 여러분은 봄에 콧물이 흐르거나 재채기가 심하게 난 적이 있어요? 그렇다면 꽃가루가 심하게 날리는 날에 어떻게 하는 것이 좋을까요?

환경 2023년 5월

점점 더 뜨거운 여름이 우리를 찾아온다는 무서운 소식을 전합니다

배경 지식

- **라니냐**: 라니냐는 태평양 동쪽 바다의 수온이 내려가는 현상으로 평소보다 0.5℃ 이상 낮은 수온이 5개월 이상 계속돼요.
- **엘니뇨**: 남미 페루 부근 태평양 적도 해역의 해수 온도가 크리스마스 무렵부터 이듬해 봄철까지 주변보다 2~10℃ 이상 높아지는 이상 고온 현상을 말해요.

신문 읽기

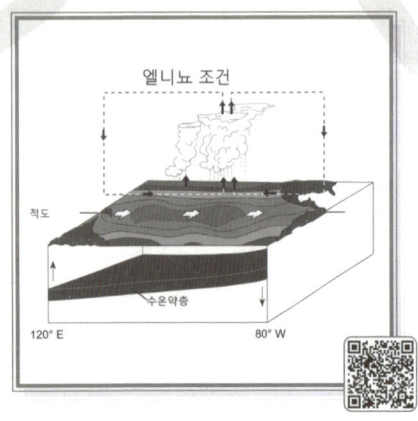

지구 곳곳에 극심한 더위와 홍수, 가뭄 등이 발생할 수 있다는 **예측**이 나오고 있어요.

라니냐 가고 엘니뇨 왔다

세계기상기구(WMO)는 지난 3년간 **지속됐던 라니냐** 현상이 끝나고 2023년 **하반기쯤 엘니뇨** 현상이 시작될 것이라고 밝혔어요. 라니냐 현상은 태평양 동쪽 바다 **해수면** 온도가 평년보다 0.5도 낮은 상황이 5개월 이상 계속되는 현상을 말하고, 반대로 엘니뇨 현상은 해수면 온도가 평상시보다 높은 상태로 수개월 이상 지속되는 현상을 말해요.

엘니뇨가 오면

세계기상기구는 지난 3년 동안 해수면 온도가 낮아지는 라니냐가 계속됐음에도 불구하고 기록상 가장 따뜻한 8년을 보냈다고 하면서, 엘니뇨가 발생하면 지구 온난화의 속도는 더욱 빨라지고 지구 기온을 **경신할** 가능성이 높아질 거라고 밝혔어요. 또한 엘니뇨가 발달하면 우리나라 남부 지방에 여름과 겨울에 비가 많이 오기 때문에, 홍수 걱정도 해야 한다고 해요. 엘니뇨 현상이 시작되면서 더 덥고 습한 여름이 오는 것이죠. 세계기상기구 사무총장은 엘니뇨가 오면 극심한 **기상 현상**이 발생할 수 있으므로 유엔은 사람들의 안전을 위해서 미리 위험을 알리고 대응해야 한다고 밝혔어요.

정리하기

◎ 다음 빈칸을 채우세요.

□□□ 는 해수면 온도가 평소보다 높아지는 현상이에요.

◎ 맞으면 O, 틀리면 X 하세요.

1. 라니냐, 엘니뇨 현상 모두 해수면의 온도가 높아지는 특징을 보여요. □
2. 엘니뇨가 발생하면 지구온난화의 속도가 더욱 빨라질 거예요. □
3. 엘니뇨가 일어나면 지구온난화를 일으키기 때문에 비가 많이 오지 않아요. □

◎ 신문 어휘 풀이

- **예측**: 미리 헤아려 짐작함
- **지속되다**: 어떤 상태가 오래 계속되다
- **하반기**: 한 해나 어떤 일정한 기간을 둘로 나누었을 때 나중 되는 기간
- **해수면**: 바닷물의 표면
- **경신하다**: 어떤 분야의 종전 최고치나 최저치를 깨뜨리다
- **기상 현상**: 대기 중에서 일어나는 변화를 통틀어 이르는 말

토론하기

Q1. 엘니뇨와 라니냐의 차이점을 이야기해 보세요.

Q2. 전문가들이 엘니뇨 발생을 걱정하는 이유가 뭐예요?

Q3. 엘니뇨가 시작되면 우리 삶에 어떤 영향을 미칠까요?

환경   2023년 5월

우리가 꿀벌을 지켜야 하는 이유는 달콤한 꿀 때문이 아니에요

배경 지식

- **벌집군집붕괴현상**: 꿀과 꽃가루를 채집하러 나간 일벌 무리가 돌아오지 않아서, 벌집에 남은 여왕벌과 애벌레가 떼로 죽는 현상을 말해요.

신문 읽기

꿀벌들이 흔적도 없이 사라지고 있어요. 국내에서는 지난해에 이어 올해도 200억 마리 벌들의 집단 실종 사건이 벌어졌어요. 2035년에는 꿀벌이 아예 멸종될지도 모른다고 해요.

꿀벌들이 사라지는 현상은 한국만의 문제가 아니에요. 미국과 유럽을 포함한 세계 여러 지역에서도 매년 꿀벌이 30~40% 사라지고 있어요. 이를 벌집군집붕괴현상이라고 하는데요, 꿀을 따러 간 일벌들이 돌아오지 않아 여왕벌과 애벌레가 죽음을 맞이하는 현상을 말해요. 꿀벌 실종의 가장 큰 요인으로는 기후변화로 인해 꿀을 가져올 수 있는 꽃과 나무들이 줄어든 것을 꼽을 수 있어요. 이 밖에 잦은 산불도 꿀벌 실종에 영향을 미쳐요.

꿀벌과 함께 사라지는 것들

꿀벌은 밀원식물로부터 꽃가루와 꿀을 얻고 이때 얻은 꽃가루를 다른 식물로 옮겨 그 식물이 잘 번식할 수 있도록 돕는 역할을 해요. 따라서 꿀벌은 꿀을 만들어내는 역할뿐만 아니라 식량 생산에도 큰 역할을 해요. 유엔식량농업기구(FAO)에 따르면, 전 세계 식량의 90%를 차지하는 100대 주요 농산물 중 71종이 꿀벌의 화분 매개에 의존하고 있고요, 이것의 경제적 가치는 690조 원에 이른다고 해요. 꿀벌이 멸종되면 사람들은 심각한 식량 위기를 겪게 될 것이란 전망이 나와요. '꿀벌' 하면 단순히 달콤한 벌꿀만을 떠올리지만, 꿀벌 멸종은 우리 생태계에 심각한 위기를 불러일으킬 거예요.

정리하기

◎ 다음 빈칸을 채우세요.

꿀벌 ☐☐ 은 사람들로 하여금 심각한 식량 위기를 겪게 할 거예요.

◎ 맞으면 O, 틀리면 X 하세요.

1. 우리나라 꿀벌들은 아직 많이 사라지지 않았어요. ☐
2. 꿀벌이 사라지는 요인으로는 밀원식물의 감소, 산불 등을 들 수 있어요. ☐
3. 꿀벌은 주요 농산물 생산에 큰 역할을 해요. ☐

◎ 신문 어휘 풀이

· 집단: 여럿이 모여 이룬 모임
· 실종: 종적을 잃어 간 곳이나 생사를 알 수 없게 됨
· 멸종: 생물의 한 종류가 아주 없어짐. 또는 생물의 한 종류를 아주 없애 버림
· 요인: 사물이나 사건이 성립되는 까닭. 또는 조건이 되는 요소
· 밀원: 벌이 꿀을 빨아 오는 원천
· 번식하다: 생물체의 수나 양이 늘어서 많이 퍼지다
· 화분 매개: 꽃가루를 실어 나르는 것

토론하기

Q1. 꿀벌이 사라지고 있는 이유가 뭐예요?

Q2. 전문가들은 꿀벌이 멸종되면 지구상의 생명체들도 곧이어 멸종될 거라고 말해요. 왜 그렇게 말할까요? 기사 내용을 바탕으로 여러분의 생각을 이야기해 보세요.

환경　　　　　　　　　　　　　　　　　　　　　2023년 6월

고기압 솥뚜껑에 이글이글 타오르는 산불

배경 지식

- **열돔(Heat Dome) 현상**: 공기가 태양 빛을 받아 뜨거워지면 더운 공기는 위로, 차가운 공기는 아래로 이동하는데, 이때 뜨거운 공기가 고기압 때문에 위로 올라가지 못해 지상의 온도가 높아지는 현상을 말해요.

신문 읽기

캐나다에서는 해마다 5월에서 9월 사이 산불이 반복되어 왔어요. 하지만 올해 발생한 캐나다 산불은 걷잡을 수 없이 번지면서 그 피해가 최근 20년 중 가장 컸다고 해요.

캐나다 산불, 규모가 얼마나 큰 거죠?

이번 캐나다 산불로 한국의 약 40%에 해당하는 **면적**이 불에 탔어요. 산불로 인한 연기가 미국 뉴욕까지 덮치면서 뉴욕의 **대기질**이 한때 최악으로 치닫기도 했어요. 전 세계 국가들이 산불 **진화**에 발 벗고 나섰지만, 23년 5월에 캐나다 동부에서 시작된 불길은 몇 달째 번져나갔어요. 캐나다는 2023년에 들어서만 2,290건의 산불이 발생했고 발생한 산불 피해는 지난 10년 평균보다 13배나 크다고 해요.

강 건너 남의 나라 불구경할 때가 아니에요

역대급 피해를 낳은 이번 캐나다 산불의 원인으로 모두가 기후변화를 원인으로 보고 있어요. 기후변화로 인한 강수량 부족과 이상 고온 현상은 건조하고 더운 날씨로 이어졌고 이는 번개를 더 많이 발생시켜 산불을 일으켰어요. 또한 **열돔** 현상도 산불

의 주요 요인 중 하나예요. 이번 산불은 뜨거운 공기 덩어리가 대기층 아래 갇혀 있는 현상인 열돔 아래에서 처음 일어났는데요, 움직이지 않는 뜨거운 공기 때문에 산불이 빠른 속도로 번지게 되었어요. 기후변화로 인한 산불, 더 이상 강 건너 불구경하듯 보고 있을 수만은 없어요. 이제, 모두가 움직여야 할 때예요.

정리하기

◎ 다음 빈칸을 채우세요.

뜨거운 공기가 위로 올라가지 못하는 현상을 ☐☐☐ 이라고 해요.

◎ 맞으면 O, 틀리면 X 하세요.

1. 캐나다 산불은 미국에는 피해를 끼치지 않았어요. ☐
2. 캐나다 산불과 이상기후는 깊은 관계가 있어요. ☐
3. 열돔 현상 때문에 산불이 더 빠른 속도로 번져나갔어요. ☐

◎ 신문 어휘 풀이

- **면적**: 면이 공간을 차지하는 넓이의 크기
- **대기질**: 대기의 성분, 오염 정도 따위의 전반적인 상태를 말한다
- **진화**: 불이 난 것을 끔
- **역대급**: 대대로 이어 내려온 여러 대 가운데 상당히 높은 수준에 있는 등급

토론하기

Q1. 캐나다 산불의 원인을 기억나는 대로 이야기해 보세요.

Q2. 대형 산불이 계속 발생한다면 어떤 일이 벌어질까요? 산불을 막거나 산불의 피해를 줄일 수 있는 방법에는 무엇이 있을까요?

Q3. 한국에서도 해마다 산불 피해를 입고 있어요. 이 책에 나온 강원도 산불 기사를 읽어보고 한국 산불과 캐나다 산불의 유사한 점을 이야기해 보세요.

| 환경 | 2023년 8월 |

아마존 열대우림을 위한 에콰도르 시민들의 선택을 기억해주세요

배경 지식

✓ **열대우림**: 열대우림은 적도와 그 주변 지역을 중심으로 나타나는 열대기후 지역의 빽빽한 밀림을 말해요.

신문 읽기

남미 에콰도르 국민들은 지난 8월 20일, 아마존 지역의 석유 개발 사업에 대한 찬반 국민투표에 참여했어요.

아마존 열대우림에서 석유개발 사업을 했다고요?

논란이 되어 온 곳은 아마존 열대우림에 있는 야수니 국립공원이에요. 이곳에는 17억 배럴의 원유가 매장되어 있는데요, 이는 에콰도르 전체 석유 매장량의 무려 40%에 해당되는 양이에요. 2016년부터 에콰도르 석유 회사 '페트로에콰도르'는 허가를 받아 야수니 국립공원의 일부 지역에서 석유 사업을 진행해 왔어요. 이에 대해 환경 운동가들은 원주민 거주지 파괴와 환경 훼손이 심각하다며 사업을 멈출 것을 요구해 왔어요. 야수니 국립공원은 아마존 열대우림 내 환경 다양성이 가장 풍부한 지역이자, 원주민들의 삶의 터전이기도 하기 때문이에요.

국민투표의 결과는

투표자 약 60%가 아마존 내 석유 개발 사업 중단에 찬성표를 던졌어요. 이에 대해 스웨덴 기후 운동가 그레타 툰베리는 역사적인 국민투표라는 찬사를 보냈어요. 그러나 에콰도르 국민 4명 중 한 명은 빈곤에 시달리고 있다는 사실에도 주목해야 해요. 아마존 석유개발을 **중단하면 연간** 약 1조 6,000억 원의 **수익**이 사라지는데, 이것에 대해 선진국들이 관심을 가지고 경제적 지원을 해야 해요. 아마존 보호는 에콰도르만을 위한 것도, 에콰도르 국민만이 짊어져야 할 일도 아닌, 전 세계인들을 위한, 그들이 함께 지켜나가야 할 곳이기 때문이에요.

정리하기

◎ 다음 빈칸을 채우세요.

아마존 ☐☐☐ 의 석유개발이 국민투표로 중단되었어요.

◎ 맞으면 O, 틀리면 X 하세요.

1. 아마존 열대우림에서 2016년부터 석유 개발을 했어요. ☐
2. 에콰도르 국민투표에서 60%가 아마존 내 석유 개발에 반대했어요. ☐
3. 에콰도르 사람들은 대부분 부유해서 석유 개발을 안 해도 괜찮아요. ☐

◎ 신문 어휘 풀이

- **배럴**: 미국에서 쓰는 부피의 단위. 석유의 부피를 잴 때 1배럴은 약 159리터에 해당
- **원유**: 땅속에서 뽑아낸, 정제하지 않은 그대로의 기름
- **매장되다**: 지하자원이 땅속에 묻히다
- **원주민**: 그 지역에 본디부터 살고 있는 사람들
- **훼손**: 헐거나 깨뜨려 못 쓰게 만듦
- **터전**: 살림의 근거지가 되는 곳
- **중단하다**: 중도에서 끊다
- **연간**: 한 해 동안
- **수익**: 일이나 사업 등에서 얻은 이익

토론하기

Q1. 여러분이 에콰도르 시민이었다면 어떤 선택을 했을 것 같아요? 이유를 이야기해 보세요.

Q2. 아마존 열대우림은 왜 전 세계인들이 함께 보호하고 지켜나가야 할까요? 우리와 아마존 열대우림은 무슨 관계가 있을까요?

환경   2023년 8월

저기요, 방귀를 뀌려거든
돈을 내고 뀌세요

> **배경 지식**
>
> - **메탄가스**: 각종 유기 물질이 분해되면서 나오는 기체로 이산화탄소와 마찬가지로 온실효과를 발생시켜 지구온난화현상을 일으켜요.
> - **온실효과**: 이산화탄소 같은 온실가스가 지구에 있는 열을 지구 밖으로 빠져나가지 못하도록 막아서 지구의 온도를 높게 유지하는 작용을 말해요.

> **신문 읽기**

소의 방귀나 트림이 환경오염을 일으킨다는데, 이게 사실일까요?

소 방귀가 어째서 환경오염을 일으키는 거죠?

소가 **되새김질**을 할 때 **메탄가스**가 발생해요. 소 한 마리가 하루에 트림이나 방귀로 내뿜는 메탄가스의 양은 500리터 정도로 소형차 한 대가 하루에 **배출하는** 메탄가스 양과 같아요. 메탄가스는 지구 **온실효과**를 일으키는 **주범**이에요. 유엔보고서에서는 가축에서 나오는 메탄가스 양은 전 세계 **온실가스**의 18%를 차지하며, 자동차를 포함한 교통수단이 배출하는 메탄가스의 양(13.5%)보다 많다고 밝히고 있어요.

소더러 방귀를 참으라고 해야 하나요?

소 방귀가 문제가 된 것은 육식 소비가 늘어나면서 되새김질을 하는 가축의 수가 크게 늘었기 때문이에요. 2014년 32억 마리에서 현재 280억 마리가 되었거든요. 즉, 육식 인구 증가가 환경오염의 원인이 된 것이지요. 이에 따라 유럽에서는 '방귀세', '육류세'를 매겨 지구온난화에 대한 책임을 물어야 한다는 주장이 나오고 있어요. 최

근 호주에서는 소에서 나오는 메탄가스를 95%까지 줄일 수 있는 **사료**를, 한국에서는 메탄가스를 줄일 수 있는 캡슐을 개발했어요. 그러나 무엇보다도 육류 소비를 점차 줄여나가는 것이 가장 중요해요. 최근 **대체육**의 소비가 점차 커지고 있는데요, 이것도 육류 소비를 **감소시키기** 위한 노력 중의 하나라고 볼 수 있어요.

정리하기

◎ 다음 빈칸을 채우세요.

소의 방귀나 트림에서 ☐☐☐ 가 나와요.

◎ 맞으면 O, 틀리면 X 하세요.

1. 소가 하루에 배출하는 메탄가스의 양은 소형차가 배출하는 메탄가스 양보다 적어요. ☐
2. 소가 되새김질을 할 때 메탄가스가 발생해요. ☐
3. 소에서 나오는 메탄가스를 줄일 수 있는 사료가 개발되었어요. ☐

◎ 신문 어휘 풀이

- **되새김질**: 한번 삼킨 먹이를 다시 게워 내어 씹는 것
- **배출하다**: 안에서 만들어진 것을 밖으로 밀어 내보내다
- **주범**: 어떤 일에 대하여 좋지 아니한 결과를 만드는 주된 원인
- **온실가스**: 지구 대기를 오염시켜 온실효과를 일으키는 가스
- **사료**: 가축에게 주는 먹을거리
- **대체육**: 진짜 고기처럼 만든 인공 고기
- **감소시키다**: 이전보다 줄이다

토론하기

Q1. 소가 배출하는 메탄가스를 줄이는 방법으로는 무엇이 있어요?

Q2. '방귀세', '육류세'는 어떤 세금을 말할까요?

Q3. '방귀세', '육류세'를 매겨야 한다는 주장에 대해 여러분은 어떻게 생각해요?

환경 2023년 8월

화가 난 지구가 우리에게 보내는 경고를 무시하지 마세요

배경 지식

✓ 이상기후: 기온이나 강수량 따위가 정상적인 상태를 벗어난 상태를 말해요.

신문 읽기

작년에 이어 올해도 극심한 폭우로 인해 수많은 지역이 물에 잠기고 인명 피해가 발생했어요.

기후위기는 남의 나라 이야기? 아니, 이제 우리 이야기!

극한 호우 현상이 잦아지고, 또 그 정도가 심해지고 있어요. 지난해 서울은 115년 만에 가장 큰 폭우 피해를 입었는데요, 올해도 폭우가 전국을 휩쓸었어요. 전문가들은 이렇게 극심한 폭우의 원인을 기후 변화의 영향으로 보고 있어요. 지구 온도가 올라가면 올라갈수록 공기 속 수증기량이 많아져서 강한 비가 자주 내리게 되거든요. 게다가 우리나라는 산이 많아서 폭우가 내리면 산사태로 이어질 가능성도 커요.

신음하는 지구, 전 세계에 몰아닥친 이상기후

올해 전 세계에서 기후변화로 인한 극심한 자연재해가 발생했어요. 이탈리아, 스페인, 그리스 등 남유럽에는 40도에 달하는 폭염이 기승을 부렸고 미국 서부 사막은 기온이 53도까지 올랐어요. 일본과 중국에서도 40도에 육박하는 더위가 이어졌어요. 인도에서는 45년 만에 최악의 홍수가 발생했고 미국 동북부 지역에서도 폭우가 쏟아져 1천여 편이 넘는 항공편 운항이 중단되었어요. 전 세계를 덮친 이상기후의 특징은 바로 폭염, 폭우와 같은 **극단적인** 모습을 보인다는 것이에요. 기후변화는 남극이나 북극, 또는 태평양 섬나라의 문제로만 생각했지만, 이제는 전 세계 어느 곳도 기후위기로부터 안전한 곳이 없다고 전문가들은 입을 모아 말하고 있어요.

정리하기

◎ 다음 빈칸을 채우세요.

전 세계가 [ ] 로 인해 극심한 폭염과 폭우에 시달리고 있어요.

◎ 맞으면 O, 틀리면 X 하세요.

1. 우리나라의 폭우는 이상기후와는 관련이 없어요. [ ]
2. 아시아는 아직 이상기후로 인한 피해를 입지 않았어요. [ ]
3. 이제 기후위기로부터 전 세계 어느 곳도 안전하지 않아요. [ ]

◎ 신문 어휘 풀이

- **폭우**: 갑자기 세차가 쏟아지는 비
- **인명 피해**: 자연재해나 사고 따위로 사람이 생명을 잃거나 다치는 피해
- **극한**: 사물이 진행하여 도달할 수 있는 최후의 단계나 지점
- **호우**: 줄기차게 내리는 크고 많은 비
- **산사태**: 폭우나 지진 등으로 산 중턱의 바윗돌이나 흙이 갑자기 무너져 내리는 현상
- **폭염**: 매우 심한 더위
- **기승을 부리다**: 기운이나 힘 따위가 강해서 누그러들지 않다
- **육박하다**: 바싹 가까이 다가붙다
- **운항**: 배나 비행기가 정해진 항로나 목적지를 오고 감
- **중단되다**: 중도에서 끊어지다
- **극단적**: 한쪽으로 크게 치우치는 것

토론하기

Q1. 이상기후로 인해 전 세계에 어떤 문제들이 발생했어요?

Q2. 극심한 이상기후가 이어지면 우리 삶은 어떻게 변화할까요?

환경 2023년 9월

내 이름은 침입 외래종, 생태계 독차지를 즐긴답니다

배경 지식

- **외래종**: 다른 지역에서 자연적 혹은 인위적으로 유입되어 들어온 모든 생물을 말해요.
- **침입 외래종**: 토착종의 서식지를 밀어내고 점거하는 생물을 침입 외래종이라고 해요.
- **생물다양성**: 생태계가 유지되기 위해 필요한 지구상에 존재하는 온갖 생물들의 다양성을 이르는 말이에요.

신문 읽기

하와이 마우이섬

2023년 8월, 115명의 목숨을 앗아간 하와이 마우이섬 화재의 원인이 외래종 식물 때문이라는 전문가들의 분석이 나왔어요.

산불과 외래종, 무슨 관계인 거죠?

하와이 산불의 원인은 가축 먹이용으로 아프리카에서 들여온 기니 그래스와 같은 외래 식물 때문이었어요. 이 풀들은 토종 식물들을 몰아내고 하와이 생태계를 모조리 차지해버렸는데요, 불에 잘 타는 성질을 지닌 외래 풀들이 건조한 날씨, 그리고 강한 바람과 맞물려 산불을 키웠어요.

외래종이 여기저기 들쑤시고 다니며 남긴 흔적

대표적인 침입 외래종인 검은 쥐는 육지에서 멀리 떨어진 섬까지 퍼져 토종 쥐들을 멸종시키고 있고요, 외래 모기종들은 각종 감염병을 퍼뜨리고 있어요. 유엔의 전 세계 외래 유해 **생물종 실태** 보고서에 따르면 동식물 멸종의 60%가 외래종 **유입**의 영향을 받았으며, 218종의 외래종이 1,200여 토종 생물종을 멸종시켰다고 했어요. 이들

외래종 때문에 발생하는 경제적인 피해는 10년마다 4배씩 늘어나 560조 원에 **달해요**. 외래종은 생태계를 몽땅 다 차지해 **생물다양성**을 파괴하고 병원균을 퍼뜨리는 등 인간의 삶에 막대한 피해를 줘요. 생태학자들은 침입 외래종은 기후변화와 활발한 무역 및 여행으로 인해 더욱 **확산될** 것이며, 자연과 인간에게 악영향을 끼칠 것이라고 경고하고 있어요.

정리하기

◎ 다음 빈칸을 채우세요.

☐☐☐ 이 토종 생물종을 멸종시키며 생태계를 파괴하고 있어요.

◎ 맞으면 O, 틀리면 X 하세요.

1. 하와이의 산불은 가축 먹이용으로 들여온 외래 식물 때문이었어요. ☐
2. 기후변화로 인해 침입 외래종의 확산은 줄어들 것으로 예상돼요. ☐
3. 침입 외래종은 사람들의 삶을 위협하며 크나큰 피해를 줘요. ☐

◎ 신문 어휘 풀이

- **생물종**: 생명을 가지고 스스로 살아가는 모든 종
- **실태**: 있는 그대로의 상태
- **유입**: 어떤 곳으로 흘러들어옴
- **달하다**: 어떠한 정도, 수준, 수량, 상태, 정도 등에 이르다
- **확산되다**: 흩어져 널리 퍼지게 되다

토론하기

Q1. 침입 외래종의 문제 중 가장 심각한 것은 뭐라고 생각해요? 생각을 자유롭게 이야기해 보세요.

Q2. 침입 외래종 때문에 토종 생물종이 사라지면 어떤 문제가 생길 것 같아요?

Q3. 어떻게 하면 토종 생물종을 보호하고 생물다양성을 지킬 수 있을까요?

환경 | 2023년 10월

나무 심기 마구 하지 마세요, 숲이 아파하니까요

배경 지식

- **탄소 포집**: 화석연료 사용 시 발생하는 이산화탄소를 모으는 것을 말해요.
- **재야생화(Rewilding)**: 자연이 스스로 회복해 생태계를 되살리는 것을 말해요.
- **생물다양성**: 생태계가 유지되기 위해 필요한 지구상에 존재하는 온갖 생물들의 다양성을 이르는 말이에요.

신문 읽기

나무 심기가 되려 환경을 해친다고 주장하는 사람들이 있어요. 환경을 위해서라면 나무를 심어야 하는 거 아닌가요?

나무를 마구 심으면 오히려 숲이 아파해요

인위적인 나무 심기는 **생물다양성**을 해치거든요. 최근 탄소를 줄이기 위해 세계 각국에서 나무 심기 캠페인이 벌어졌어요. 이 캠페인에서는 탄소 흡수를 잘하고 다루기 쉬운 **단일종** 나무를 인위적으로 심었는데요, 이 때문에 생물다양성을 유지하기 어려워졌어요. 실제로 브라질 세라도 지역에서는 **인공** 산림의 면적이 40% 정도 증가하자, 그곳에 살던 식물과 개미 종의 다양성이 30%나 감소했어요. 영국에서도 **탄소** 포집을 위해 외래종을 심었다가 토종 동식물들이 **자취**를 감췄고요.

숲이 스스로 일어설 수 있게 도와주세요

한 연구에 따르면, 자연림이 인공 산림보다 40배나 더 많은 탄소를 흡수할 수 있다고 해요. 따라서 전문가들은 인공적으로 나무를 심기보다 **재야생화**를 통해 숲의 생태계를 회복시키는 것이 환경에 더 효과적이라고 말해요. 숲의 재야생화가 이루어지면 숲이 탄소를 더 많이 빨아들일 뿐만 아니라, 멸종위기종이 줄어들어 생물다양성도 지킬 수 있어요. 기후변화로 인한 문제를 자연이 스스로 극복해나갈 수 있는 거죠. 생태학자들은 탄소 포집을 위해 무작정 나무를 심는 것이 환경을 위한 근본적인 해결책이 아니라고 말해요. 무엇이 환경을 위한 길인지 진지하게 고민해 봐야 할 때예요.

정리하기

◎ 다음 빈칸을 채우세요.

☐☐☐ 만을 위한 나무 심기는 생물 다양성을 해쳐요.

◎ 맞으면 O, 틀리면 X 하세요.

1. 나무를 심는 것은 환경에 언제나 긍정적인 영향을 미쳐요. ☐
2. 인위적으로 단일종 나무를 많이 심으면 그 지역 생물종에 변화가 생겨요. ☐
3. 숲이 재야생화를 이루면 생물다양성은 늘어나지만, 탄소 포집 역할은 못해요. ☐

◎ 신문 어휘 풀이

- 인위적: 자연적으로 만들어진 것이 아닌, 사람의 힘으로 이루어진
- 단일종: 여럿이 아닌 하나의 종
- 유지하다: 어떤 상태나 상황 등을 그대로 이어 나가다
- 인공: 자연적인 것이 아니라 사람의 힘으로 만들어 낸 것
- 포집: 어떤 성분을 분리하여 잡아 모으는 일
- 자취: 어떤 것이 남긴 표시나 흔적

토론하기

Q1. '환경을 지키기 위해 나무를 많이 심어야 한다' vs. '나무 심기가 오히려 환경을 해친다' 중에서 여러분은 어느 쪽을 찬성해요? 입장을 정하고 가족들과 토론해 보세요.

Q2. 인위적인 나무 심기보다 숲의 재야생화를 이뤄나가야 하는 이유는 뭐예요?

환경　　　　　　　　　　　　　　　　　　　2023년 11월

'이제는 더 이상 참지 않을 거예요!' 돌고래, 법정에 서다

심화버전

배경 지식

- 생태법인 제도: 생태적 가치가 있는 동물이나 식물, 생태계를 법적 권리 주체로 인정하는 제도를 말해요.
- 생태계: 여러 생물이 서로 관계 맺으며 살아가는 세계를 뜻해요.

신문 읽기

남방큰돌고래 제돌이에게는 슬픈 기억이 있어요. 2009년 5월, 제주 바다에서 잡힌 후 돌고래쇼를 하며 고통스러운 시간을 보낸 기억이요. 그러나 이제 돌고래들을 괴롭히면 법적 책임을 지게 될 거예요.

이제 남방큰돌고래도 법정에서 목소리를 낼 수 있게 돼요

국내 최초로 제주특별자치도가 남방큰돌고래를 법으로 보호하기 위해 생태법인 제도 도입을 추진하고 있거든요. 이 제도가 시행되면, 동·식물도 인간과 동등한 법적 권리를 가지게 되고 후견인을 통해 소송을 제기할 수 있어요.

우리 모두 함께 살아가는 세상을 만들어 갈 수 있기를 바라요

남방큰돌고래는 현재 110여 마리밖에 남지 않은 멸종위기종으로 해양 생태계 파괴로 큰 고통을 받고 있어요. 이번에 생태법인 제도가 통과되면 남방큰돌고래는 생태법인 1호로 지정되며, 그들을 괴롭히는 사람들에게 손해배상을 당당히 청구할 수 있게 돼요. 남방큰돌고래들은 제주 해녀들이 물질할 때 상어들이 다가오지 못하도록 막아주기도 하고 장난도 치며 사람들과 가까이 지내왔어요. 생태법인 제도 도입으로

자연을 바라보는 사람들의 **인식**과 태도에 큰 변화가 생기고, 이로써 사람과 동·식물이 평등하게 살아갈 수 있기를 바라요.

정리하기

◎ 다음 빈칸을 채우세요.

제주특별자치도는 ☐☐☐☐☐ 를 통해 동·식물에게 인간과 동등한 법적 권리를 주려고 해요.

◎ 맞으면 O, 틀리면 X 하세요.

1. 생태법인 제도가 도입되어도 동물들은 소송을 제기할 수 없어요. ☐
2. 남방큰돌고래는 현재 멸종위기종이에요. ☐
3. 이 제도가 도입돼도 자연에 대한 사람들의 생각에 변화가 생기기는 어려워요. ☐

◎ 신문 어휘 풀이

- **법정**: 법원이 절차에 따라 소송을 조사하고 처리하여 재판하는 곳
- **도입**: 지식, 기술, 물자 등을 들여옴
- **추진하다**: 어떤 목적을 위해서 일을 밀고 나아가다
- **시행되다**: 법률이나 명령 등이 사람들에게 알려진 뒤에 실제로 행해지다
- **후견인**: 재산 관리 및 법률 행위를 대신하는 일을 하는 사람
- **소송**: 사람들 사이에 일어난 다툼을 법률에 따라 판결해 달라고 법원에 요구함
- **제기하다**: 의견이나 문제를 내어놓거나 소송을 일으키다
- **지정되다**: 어떤 것이 특별한 자격이나 가치가 있는 것으로 정해지다
- **손해배상**: 법에 따라 다른 사람에게 입힌 손해를 물어 주는 일
- **청구하다**: 다른 사람에게 돈이나 물건 등을 달라고 요구하다
- **인식**: 무엇을 분명히 알고 이해함

토론하기

Q1. 생태법인 제도가 시행되면 동식물들은 사람들에게 어떤 소송을 제기할 것 같아요?

Q2. 생태법인 제도가 도입되면 사람들의 생각과 태도에는 어떤 변화가 생길까요?

환경   2023년 11월

'그린'의 눈속임에 속지 마세요!

배경 지식

- **그린워싱**: 친환경을 뜻하는 'Green'과 세탁을 뜻하는 'White Washing'의 합성어로 기업이 실제론 환경에 악영향을 끼치는 제품을 만들면서도 친환경적인 이미지를 내세워 광고하는 것을 의미해요.

신문 읽기

요즘 '자연(Nature)', '그린(Green)', '에코(Eco)'와 같은 문구를 쓴 광고를 흔히 볼 수 있어요. 이런 광고를 하는 제품은 정말 환경에 이로운 걸까요?

친환경이라고 말해놓고 제멋대로 환경을 해치는 그것

최근 위장 친환경 마케팅, 즉 **그린워싱**에 대한 관심이 높아졌어요. 미국의 월마트가 합성 레이온으로 만든 제품을 '친환경 대나무'로 만들었다고 **표기했고요**, 친환경 정책을 내세우던 스타벅스도 일회용 밀크티용 보틀을 **대량** 제작해 사람들의 눈살을 찌푸리게 했지요. 한국에서도 플라스틱 생수병 라벨에 멸종위기 동물 그림과 환경보호 문구를 넣어 마치 환경을 위하는 것처럼 광고한 회사가 문제가 됐어요.

이제 '그린'이라 말했다고 해서 무조건 친환경이라고 생각하지 않아요

기후위기 문제가 심각해지면서 '그린워싱'에 대한 감시가 **강화되고** 있어요. 이제껏 기업들은 탄소를 줄이겠다고 말했지만, 실제로 탄소 **감축**에 대한 구체적인 내용은 밝히지 않았어요. 무엇을 어떻게 썼는지 명확하게 밝히지 않은 채, '재생에너지 사용량이 늘었다', '친환경 **자재**를 사용했다'와 같이 **모호**하고 두루뭉술한 표현을 사용

해 온 것이죠. 그린워싱은 실제로는 환경에 나쁜 영향을 끼치면서 친환경 제품인 것처럼 둔갑해, 소비자들의 올바른 판단을 방해해요. 따라서 앞으로는 그린워싱에 대해 철저히 감시할 뿐만 아니라, 기업이 사용하는 모호한 용어에 주의를 기울여야겠어요.

정리하기

◎ 다음 빈칸을 채우세요.

환경에 악영향을 끼치면서 환경에 좋은 것처럼 포장하는 광고를 ☐☐☐☐ 이라고 해요.

◎ 맞으면 O, 틀리면 X 하세요.

1. 에코, 자연 등의 용어가 붙어 있으면 친환경 제품이라고 믿을 수 있어요. ☐
2. 대다수 기업들은 친환경 제품 개발 계획을 구체적으로 세우고 밝혔어요. ☐
3. 소비자들도 기업의 광고를 주의 깊게 보고 그린워싱인지 아닌지 판단해야 해요. ☐

◎ 신문 어휘 풀이

· 위장: 진짜 모습이나 생각 등이 드러나지 않도록 거짓으로 꾸밈
· 표기하다: 적어서 나타내다
· 대량: 아주 많은 양
· 강화되다: 수준이나 정도가 강해지다
· 감축: 어떤 것의 수나 양을 줄임
· 자재: 어떤 것을 만들 때 필요한 기본적인 물건이나 재료
· 모호하다: 어떤 말이나 태도가 정확하게 무엇을 뜻하는지 분명하지 않다
· 둔갑하다: 사물의 본래 모습이나 성질이 바뀌거나 가려지다
· 용어: 어떤 분야에서 전문적으로 사용하는 말

토론하기

Q1. 집에 있는 물건 중 '자연(Nature)', '그린(Green)', '에코(Eco)'와 같은 문구가 쓰인 것이 있어요? 이 물건들은 정말 친환경 제품일까요? 아닐까요? 왜 그렇게 생각하는지 이야기해 보세요.

Q2. 이 기사를 읽고 새롭게 알게 된 내용을 가족이나 친구들에게 설명하세요.

탄소를 많이 썼어요? 그럼 돈을 더 내세요

환경 | 2023년 11월

배경 지식

- **유럽연합(EU)**: 유럽의 정치·경제 통합을 이루기 위해 설립된 기구예요.
- **탄소 국경세**: 생산 과정에서 탄소를 많이 배출한 상품이나 서비스가 다른 나라로 수출, 수입될 때 부과되는 세금을 말해요.
- **신재생에너지**: 기존의 화석연료를 재활용 또는 변환시켜 이용하거나 태양, 물, 지열 등을 이용하는 에너지로 오염 물질을 발생시키지 않아요.

신문 읽기

전 세계가 기후위기를 실감하며 온실가스를 줄이기 위해 노력하고 있는 가운데, 유럽연합(EU)은 2026년부터 '탄소 국경세'를 시행하겠다고 밝혔어요.

탄소가 국경을 넘어가면 세금을 내라는 건가요?

탄소 국경세는 어떤 품목을 만들 때 생기는 탄소 배출량에 따라 세금을 부과하는 제도를 말해요. 제품을 만드는 과정에서 탄소를 많이 배출할수록 세금도 많이 내야 해요. 유럽연합(EU)은 2023년 10월부터 준비기간을 거쳐 2026년에 탄소 국경세를 시행할 예정이에요. 탄소 국경세를 매기는 품목으로는 시멘트, 전기, 비료, 철 및 철강 제품, 알루미늄, 수소 등이에요. 이 제품을 유럽연합에 수출하려면 생산 과정에서 발생하는 탄소 배출량을 계산해서 보고해야 해요. 이것을 지키지 않으면 2026년부터는 벌금도 내야 해요.

우리나라와는 무슨 상관이 있어요?

우리나라는 유럽연합에 수출을 많이 해요. 게다가 탄소 국경세에 해당되는 6개 품목은 모두 우리나라의 기초 산업일 뿐만 아니라 대표적인 수출 품목이기 때문에, 여기에 세금이 많이 부과되면 손해를 입을지도 몰라요. 또 탄소 배출량은 계산하기 복잡해서 문제가 발생하기도 쉽고요. 이에 전문가들은 우리 기업이 위기를 극복해나가기 위해서는 체계적인 탄소 관리와 더불어 **신재생에너지**의 생산을 늘려나가야 한다고 말해요. 또한 정부 차원의 적극적인 지원도 필요하다고도 강조했어요.

정리하기

◎ 다음 빈칸을 채우세요.

유럽연합은 어떤 품목을 만들 때 생기는 탄소 배출량에 따라 세금을 부과하는 ☐☐☐☐ 를 시행하겠다고 밝혔어요.

◎ 맞으면 O, 틀리면 X 하세요.

1. 유럽연합은 수입되는 모든 제품에 탄소 국경세를 매기겠다고 밝혔어요. ☐
2. 우리나라는 유럽연합에 수출을 많이 해서 탄소 국경세의 영향을 받을 거예요. ☐
3. 탄소 국경세를 극복해나가기 위해서는 신재생에너지 생산을 늘려야 해요. ☐

◎ 신문 어휘 풀이

- **탄소**: 숯이나 석탄의 주된 구성 원소
- **국경**: 나라와 나라의 국토를 나누는 경계
- **시행하다**: 법률이나 명령 등을 일반 대중에게 알린 뒤에 실제로 행하다
- **배출량**: 어떤 물질을 안에서 밖으로 내보내는 양
- **부과하다**: 세금이나 벌금 등을 매겨서 내게 하다
- **비료**: 땅을 기름지게 만들어 식물이 잘 자라게 하려고 뿌리는 물질
- **철강**: 열로 성질을 변화시킬 수 있어 기계나 기구 등의 재료로 쓰이는 철

토론하기

Q1 탄소 국경세는 우리나라에는 어떤 영향을 미칠까요?

Q2 탄소 국경세로 인해 발생되는 문제는 없을까요? 어떤 문제가 생길 수 있을지 여러분의 생각을 이야기해 보세요.

환경 2023년 11월

모기가 말해요, '뜨거워진 지구야, 고마워!'

배경 지식

- **매개 곤충**: 동·식물과 인간의 병원체(세균, 바이러스, 기생충 등 병을 일으키는 생물)를 이어주는 곤충으로 모기, 이, 벼룩 등이 여기에 해당돼요.

신문 읽기

처서가 지나면 모기 입이 비뚤어진다는 속담이 있어요. 무더위가 꺾이면 모기도 사라진다는 뜻인데요, 이 말도 곧 옛말이 될 거라고 해요.

모기야, 가을인데, 이제 좀 그만 나올래?

겨울이 다 되어 가는데 여름보다 모기가 더 많이 나타나는 이상한 현상이 벌어졌어요. 가을철 모기는 재작년부터 본격적으로 생기기 시작했는데요, 지난해에는 가을 모기가 그 전해에 비해 두 배 넘게 증가했다고 해요. 모기가 바이러스를 소에게 옮기는 바람에 병에 걸리는 소도 급격히 늘었어요. 그런데 모기는 한국만의 문제가 아니에요. 방글라데시에서는 모기로 인해 뎅기열이 퍼지며 사망자가 1,000명을 넘어섰고요, 페루에서는 뎅기열 확산을 막지 못해 보건장관이 사퇴하기도 했어요.

모기가 왜 이렇게 많아졌을까요?

바로 기후변화 때문이에요. 지구가 뜨거워지면서 모기들이 번식하기에 더 적합한 환경이 된 것이죠. 국내 한 연구진에 따르면, 18도의 환경에서는 모기가 다 자라기까지 25일 걸리지만, 26도에서는 11.5일밖에 걸리지 않는다고 해요. 이처럼 번식이 빨라진 데다 살충제에 더욱 강해지면서 모기가 더 오래 살게 됐어요. 또 지구가 더워지며 예전에는 추워서 모기가 살 수 없었던 히말라야 **고산**지대와 같은 곳에서도 모기가 나타나고 있어요. 한국도 기후가 변하고 있는 만큼, 모기가 옮기는 감염병이 늘어날 수 있어요. 기후변화로 인한 곤충의 **역습**이 곧 시작될지도 몰라요.

정리하기

◎ 다음 빈칸을 채우세요.

기후변화로 모기가 ☐ 하기에 좋은 환경이 되었어요.

◎ 맞으면 O, 틀리면 X 하세요.

1. 가을 모기가 많아져, 사람들의 삶에 영향을 미치고 있어요.   ☐
2. 기온이 오르면 모기들의 번식률이 떨어져요.   ☐
3. 모기 수가 늘어나면 감염병도 쉽게 확산돼요.   ☐

◎ 신문 어휘 풀이

- **처서**: 일 년 중 늦여름 더위가 물러가는 때
- **뎅기열**: 모기에 의해 전파되는 급성 열성 바이러스 질환
- **확산**: 흩어져 널리 퍼짐
- **사퇴하다**: 어떤 일을 그만두고 물러서다
- **번식하다**: 생물체의 수나 양이 늘어서 많이 퍼지다
- **고산지대**: 높은 산의 지대
- **역습**: 상대편의 공격을 받고 있던 쪽에서 거꾸로 기회를 보아 급히 공격함

토론하기

Q1. 기후변화와 모기 증가는 어떤 관계가 있었어요?

Q2. 앞으로 모기가 계속 늘어나 가을과 겨울에도 모기가 많다면, 어떤 일이 일어날까요?

환경 · 2023년 12월

날씨가 추워질수록 바다가 많이 먹는 건 뭐게요?

심화버전

배경 지식

- 블루카본: 강이나 바닷가에 사는 식물과 갯벌 등 해양 생태계가 흡수하는 탄소를 말해요.
- 그린카본: 숲과 같은 육상 생태계가 흡수하는 탄소를 의미해요.

신문 읽기

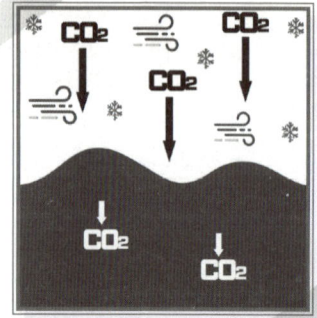
블루카본

살을 에는 듯한 추위를 좋아하는 사람은 별로 없을 거예요. 그런데 추위가 나쁘기만 한 건 아니라고 해요. 한파가 환경오염을 줄여주기 때문이에요.

미세먼지와 이산화탄소를 잡아주는 매서운 칼바람

포항공대와 부산대 연구팀은 한파가 몰아닥치면 미세먼지가 줄어들 뿐만 아니라, 동해가 흡수하는 이산화탄소량이 많아진다는 사실을 밝혀냈어요. 북극에서 온 차가운 공기는 동해로 흘러드는데요, 이때 차가운 공기 때문에 이산화탄소를 품고 있던 바다 표면이 무거워지면서 깊은 바다로 표층수가 하강하게 돼요. 이 과정에서 바다는 이산화탄소를 더 많이 흡수하게 되는 거죠. 이번 연구 결과, 바다는 차가운 공기가 강하게 내려오면 올수록 두세 배 더 많은 양의 이산화탄소를 흡수하는 것으로 나타났어요.

탄소 악당으로부터 우리를 지켜줄 푸른 바다!

흔히 기후위기에 악영향을 미치는 화석연료에서 나오는 탄소를 '블랙카본', 바다가 흡수하는 탄소를 '블루카본', 열대우림과 같은 육상 생태계가 흡수하는 탄소를

'그린카본'이라고 말해요. 블루카본은 그린카본보다 탄소 흡수 속도가 50배 더 빠르다고 해요. 전문가들은 바다는 거대한 이산화탄소 저장고로, 대기 중 이산화탄소를 안전하고 지속적으로 줄여줄 거라고 말해요. 탄소 발생량을 감소시킬 수 없다면 흡수를 늘려야 하는데, 바다가 이에 대한 해답을 줄 수 있을까요?

정리하기

◎ 다음 빈칸을 채우세요.

바다가 흡수하는 탄소를 ☐☐☐ 이라고 불러요.

◎ 맞으면 O, 틀리면 X 하세요.

1. 한파는 미세먼지에는 아무런 영향을 미치지 못해요. ☐
2. 차가운 공기가 내려오면 바다가 이산화탄소를 더 많이 흡수해요. ☐
3. 블루카본은 그린카본과 탄소 흡수 속도가 비슷해요. ☐

◎ 신문 어휘 풀이

- 한파: 겨울철에 갑자기 기온이 내려가는 것
- 흡수하다: 안이나 속으로 빨아들이다
- 표면: 사물의 가장 바깥쪽 또는 가장 윗부분
- 표층수: 바다 표면 가까이에 있는 바닷물
- 하강하다: 높은 곳에서 아래로 향하여 내려오다
- 육상: 땅 위
- 거대하다: 엄청나게 크다
- 지속적: 어떤 일이나 상태가 오래 계속되는

토론하기

Q1. 블루카본과 그린카본이 환경에 어떤 역할을 해요? 비교해서 설명해 보세요.

Q2. 앞으로 블루카본을 환경보호에 어떻게 활용할 수 있을까요? 생각을 자유롭게 이야기해 보세요.

환경   2024년 2월

메가톤급 태풍의 새로운 자리를 만들어 주세요

배경 지식

- **열대성저기압**: 적도 부근의 열대 해상에서 생기는 열대성저기압으로, 강한 바람과 집중 호우를 동반하며 심각한 피해를 일으켜요.

신문 읽기

열대성저기압 태풍

1초에 54m보다 더 빠른 속도로 부는 바람, 작은 건물 정도는 단번에 무너뜨릴 정도의 힘을 가진 태풍이 몰아닥친다면 어떨까요? 상상조차 하기 어려웠던 거대한 **열대성저기압**, 태풍이 점점 더 자주 발생하고 있어요.

태풍의 힘이 점점 더 세지는 이유는요

다름 아닌 지구온난화 때문이에요. 사실 바다와 공기가 모두 뜨거워지면, 발생하는 태풍의 수 자체는 줄어들어요. 대기의 윗부분과 아랫부분의 기온 차이가 크지 않으니, 대기가 고요한 상태를 **유지하거든요**. 문제는 태풍이 한번 만들어지면 엄청나게 강력한 태풍으로 **세력**이 커진다는 데 있어요. 지구온난화로 바닷물이 뜨거워지면 수증기량이 대폭 늘어나는데, 이때 생겨난 **다량**의 수증기가 뜨거운 바다의 열과 만나 **초대형** 태풍을 만드는 것이죠.

이제껏 없었던 초대형 태풍은 뭐라고 불러야 할까요?

미국 위드콘신대와 로렌스 버클리 국립연구소는 최근 10년간, 기존의 가장 강한 태풍 등급을 뛰어넘는 초강력 태풍이 5개 이상 발생했다고 했어요. 따라서 5등급으로 만들어져 있던 기존 태풍 등급에 '초대형 태풍'인 6등급을 추가해야 한다고 주장해요. 연구진들은 새로운 태풍의 등급을 만들어, 기후변화가 태풍에도 영향을 미친다는 것과 이로써 기후위기 및 태풍의 위험성에 대한 경각심을 높여야 한다고 말해요.

정리하기

◎ 다음 빈칸을 채우세요.

초대형 태풍이 자주 발생하는 이유는 [　　　　] 때문이에요.

◎ 맞으면 O, 틀리면 X 하세요.

1. 지구온난화로 발생하는 태풍의 수 자체가 크게 늘었어요.
2. 지구 온도가 높아지면 수증기량이 늘어나 더 강한 태풍이 만들어져요.
3. 6등급 태풍등급이 추가된 후, 기후위기와 태풍의 위험성을 사람들이 걱정하게 됐어요.

◎ 신문 어휘 풀이

· 대기: 지구를 둘러싸고 있는 모든 공기
· 유지하다: 어떤 상태나 상황 등을 그대로 이어 나가다
· 세력: 권력이나 기세의 힘
· 다량: 많은 분량
· 초대형: 크기가 아주 큰 것
· 경각심: 정신을 차리고 주의 깊게 살피어 경계하는 마음

토론하기

Q1. 태풍의 힘이 점점 더 세지고 초대형 태풍이 더 자주 찾아오는 까닭은 무엇일까요?

Q2. 새로운 태풍 등급을 만들면 어떤 점이 좋을까요?

Q3. 초대형 태풍이 몰아닥치면 어떻게 대처해야 할까요?

환경　　　　　　　　　　　　　　　　　　　　　　　　　　　　2024년 2월

꽃향기가 사라져 곤충들이 길을 잃고 말았어요

배경 지식

- **수분**: 종자식물에서 수술(꽃가루를 만드는 꽃을 이루는 기관)의 화분(꽃가루)이 암술머리(꽃가루를 받아 씨와 열매를 맺는 곳)에 붙는 일을 말해요.
- **수분 매개자**: 꽃가루를 수컷으로부터 같은 꽃 또는 다른 꽃의 암컷 생식기관의 암술머리로 옮길 때 도움을 줄 수 있는 모든 것을 말해요.

신문 읽기

벌이나 나비와 같은 곤충들은 꽃향기로 꽃을 찾아다니는데요, 최근 곤충들이 꽃을 못 찾는 일이 벌어졌다고 해요.

곤충들이 왜 꽃을 못 찾게 되었을까요?

미국 워싱턴대 생물학과 연구팀은 대기 오염 물질이 꽃향기를 분해해, 꽃을 찾아가는 곤충들의 능력을 크게 떨어뜨렸다고 밝혔어요. 연구팀은 오염 물질 유무에 따라 나방의 꽃 찾는 능력에 어떤 변화가 있는지 살펴보았어요. 두 종류의 나방을 대상으로 실험했는데요, 오염 물질이 없을 때는 두 종류 나방 모두 꽃을 잘 찾았지만, 오염 물질이 있을 때는 한 종류의 나방은 절반 정도만 꽃을 찾았고 나머지 한 종은 아예 꽃을 못 찾았어요. 밤이 되면 오염 물질 농도가 더 높아지기 때문에, 야행성 곤충들은 꽃을 찾지 못하고 굶주릴 확률이 더 높다고 해요.

곤충들이 꽃을 찾아갈 수 없으면

생태계 전체가 위험해질 수 있다고 해요. 곤충은 식물의 **수분 매개자**예요. 전 세계 식물의 4분의 3이 곤충에 의존해 **번식하고** 있는데, 곤충이 수분 매개자 역할을 하지

못하면 농작물 생산은 큰 타격을 입을 거예요. 더 나아가 사람들이 **확보할** 수 있는 식량도 줄어들어 생태계 전반에 심각한 영향을 미치게 돼요. 과학자들은 곤충이 사라지면 농업과 생태계에 이어 인류의 **생존**마저 위협받을 수 있다며 곤충들이 꽃을 찾아가지 못하는 현재 상황을 크게 우려하고 있어요.

정리하기

◎ 다음 빈칸을 채우세요.

곤충은 식물의 번식을 돕는 ☐ 매개자 역할을 해요.

◎ 맞으면 O, 틀리면 X 하세요.

1. 대기 오염 물질이 꽃향기를 분해해서 곤충들이 꽃향기를 맡을 수 없어요. ☐
2. 야행성 곤충들은 밤에 잘 볼 수 있어서 꽃을 찾아갈 수 있어요. ☐
3. 곤충이 사라지면 생태계 전반에 심각한 문제가 발생할 거예요. ☐

◎ 신문 어휘 풀이

- 대기: 지구를 둘러싸고 있는 모든 공기
- 분해하다: 여러 부분으로 이루어진 것을 그 부분이나 성분으로 따로따로 나누다
- 유무: 있음과 없음
- 농도: 기체나 액체에 들어있는 한 성분의 진함과 묽음의 정도
- 야행성: 낮에 쉬고 밤에 활동하는 동물의 습성
- 번식하다: 생물체의 수나 양이 늘어서 많이 퍼지다
- 확보하다: 확실히 가지고 있다
- 생존: 살아 있음, 또는 살아남음

토론하기

Q1. 대기 오염, 곤충, 식물, 식량 위기는 어떻게 연관되어 있나요? 이 단어들을 사용해 기사의 내용을 3문장으로 요약해 보세요.

Q2. 곤충들이 굶주리지 않도록 도와줄 방법에는 무엇이 있을까요?

북극곰 살이 빠진 건 다이어트를 해서가 아니에요

배경 지식

- **해빙**(海氷, sea ice): 바닷물이 얼어서 생긴 바다 얼음을 뜻해요.
- **지구온난화**: 석탄이나 석유와 같은 화석연료의 사용 증가로 인해 온실가스가 많아져 지구의 온도가 점점 올라가는 현상을 말해요.

신문 읽기

기후변화로 북극해의 얼음이 녹아 북극곰들이 육지에서 생활하는 시간이 길어지자, 곰들의 체중이 줄어든 것으로 나타났어요.

얼음이 녹았는데 북극곰 살이 빠진 건 왜일까요?

미국 지질조사국 앤서니 박사팀은 캐나다 매니토바주 서부 허드슨만 지역에 사는 북극곰 20마리에게 위치추적기를 달아 여름철 북극곰의 활동량과 신체 변화를 살펴보았어요. 그 결과 북극곰 20마리 중 19마리의 체중이 하루 평균 1kg씩 줄어드는 것으로 나타났어요. 보통 북극곰은 늦봄부터 초여름까지 새끼를 낳고, 젖을 떼는 동안 해빙 위에서 바다표범 등을 사냥하며 먹잇감을 구해요. 그러나 기후변화로 북극의 해빙이 크게 줄어들면서 북극곰들이 육지에서 지내는 시간이 길어졌고, 육지에서 충분한 먹잇감을 구하지 못한 북극곰들은 굶주림에 시달리게 됐어요.

그래도 북극곰들은 육지 생활을 견뎌내려고 애쓰고 있어요

북극곰은 먹잇감이 부족한 육지에서 자신의 에너지를 최대한 아껴야 해요. 이를 위해 북극곰들은 겨울잠 자기, 적게 움직이기, 열매 따 먹기, 조류 사냥하기 등과 같은 다양한 전략을 펼치고 있어요. 그럼에도 불구하고 북극곰들은 충분한 **열량**을 섭취하지 못해 점점 야위어가고 있어요. 갈수록 심해지는 지구온난화로 북극곰들이 육지에 머물러야 하는 시간이 길어지면서 머지않아 북극곰들이 **기아**의 위험에 처하게 될 것이라며 연구진들은 경고하고 있어요.

정리하기

◎ 다음 빈칸을 채우세요.

북극의 ☐☐ 이 크게 줄어들면서 북극곰들이 먹잇감을 구하지 못하고 있어요.

◎ 맞으면 O, 틀리면 X 하세요.

1. 기후위기로 인해 북극곰이 육지에서 지내는 기간이 길어지고 있어요. ☐
2. 북극곰들은 육지에서 지낼 때 먹잇감을 구하기 위해 활발하게 움직여요. ☐
3. 북극곰들은 육지에서 충분한 먹잇감을 구하지 못해요. ☐

◎ 신문 어휘 풀이

- **활동량**: 사람이나 동물이 몸을 움직여 운동한 양
- **열량**: 음식이나 연료 등으로 얻을 수 있는 에너지의 양
- **기아**: 먹을 것이 없어 굶주림

토론하기

Q1. 북극곰의 몸무게가 준 이유가 뭔가요?

Q2. 지구온난화로 해빙은 앞으로 점점 더 줄어들 것으로 보여요. 북극곰들의 삶은 앞으로 어떻게 될까요? 어떤 변화를 겪을까요?

Q3. 북극곰들이 굶주리지 않도록 도와줄 방법으로는 무엇이 있을까요?

환경　　　　　　　　　　　　　　　　　　　　　　2024년 3월

째깍째깍,
봄꽃 시계가 자꾸만 빨라지고 있어요

배경 지식

✓ **개화**: 꽃이 피는 현상을 가리키는 말이에요.

신문 읽기

우리나라의 대표 벚꽃 축제인 '진해 군항제'가 2024년에 3월 23일에 **개막했어요**. 벚꽃 축제가 시작(1963년)된 **이래** 가장 이른 날짜에 열린 거라고 해요.

해마다 점점 더 빨리 피는 봄꽃, 그들의 시계가 고장이 난 걸까요?

전 세계 곳곳에서 봄꽃 시계가 빨라지고 있어요. 멕시코에서는 3월 말에나 피던 '자카란다꽃'이 1월 초부터 **개화**하기 시작했고요, 일본에서도 벚꽃 개화 시기가 매년 앞당겨져, 올해는 '겨울 벚꽃'이 나타나기도 했지요. 전문가들은 이와 같은 현상의 원인은 기후변화 때문이라고 보고 있어요. 지구온난화로 인한 기온 상승이 봄꽃 개화를 재촉한 것이죠.

예쁜 꽃을 빨리 만나 반갑기는 하지만

그렇다고 마냥 좋아할 수만은 없어요. 꽃이 피는 시기가 앞당겨지는 것은 앞으로 다가올 수많은 변화를 **예고하는** 것이라고 전문가들은 경고했어요. 꽃의 이른 개화 시기는 우리를 둘러싼 생태계 전반의 흐름이 전과 달라지고 있다는 것을 보여주는 신호기 때문이에요. 생태계의 시계가 빨라지면 곡물의 추수 시기도 빨라지고 곡물도 제대로 **영글지** 않을 확률이 높아져요. 이것으로 인해 곡물 생산량은 **급격히** 떨어지게

되고 식량 위기에 직면하게 될 수 있어요. 벚꽃 개화 시기가 빨라졌다는 사실은 꽃구경을 언제 가야 하는지 알려주는 단순한 정보가 아니에요. 자연이 우리에게 보내는 '더 이상 지구가 뜨거워져서는 안 된다'라는 내용의 경고장이에요.

정리하기

◎ 다음 빈칸을 채우세요.

기온 상승으로 인해 봄꽃의 ☐☐ 시기가 매년 앞당겨지고 있어요.

◎ 맞으면 O, 틀리면 X 하세요.

1. 봄꽃 개화 시기가 빨라지고 있는 것은 아시아에서 나타나는 현상이에요. ☐
2. 꽃이 빨리 피는 것은 기후변화 때문이에요. ☐
3. 꽃 개화 시기가 앞당겨지는 것과 식량 위기는 서로 관계가 없어요. ☐

◎ 신문 어휘 풀이

- 개막하다: 공연이나 행사가 시작되다
- 이래: 지나간 어느 일정한 때로부터 지금까지, 또는 그 뒤
- 예고하다: 어떤 일이 일어나기 전에 미리 알리다
- 영글다: 과실이나 곡식 등이 알이 들어 딴딴하게 잘 익다
- 급격히: 변화의 속도가 매우 빠르게
- 직면하다: 어떠한 일이나 상황 등을 직접 당하거나 접하다

토론하기

Q1. 개화 시기가 앞당겨지면 어떤 문제가 발생할 수 있어요?

Q2. 벚꽃 개화 시기가 빨라진 것을 통해 우리가 알 수 있는 것은 뭘까요?

06

문화

87 '젊고', '평등하고', '낭만적인' 파리 올림픽을 기대하세요
88 주사 맞기가 무섭다면 모차르트 자장가를 들어보세요
89 1500년 전 가야를 담은 타임캡슐에는 무엇이 들어 있었을까?
90 케냐의 양치기 소년, 42.195km를 달려 마라톤의 역사를 바꾸다!
91 모두를 위한 전시, 볼 수 없어도 느껴보세요!
92 수리수리마수리! 소원을 빌면 이루어지는 비밀 부적의 이야기
93 '새하얀' 공주님은 이제 백마 탄 왕자님을 기다리지 않아요
94 달콤할수록 비싸진다면 단 음료를 덜 마시게 될까요?

95 그리스 파르테논 신전 조각품은 고향으로 돌아갈 수 있을까요?
96 2500년 전, 아마존 밀림 속 잃어버린 도시를 찾아서
97 세상을 뒤흔들고 있는 팝의 여왕, 그녀의 이름은
98 동굴 벽에 깨알같이 그려진 점, 그 미스터리의 실체는
99 메이저리그가 한국에서 열린 까닭은
100 화산재 속에 묻혀 있던 2000년 전 도서관에는 어떤 글이 있었을까?

문화   2023년 7월

'젊고', '평등하고', '낭만적인' 파리 올림픽을 기대하세요

배경 지식

✓ **브레이킹**: 1970년대 초반 미국 뉴욕의 흑인 젊은이들 사이에서 발생한 스트리트 댄스의 한 종류로 힙합 음악의 브레이크 비트에 맞춰 춤을 춰요.

신문 읽기

파리 에펠탑

파리 올림픽은 개막식부터 낭만으로 가득해요. 에펠탑이 보이는 센 강에서 각국 선수단이 배를 타고 입장하거든요. 개회식부터 남다른 파리 올림픽! 이전과 어떻게 달라졌을까요?

경기 종목과 경기가 치러지는 장소까지! 전에 없던 새로운 올림픽이 시작됩니다

1900년과 1924년에 올림픽을 **개최했던** 프랑스는 2024년, 올해 세 번째로 올림픽을 열어요. 100년 만에 파리에서 열리는 이번 올림픽은 스트리트 댄스 '브레이킹'이 새 경기 종목으로 등장해 눈길을 끌었어요. **슬럼가** 흑인 청년들로부터 출발한 스트리트 댄스가 올림픽 종목으로 **채택된** 것이 의미하는 바는 매우 커요. 젊은 세대를 위한 종목을 추가했다는 것, 춤을 경기 종목에 포함해 스포츠 개념을 확대한 것, 그리고 길거리 문화를 존중하고 인정한 점 때문이죠. 또한 샹젤리제 거리, 베르사유 궁전과 같은 파리의 랜드마크에서 경기가 치러져, 관중들은 파리의 풍경과 함께 경기를 관람하면서 낭만 올림픽을 즐길 수 있어요.

완전한 양성평등을 이뤄낸 첫 올림픽이에요

이번 대회에는 1만 500명의 선수가 참가하는데요, 남녀 각각 5,250명으로 50%의 비율을 정확히 맞췄어요. 완벽한 성평등을 위해 여성 선수들의 출전 종목을 늘리고 남녀 혼성 종목도 추가했어요. '젊고', '평등하며' '아름다운 낭만'까지 더한 파리 올림픽! 그 어느 때보다도 더 의미 있는 올림픽이 될 것으로 보입니다.

정리하기

◎ 다음 빈칸을 채우세요.

2024년 파리 올림픽에서는 ☐☐☐ 이 새로운 경기 종목으로 채택됐어요.

◎ 맞으면 O, 틀리면 X 하세요.

1. 파리는 2024년에 세 번째로 올림픽을 개최해요. ☐
2. 파리 올림픽에서는 새 경기 종목이 추가되었고, 랜드마크에서 경기를 치러요. ☐
3. 이번 올림픽은 여성만 출전하는 종목을 늘려, 남녀 비율을 반으로 맞췄어요. ☐

◎ 신문 어휘 풀이

- 개최하다: 모임, 행사, 경기 등을 조직적으로 계획하여 열다
- 슬럼가: 가난한 사람들이 모여 사는 거리
- 채택되다: 여러 가지 중에서 다루어지거나 뽑혀 쓰이다
- 양성평등: 성에 따른 차별을 받지 않고 능력에 따라 동등한 기회와 권리를 누리는 것
- 출전: 시합이나 경기에 나감
- 혼성: 남녀가 함께 섞임

토론하기

Q1. 2028년 올림픽에서 새로운 경기 종목이 추가된다면, 어떤 종목이 새롭게 채택되면 좋을 것 같아요?

Q2. 이번 올림픽에 왜 남녀 성비를 50:50으로 정확하게 맞췄을까요? 이는 어떤 의미를 가질까요?

문화   2023년 8월

주사 맞기가 무섭다면 모차르트 자장가를 들어보세요

배경 지식

- **모차르트**: 오스트리아의 음악가로 어려서부터 놀라운 음악적 재능을 보였어요. 35세 젊은 나이로 세상을 뜨기 전까지 교향악, 실내악, 오페라 등 다양한 음악 장르에서 100편 이상의 작품을 발표했어요.

신문 읽기

모차르트 동상

아기들이 주사를 맞거나 **채혈** 검사를 할 때, **통증**을 덜 느끼게 할 방법은 없을까요?

아기들에게 모차르트 자장가를 들려줬어요

미국 뉴욕 링컨 의료·정신건강센터 연구팀은 질환을 갖고 태어나 **정기적**으로 채혈 검사를 받아야 하는 **신생아** 100명을 **선정해** 실험을 진행했어요. 신생아를 두 그룹으로 나눠 발뒤꿈치 채혈 검사를 받게 했는데요, 한 그룹에는 채혈 전 20분간, 채혈 중, 그리고 채혈 후 5분간 모차르트 자장가를 들려줬고 나머지 그룹에는 음악을 들려주지 않았어요. 연구팀은 주삿바늘을 찌르기 전, 찌르는 순간, 찌른 후 아기들이 느끼는 통증이 어느 정도인지를 **측정하기** 위해 아기들의 표정과 우는 정도, 팔다리의 움직임, 호흡 패턴 등을 관찰했어요.

실험 결과는 다음과 같았어요

실험 결과, 모차르트 자장가를 들은 그룹이 음악을 듣지 않은 그룹보다 통증 점수가 훨씬 더 낮은 것으로 밝혀졌어요. 통증 점수를 7점 만점으로 보았을 때, 음악을 들은 그룹은 채혈하는 동안 통증 점수가 4점, 채혈 후 1분 뒤부터 0점으로 떨어졌지만, 음악을 듣지 않은 그룹은 채혈 중 통증 점수가 7점, 채혈 1분 후 5.5점, 2분이 지나도 2점으로 나타났어요. 연구팀은 모차르트 음악이 아기들의 통증을 줄여주는 데 효과적인 방법이 된다고 말했어요. 걱정되는 일이 있을 때 모차르트 자장가와 같은 클래식 음악을 들어보는 건 어떨까요?

정리하기

◎ **다음 빈칸을 채우세요.**

모차르트 자장가를 들으면 신생아들의 ☐☐ 을 줄여주는 것으로 나타났어요.

◎ **맞으면 O, 틀리면 X 하세요.**

1. 신생아들에게 발뒤꿈치 채혈 검사를 하는 동안에만 음악을 들려줬어요. ☐
2. 채혈할 때 아기들의 표정과 우는 정도를 보며 통증 수준을 평가했어요. ☐
3. 모든 그룹의 신생아들은 채혈 후 1분이 지나면 통증을 느끼지 못했어요. ☐

◎ **신문 어휘 풀이**

- **채혈**: 병을 진단하기 위해 피를 뽑는 일
- **통증**: 아픈 증세
- **정기적**: 기한이나 기간이 일정하게 정해져 있는 것
- **신생아**: 태어난 지 얼마 되지 않은 아이
- **선정하다**: 여럿 가운데 목적에 맞는 것을 골라 정하다
- **측정하다**: 어떤 기계나 장치를 사용하여 양을 재다

토론하기

Q1. 모차르트 자장가는 채혈 검사를 받는 신생아에게 어떤 영향을 미쳤나요?

Q2. 병원이나 학교, 집에서 이 연구 결과를 어떻게 활용하면 좋을까요?

문화 2023년 9월

1500년 전 가야를 담은 타임캡슐에는 무엇이 들어 있었을까?

배경 지식

- **유네스코 세계 문화유산**: 뛰어난 가치를 지닌 자연유산 및 문화유산들을 발굴하고 보호, 보존하기 위하여 유네스코에서 심사, 지정하는 유산을 말해요.
- **가야**: 한반도 남쪽에 있었던 변한의 12개 작은 나라들을 통합해 세운 연맹 왕국이에요. 562년에 신라에 흡수되었으며, 가야의 문화는 신라의 문화에 큰 영향을 주었어요.

신문 읽기

가야 고분군. 출처: 한국문화홍보서비스

유네스코 세계유산위원회는 지난 9월 17일, 사우디아라비아 리야드에서 열린 제45차 회의에서 가야 **고분군**을 세계유산 목록에 **등재하기**로 결정했어요.

가야 고분군은 어떤 곳이에요?

가야는 낙동강 **유역**을 중심으로 **번성**했던 작은 나라들을 통합해 이루어진 **연맹** 국가였어요. 가야 고분군은 영남과 호남 지역에 존재했던 7군데의 고분군을 묶은 유산으로, 이들 고분에서는 다양한 **토기**, **철기**, 장신구 등의 유물이 나왔어요. 이 중에는 로마제국에서 만들어진 유리 제품도 **발굴되었어요**. 이를 통해 1500년 전 가야는 중국을 거쳐 먼 나라들과도 활발한 **교류**를 했다는 것도 알게 되었죠.

유네스코가 가야 고분군을 세계 문화유산으로 선택한 이유는

세계유산위원회는 "가야가 주변국과 자율적으로 평등하고 독특한 체계를 유지하며 동아시아 고대 문명의 다양성을 보여주는 중요한 증거가 된다는 점에서 가치가 인정된다"라고 밝혔어요. 고분군을 통해 가야가 연맹국 간에 물품을 주고받았을 뿐만 아니라, 먼 나라들과도 다양하게 교류했음을 알 수 있었어요. 이로써 한국은 1995년 '석굴암 불국사' 등이 세계유산에 등재된 것을 시작으로 총 16건(문화유산 14건, 자연유산 2건)의 세계유산을 **보유하게** 됐어요.

정리하기

◎ 다음 빈칸을 채우세요.

가야 고분군이 유네스코 ☐☐☐☐☐ 에 등재되었어요.

◎ 맞으면 O, 틀리면 X 하세요.

1. 가야는 낙동강 지역을 중심으로 발달한 하나의 독립 나라였어요. ☐
2. 가야 고분군에서는 다양한 유물이 많이 나왔어요. ☐
3. 가야는 먼 나라들과도 다양하고 자유롭게 교류했어요. ☐

◎ 신문 어휘 풀이

- **고분군**: 고대에 만들어진 무덤이 모여 있는 지역
- **등재하다**: 기록하여 올리다
- **유역**: 강물이 흐르는 언저리
- **번성하다**: 한창 성하게 일어나 퍼지다
- **연맹**: 공동의 목적을 가진 단체나 국가가 서로 돕고 행동을 함께 할 것을 약속함
- **토기**: 흙으로 만든 그릇
- **철기**: 쇠로 만든 그릇
- **발굴되다**: 땅속에 묻혀 있는 것이 발견되어 파내지다
- **교류**: 여러 분야의 문화나 경험 등을 나라, 지역, 개인 간에 서로 주고받음
- **보유하다**: 가지고 있거나 간직하고 있다

토론하기

Q1. 가야 고분군에서 발굴된 유물들을 통해 무엇을 알 수 있었어요?

Q2. 1500년 전 가야 사람들은 로마제국과 같은 먼 나라와 어떻게 교류했을까요? 어떻게 의사소통하면서 어떤 물건을 주고받았을까요? 자유롭게 상상해서 이야기해 보세요.

문화 2023년 10월

케냐의 양치기 소년, 42.195km를 달려 마라톤의 역사를 바꾸다!

배경 지식

- 서브 2: 마라톤 풀코스를 2시간 이내에 완주하는 것을 말해요.

신문 읽기

켈빈 키프텀. 출처: @grayshop_official

마라톤에서 42.195km 풀코스를 2시간 이내에 달리는 '서브2'는 지금까지 꿈같은 이야기였어요. 그런데 케냐의 켈빈 키프텀이 이 꿈의 기록에 바짝 다가섰어요.

케냐의 목동, 마라톤 세계 신기록을 세우다

켈빈 키프텀은 23년 10월에 열린 시카고 마라톤 풀코스를 2시간 35초에 달려 세계 신기록을 세웠어요. 이는 종전 최고 기록을 34초나 앞당긴 신기록이었어요. 키프텀은 원래 케냐에서 양과 염소를 키우며 살았던 목동이었는데요, 10년 전 우연히 마라톤을 시작하게 되었고 극한 훈련을 이겨내며 마라톤의 역사를 다시 썼어요.

고독한 스포츠 마라톤, 기나긴 42.195km의 거리를 달리는 까닭은

기원전 490년에 1만 명의 아테네군과 페르시아군 10만 명이 마라톤이라고 불리는 평원에서 전쟁을 벌였어요. 아테네군은 1만 명만으로 페르시아군을 무찔러 큰 승리를 거뒀어요. 이 기쁜 소식을 전하기 위해 한 병사가 마라톤에서 아테네까지 40km가량을 쉬지 않고 달려갔지요. 그러나 아테네에 도착한 그는 승전보를 전하자마자 그만 쓰러져 죽고 말아요. 그 이후, 고대 올림픽에서 죽은 병사를 기리기 위해

40km가량을 달리는 마라톤을 경기로 채택하게 됐어요. 마라톤은 이제 많은 사람들이 즐기는 경기가 되었어요. 앞으로 마라톤 풀코스를 2시간 이내에 달린 신기록이 나올까요? 누가 마라톤의 새 역사를 쓰게 될지 기대하고 있어요.

정리하기

◎ 다음 빈칸을 채우세요.

키프텀은 마라톤 풀코스를 2시간 35초 만에 완주해 세계 ☐☐ 을 세웠어요.

◎ 맞으면 O, 틀리면 X 하세요.

1. 키프텀은 어렸을 때부터 육상 선수였어요. ☐
2. 지금까지 마라톤 풀코스를 2시간 이내에 달린 선수는 없었어요. ☐
3. 마라톤은 승전보를 알리려고 달리다 죽은 병사를 기리기 위해 채택된 경기예요. ☐

◎ 신문 어휘 풀이

- 종전: 지금보다 이전
- 신기록: 이전의 기록보다 뛰어난 새로운 기록
- 목동: 풀을 뜯기며 가축을 치는 아이
- 극하다: 더할 수 없는 정도에 이르다
- 평원: 평평한 들판
- 승전보: 싸움에 이긴 경과를 적은 기록
- 채택하다: 여러 가지 중에서 골라서 다루거나 뽑아 쓰다

토론하기

Q1. 마라톤은 어떻게 시작된 경기인가요? 마라톤의 역사에 대해 가족들에게 알려주세요.

Q2. 마라톤 경기에서 끝까지 잘 달리려면 무엇이 필요할까요? 어떤 연습을 해야 할까요?

문화

2023년 10월

모두를 위한 전시,
볼 수 없어도 느껴보세요!

배경 지식

- **배리어 프리(Barrier Free) 정책**: 고령자나 장애인들도 살기 좋은 사회를 만들기 위해 물리적·제도적 장벽을 허물자는 운동을 말해요.
- **반가사유상**: 국보 제83호로, 우리나라 고대 불교 조각사 연구의 출발점이자 6~7세기 동아시아의 가장 대표적인 불교 조각품 중 하나예요.

신문 읽기

반가사유상.
출처: 국립중앙박물관

'만지지 마시오.', '눈으로만 보세요.' 미술관이나 박물관에서 흔히 볼 수 있는 표지판이에요. 시각 장애인이나 시력이 약한 분들에게 이런 안내 문구는 어떤 의미로 다가올까요?

장애인·비장애인 모두에게 문을 활짝 연 박물관과 미술관이 늘고 있어요

국립중앙박물관은 '여기, 우리, **반가사유상**'이라는 전시를 마련했어요. 이 전시에서는 국보 반가사유상 모형을 직접 만지고, 냄새 맡으며, 오디오 가이드북까지 활용해 감상할 수 있어요. 한 시각 장애 관람객은 반가사유상을 만져보고선 발끝에 힘을 주고 있다는 작은 특징까지 **포착해** 냈어요. 또한 호암미술관과 리움미술관은 **색맹·색약** 관람객의 관람을 돕는 **보정** 안경을 **비치했어요**. 관람객들은 전에 인식하지 못한 새로운 색을 발견하는 즐거움을 경험해 볼 수 있었다고 해요.

장애인도 즐길 수 있는 전시가 늘어나는 것은 반가운 일이지만

한두 작품의 모형을 만져보는 정도의 일회성 전시로 그쳐서는 안 된다는 목소리가 커지고 있어요. 또 시각 장애인이나 휠체어 사용자가 미술관·박물관까지 얼마나 편리하게 이동할 수 있는지도 꼼꼼히 살펴봐야 해요. 모두가 함께하기 위한 '배리어 프리' 전시를 위해 **개선해** 나가야 할 일들이 많아요. 하지만 문화재와 예술 감상에 소외되었던 장애인들도 예술을 느낄 수 있는 세상에 한 걸음 더 가까워지고 있다는 점은 분명 **고무적**인 일이에요.

정리하기

◎ 다음 빈칸을 채우세요.

☐☐☐☐ 정책은 모두가 살기 좋은 사회를 만들기 위해 장벽을 허물자는 사회적 운동을 말해요.

◎ 맞으면 O, 틀리면 X 하세요.

1. 국립중앙박물관은 반가사유상을 만져보며 느낄 수 있는 전시를 마련했어요. ☐
2. 전국 미술관에서는 시각 장애인들이 이동하기에 편리한 길을 만들었어요. ☐
3. 그동안 장애인들은 문화재와 예술 감상을 마음껏 할 수 없었어요. ☐

◎ 신문 어휘 풀이

- **포착하다**: 어떤 상황을 알아차리다
- **색맹**: 색을 분별하지 못하거나 다른 색으로 잘못 보는 증상
- **색약**: 색을 판별하는 힘이 약한 증상
- **보정**: 부족한 부분을 보태거나 고쳐서 바르게 함
- **비치하다**: 마련하여 갖추다
- **개선하다**: 부족한 점, 잘못된 점, 나쁜 점 등을 고쳐서 더 좋아지게 하다
- **고무적**: 힘을 내도록 격려하여 용기를 북돋우는

토론하기

Q1. 여러분은 '배리어 프리 정책'에 대해 어떻게 생각해요? 이 사회 운동을 해야 하는 이유는 뭘까요?

Q2. 박물관과 미술관 외에도 배리어 프리 정책을 시행해 볼 수 있는 장소에는 어떤 곳이 있을까요?

문화　　　　　　　　　　　　　　　　　　2023년 10월

수리수리마수리! 소원을 빌면 이루어지는 비밀 부적의 이야기

배경 지식

- **다라니**: 석가 가르침을 담은 것으로 신비한 힘을 가진 것으로 믿어지는 주문을 뜻해요.
- **수구다라니**: 소원을 담은 부적으로, 중생이 소원을 빌면 이루어진다는 뜻이에요.

신문 읽기

수구다라니. 출처: 국립경주박물관

1200~1300년 전, 통일신라 사람들이 몸에 지니고 다니며 간절히 소원을 빌었던 부적, '**수구다라니**'가 처음으로 세상에 공개됐어요.

수리수리마수리, 비밀의 부적 '수구다라니'

불교에서는 부처님의 가르침을 담은 '다라니'라고 불리는 주문을 외웠어요. 다라니경은 8~9세기 정도에 신라에 전래됐는데요, 다라니경을 가지고 다니면서 주문을 외우거나 무덤에 넣으면 불운은 사라지고 복을 얻는다고 사람들은 믿었어요. 이러한 믿음은 통일신라시대부터 시작해 조선시대까지 계속되었어요. 그중 '수구다라니'는 외우는 즉시 바라는 바를 모두 이룰 수 있다는 소원 성취 부적으로 통일신라 사람들의 소망이 담겨 있어요.

세상에 모습을 드러낸 수구다라니

이번에 공개된 수구다라니는 국내에서 발견된 **필사본** 중에서 가장 오래된 것으로 **추정되어**, 그 역사적 가치가 매우 커요. 수구다라니경을 자세히 살펴보면, 가운데 불교의 **수호신**이 신라 사람의 머리를 쓰다듬으며 복을 **기원**하는 장면이 그려져 있어요. 수구다라니는 1919년 일제강점기에 조선총독부가 **입수했고**, **해방** 후 국립박물관에서 보관하고 있었어요. 그리고 수구다라니를 분석하고 보존, 처리하는 과정을 거쳐 이제야 세상에 모습을 드러내게 되었지요. 통일신라 사람들은 어떤 소원이 이루어지기를 간절히 바랐을까요? 수구다라니를 외우면 그 소원이 정말 이루어졌을지 궁금해요.

정리하기

◎ 다음 빈칸을 채우세요.

☐☐☐☐☐ 는 통일신라 사람들의 간절한 소망을 담은 부적이에요.

◎ 맞으면 O, 틀리면 X 하세요.

1. 통일신라시대에 사람들은 부처의 말씀을 믿지 않았어요. ☐
2. 수구다라니경에는 수호신이 신라 사람을 쓰다듬는 장면이 그려져 있어요. ☐
3. 수구다라니는 일제강점기에 처음 사람들에게 공개됐어요. ☐

◎ 신문 어휘 풀이

- 부적: 재앙을 물리치려고 글을 쓰거나 그림을 그려 몸에 지니거나 집에 붙이는 종이
- 필사본: 손으로 써서 만든 책
- 추정되다: 미루어져 생각되어 판정되다
- 수호신: 국가, 민족, 개인 등을 지키고 보호하여 주는 신
- 기원하다: 바라는 일이 이루어지기를 빌다
- 입수하다: 손에 넣다
- 해방: 1945년 8월 15일에 우리나라가 일본 제국주의의 강점에서 벗어난 일

토론하기

Q1. 통일신라 사람들은 어떤 소원을 빌었을까요?

Q2. 여러분에게 부적이 있다면, 여러분들은 어떤 소원을 쓰고 빌 거예요?

'새하얀' 공주님은 이제 백마 탄 왕자님을 기다리지 않아요

배경 지식

- **PC 주의**(Political Correctness): 정치적 올바름. 인종, 민족, 언어, 종교, 성차별 등 모든 종류의 편견에서 벗어나자는 움직임이에요.

신문 읽기

출처: 월트디즈니컴퍼니코리아

1923년, 미키 마우스와 미니 마우스를 시작으로 수많은 캐릭터와 작품을 만들어온 디즈니가 2023년 탄생 100주년을 맞았어요.

지난 100년 동안, 디즈니에는 어떤 이야기들이, 어떻게 변해왔을까요?

초기 디즈니에는 인종차별적인 표현과 더불어 백설공주처럼 왕자님을 기다렸다가 사랑을 이루는 '새하얀' 피부의 공주 이야기가 대부분이었어요. 하지만 새로운 세상을 꿈꾸고 왕자의 목숨도 구해주는 인어공주 에리얼이 나온 이후로 공주들이 변하기 시작했어요. 아시아계 전사 뮬란, 바지 입은 공주 자스민, 흑인 공주 티아나, 바다로 모험을 떠나는 모아나 등 용감하고 똑똑하며 다양한 인종의 공주 캐릭터들이 나오기 시작한 거지요. 디즈니는 **이민자** 이야기인 엘리멘탈, 멕시코 문화를 알려준 코코 등을 통해 **인종**과 **민족**을 넘어서는 이야기도 만들어갔어요.

그러나 디즈니의 다양성 추구, 지나친 건 아닌가요?

2023년에 개봉한 **실사판** '인어공주' 에리얼 역에 흑인 배우가 주인공을 맡은 것을 두고 비판하는 사람들이 많았어요. 인어공주 캐릭터 특징과 흑인이 어울리지 않는다는 거죠. 이들은 디즈니가 편견과 차별에 반대하는 'PC 주의'를 따르느라 원작을 해치고 있다고 주장해요. 원작을 훼손하지 않는 것이 중요할까요? 아니면 '편견과 차별 없는 세상을 위한 다양성 추구'라는 메시지 전달이 우선되어야 할까요? 이에 대한 논란은 앞으로도 계속될 것으로 보여요.

정리하기

◎ 다음 빈칸을 채우세요.

☐☐☐☐는 모든 종류의 편견에서 벗어나자는 움직임을 말해요.

◎ 맞으면 O, 틀리면 X 하세요.

1. 인어공주 이후, 다양한 인종의 적극적인 공주 캐릭터들이 등장했어요. ☐
2. 다양성을 위해 원작을 심하게 바꾸면 안 된다고 생각하는 사람들도 많아요. ☐
3. 디즈니는 앞으로 다양성 추구보다는 재미를 앞세우겠다고 말했어요. ☐

◎ 신문 어휘 풀이

- 이민자: 자기 나라를 떠나서 다른 나라로 가서 사는 사람
- 인종: 백인종, 황인종, 흑인종처럼 피부색 등의 신체적 특징에 따라 나눈 사람의 종류
- 민족: 일정한 지역에서 생활하면서 고유한 언어, 문화, 역사를 이룬 사람들의 집단
- 추구: 목적을 이루기 위해 계속 따르며 구함
- 실사판: 만화나 애니메이션 등을 실제 사람이 등장하는 것으로 바꾼 드라마나 영화
- 원작: 연극이나 영화의 대본으로 만들거나 다른 나라 말로 고치기 전의 원래 작품
- 훼손하다: 가치나 이름, 체면 등을 상하게 하다
- 우선되다: 다른 것에 앞서 특별하게 대해지다

토론하기

Q1. 여러분은 원작을 존중하는 것과 다양성을 추구하는 것 중에 뭐가 더 중요하다고 생각해요?

Q2. 여러분이 가장 좋아하는 디즈니 캐릭터는 누구예요? 그 캐릭터의 어떤 점이 좋아요?

문화   2023년 11월

달콤할수록 비싸진다면
단 음료를 덜 마시게 될까요?

배경 지식

- 팬데믹: 전염병이 전 세계적으로 크게 유행하는 현상을 말해요.
- 설탕세: 설탕이 들어간 음료 등의 식품에 부과하는 세금이에요.

신문 읽기

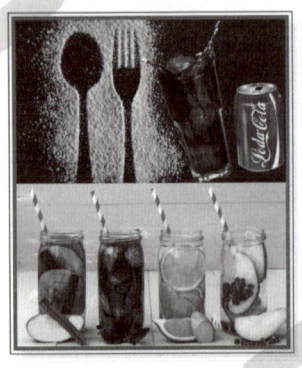

팬데믹 이후 전 세계 비만 인구가 **급증했어요**. 비만의 주범으로 설탕이 **지목되었는데요**, 세계 주요 국가들이 설탕으로부터 국민의 건강을 지키기 위해 **설탕세**를 도입하고 있어요.

마음껏 사 먹지 못하게 단 음식을 비싸게 만들어버리겠어!

설탕세란 설탕과 같은 **당류**가 포함된 음료에 세금을 **부과하는** 정책을 말해요. '설탕 음료세'라고 불리기도 해요. 1990년대에 세계 최초로 노르웨이가 설탕세를 도입했고 2016년에 세계보건기구(WHO)가 설탕세 도입을 **권고한** 이후 설탕세를 부과하는 나라가 부쩍 늘었어요. 현재 유럽에서는 영국, 노르웨이, 헝가리, 핀란드, 아시아에서는 태국, 필리핀, 말레이시아, 미국의 일부 지역과 남미 국가 등 대략 80여 개국에서 설탕세를 **시행하고** 있어요.

설탕세로 건강을 지킬 수 있을까요?

CNN은 설탕이 들어간 음료 가격을 약 30%가량 올리면 소비자 **매출**이 3분의 1 감소한다는 연구 결과를 보도했어요. 또 노르웨이 보건당국은 설탕세를 도입한 이

후 설탕 **섭취량**이 10년 전보다 27%가량 감소했다고 밝혔어요. 영국에서는 설탕세 도입 후, 매년 6,000여 명의 초등학생 비만을 예방했다는 분석 결과도 나왔어요. 최근 한국에서도 앞다투어 '제로슈가' 제품이 나오고 있어요. 한국은 아직 설탕세를 도입하지는 않았지만, 당 섭취를 줄이려는 세계적인 흐름을 따라가고 있음을 알 수 있어요.

정리하기

◎ 다음 빈칸을 채우세요.

☐☐☐ 는 설탕이 많이 들어간 음료에 세금을 부과하는 정책을 말해요.

◎ 맞으면 O, 틀리면 X 하세요.

1. 노르웨이는 설탕세 도입 후, 설탕 섭취량이 감소한 것으로 나타났어요. ☐
2. 설탕이 든 음료 가격을 올리자, 매출도 늘었어요. ☐
3. 한국 식품업계는 설탕세 때문에 제로슈가 제품을 출시하고 있어요. ☐

◎ 신문 어휘 풀이

- **급증**하다: 짧은 기간 안에 갑자기 늘어나다
- **지목**되다: 특정 사람이나 사물이 어떠하다고 가리켜지다
- **도입**하다: 기술, 물자, 이론 등을 들여오다
- **당류**: 포도당, 과당, 전분 등 물에 잘 녹으며 단맛이 있는 탄수화물
- **부과**하다: 세금이나 벌금 등을 매겨서 내게 하다
- **권고**하다: 어떤 일을 하도록 동의를 구하며 충고하다
- **시행**하다: 법률이나 명령 등을 일반 대중에게 알린 뒤에 실제로 행하다
- **매출**: 물건 따위를 내다 파는 일
- **섭취량**: 양분 따위를 몸 안에 받아들인 양

토론하기

Q1. 설탕세가 뭐예요? 설탕세를 모르는 친구나 가족들에게 설명해 주세요.

Q2. 한국에도 설탕세를 도입해야 할까요? 여러분 생각은 어때요?

문화 2023년 11월

그리스 파르테논 신전 조각품은 고향으로 돌아갈 수 있을까요?

배경 지식

- **파르테논 신전**: 아테나 여신에게 바치기 위해 지어진 신전(신을 모시고 예배를 보기 위해 지은 건물)이에요.
- **유네스코 세계문화유산**: 미래 세대에 전달할만한 가치가 있는 문화를 보존하기 위해 유네스코가 지정한 유산을 말해요.
- **정상회담**: 정상회담은 두 나라 이상의 정상(대통령, 총리, 국왕 등)이 모여서 하는 토의예요.

신문 읽기

파르테논 신전

영국 총리가 그리스 총리와의 **정상회담**을 고작 몇 시간 앞두고 취소해 버렸다고 해요.

대체 무슨 일이 있었던 걸까요?

사건의 발단은 **파르테논 신전**의 조각품이에요. 파르테논 신전은 기원전 5세기에 그리스 아테네에 세워진 건축물로, 서양 건축의 최고 걸작으로 평가받아 **유네스코 세계문화유산** 1호로 등록되어 있어요. 그런데 19세기에 이 신전에서 자그마치 253점의 조각품을 훔쳐 온 사람이 있어요. 바로 토머스 브루스 엘긴 경이에요. 그는 1801년부터 1812년까지 파르테논 신전의 대리석 벽면, 기둥, 조각품을 떼어내 영국으로 보냈어요. 이 유물은 '엘긴 마블스'라고 불리며, 200년 넘게 대영박물관에 전시되었어요. 그리스는 그동안 계속 돌려달라고 요청했지만, 영국은 이를 거부했죠.

정상회담을 취소할 만큼 영국 총리를 화나게 만든 이유는

그리스 총리가 인터뷰에서 한 모나리자 반쪽 이야기 때문이에요. 그리스 총리는 영국과의 정상회담 이틀 전 BBC와의 인터뷰에서 영국이 빼앗아 간 파르테논 신전 조각상은 모나리자를 반으로 갈라 전시한 것과 같다고 하면서, '엘긴 마블스'를 **반환해야** 한다고 말했어요. 영국 총리는 이 말에 발끈해 예정된 정상회담을 취소해 버린 거죠. 최근 이탈리아가 파르테논 신전 조각 일부를 그리스로 돌려줬기에 영국도 그리스와 **협상할** 수 있을 거라고 기대했지만, 엘긴 마블스 반환 문제는 오히려 영국과 그리스 사이를 더 멀어지게 만들고 말았어요.

정리하기

◎ 다음 빈칸을 채우세요.

영국은 ☐☐☐☐☐ 조각품을 그리스에 돌려주지 않았어요.

◎ 맞으면 O, 틀리면 X 하세요.

1. 파르테논 신전 조각품은 200년 넘게 대영박물관에 전시됐어요. ☐
2. 그리스 총리는 영국의 파르테논 신전 조각상을 반쪽 모나리자에 비유했어요. ☐
3. 지금까지 파르테논 신전 조각을 반환한 나라는 없어요. ☐

◎ 신문 어휘 풀이

- **걸작**: 매우 뛰어난 예술 작품
- **반환하다**: 차지했거나 빌린 것을 다시 돌려주다
- **협상하다**: 다른 의견을 가진 집단이 모여 문제를 해결하고 결정을 위해 의논하다

토론하기

Q1. 여러분은 영국이 그리스에 파르테논 신전 조각품을 돌려주지 않는 것에 대해 어떻게 생각해요?

Q2. 정상회담을 갑자기 취소한 영국 총리의 태도에 대해 어떻게 생각해요?

문화 2024년 1월

2500년 전, 아마존 밀림 속 잃어버린 도시를 찾아서

배경 지식

- **고고학자**: 옛 유물과 유적으로 옛날 사람의 생활이나 문화 등을 연구하는 사람을 말해요.
- **라이다(LiDAR)**: 일정한 시간 간격으로 발사하는 레이저로 공간을 측정하는 기술이에요.

신문 읽기

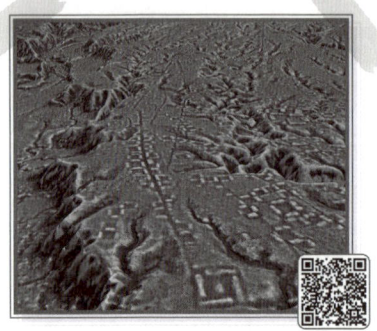

라이다로 본 아마존 고대도시. 출처: ARTnews

지금으로부터 약 2500년 전, 숲으로 빽빽한 아마존 열대우림에 여의도의 약 103배나 되는 대도시가 존재했다면 믿을 수 있겠어요? 그곳에 최소 1만 명에서 최대 3만 명의 사람들이 살았다면요?

레이저로 신비한 고대 도시의 흔적을 찾아냈어요

그동안 고고학자들은 고대 아마존 열대우림은 사람이 살기 힘든 곳이기 때문에 사람들이 거주했다고 해도 소규모나 유목민 형태로 살았을 거라고 봤어요. 그런데 올해, 프랑스 국립과학연구센터 연구팀이 2500년 전에 지어진 아마존 열대우림 속 고대 대도시의 흔적을 발견했어요. 연구팀이 라이다 기술을 활용해 분석한 결과, 거주지역에는 주거와 종교의식을 위한 건물이 있었고, 옥수수, 고구마 등을 심었던 농경지가 발견됐어요. 각 주거지역은 현대 도시처럼 직선 대로로 연결돼 있었고요.

아마존 열대우림의 고대 도시 발견이 우리에게 알려준 것

지금까지 고고학자들은 아마존을 소수 부족이 모여 사는 황야로 생각했어요. 하지만 이번 연구를 통해, 고대 아마존 문명은 기존의 추정보다 훨씬 더 정교하고 조직적인 노동 시스템을 갖춘 도시라는 사실이 밝혀졌어요. 연구팀은 고대 아마존 문명에는 오래전부터 놀라울 만큼 다양한 사람들과 발전된 도시가 존재했다고 말했어요. 또 그들은 서구가 아닌 곳에서는 문화와 문명 발달이 발전하지 않았을 거라고 보는 서구 중심 사고방식에 대해서도 되돌아봐야 한다고 지적했어요.

정리하기

◎ 다음 빈칸을 채우세요.

라이다(LiDAR) 기술을 사용해서 고대 ☐☐ 열대우림 도시를 발견했어요.

◎ 맞으면 O, 틀리면 X 하세요.

1. 고고학자들은 아마존 열대우림에는 도시가 발달하지 못했을 거라 생각했어요. ☐
2. 고대 아마존 열대우림에는 사람들이 소규모 형태로 곳곳에 흩어져 살았어요. ☐
3. 고대 아마존 문명은 조직적으로 발달한 노동 시스템을 갖추었을 거예요. ☐

◎ 신문 어휘 풀이

· 존재하다: 실제로 있다
· 거주하다: 일정한 곳에 머물러 살다
· 유목민: 소나 양과 같은 가축이 먹을 풀과 물을 찾아 옮겨 다니면서 사는 민족
· 흔적: 사물이나 현상이 없어지거나 지나간 뒤에 남겨진 것
· 주거: 일정한 곳에 자리 잡고 삶
· 황야: 돌보지 않고 버려두어 거친 들판
· 추정: 미루어 생각하여 판단하고 정함
· 정교하다: 솜씨나 기술이 빈틈이 없이 자세하고 뛰어나다

토론하기

Q1. 이번에 발견한 고대 아마존 도시를 통해 무엇을 알 수 있었어요? 새롭게 알게 된 것을 이야기해 보세요.

Q2. 연구팀은 '서구 중심 사고방식에 대해서 되돌아봐야 한다'라고 말했어요. 왜 이렇게 말했을까요?

문화

2024년 1월

세상을 뒤흔들고 있는 팝의 여왕, 그녀의 이름은

배경 지식

- **스위프트노믹스**: 미국의 팝스타의 이름인 스위프트(Swift)와 경제(Economics)의 합성어로, 테일러 스위프트 콘서트가 열리는 지역에서 경제활동이 활발하게 일어난다는 뜻이에요.

신문 읽기

테일러 스위프트

그녀의 공연에는 매번 7만여 명 이상의 팬들이 모이고, 팬들의 환호가 2.3 규모의 지진을 만들어내기도 해요. 미국 시사 주간지 <타임>의 올해의 인물로 단독 선정된 최초의 가수, 그녀는 바로 테일러 스위프트예요.

테일러 스위프트는 어떤 사람이에요?

타임지는 스위프트에게 '마이클 잭슨, 마돈나와 같은 전설적인 가수 반열에 오른 팝스타이자, 작곡가다', '모두가 좋아하는 대중문화 아이콘이다'와 같은 찬사를 보냈어요. 미국의 싱어송라이터 스위프트는 자기 생각과 감정, 경험을 노래에 솔직하게 담아내 전 세계 사람들의 마음을 사로잡았어요.

그녀가 움직이면 1조 원이 따라온다

스위프트 공연 투어 기간에는 지역 호텔 매출이 급증해요. 로스앤젤레스 공연에서는 약 1억 6,000만 달러에 해당하는 지역 소비가 발생했고요, 지난해 3월부터 11월까지 이어진 스위프트 투어는 미국 국내총생산(GDP)에 약 7조 8,000억 원가량 도움을 줬어요. 스위프트 콘서트가 열리면 경제활동이 활발하게 일어난다는 뜻의 '스위프트노믹스'라는 말까지 생겼죠. 실제로 세계 각국에서 경제적 효과를 위해 그녀의 공연을 **유치하려고** 애쓴다고 해요. 스위프트를 연구하는 강의가 하버드대에서 열리고, 2024년 미국 대선에도 상당한 영향을 미칠 인물로 **거론되는** 테일러 스위프트. 그녀는 올해 과연 어떤 바람을 몰고 올까요?

정리하기

◎ 다음 빈칸을 채우세요.

□□□□□ 는 스위프트의 콘서트가 열리는 곳에서 경제활동이 활발하게 일어난다는 뜻이에요.

◎ 맞으면 O, 틀리면 X 하세요.

1. 스위프트는 노래에 생각과 감정을 솔직하게 담아 많은 인기를 얻었어요. ☐
2. 스위프트의 공연이 열리는 곳에서는 지역 소비가 활발하게 일어나요. ☐
3. 스위프트는 하버드대에서 수업을 직접 진행할 예정이에요. ☐

◎ 신문 어휘 풀이

- **환호**: 기뻐서 큰 소리로 외침
- **선정되다**: 여럿 가운데 목적에 맞는 것이 골라져 정해지다
- **반열**: 다른 사람이나 조직이 인정하는 높은 지위나 등급
- **찬사**: 훌륭함을 드러내어 칭찬하는 말이나 글
- **급증하다**: 짧은 기간 안에 갑자기 늘어나다
- **발생하다**: 어떤 일이 일어나거나 사물이 생겨나다
- **국내총생산**: 국민 총생산에서 해외에서 번 순소득을 뺀 지표
- **유치하다**: 행사나 사업, 자금 등을 이끌어 들이다
- **거론되다**: 어떤 것이 이야기의 주제나 문제로 논의되다

토론하기

Q1. 테일러 스위프트는 미국 사회에 어떤 영향을 미치고 있어요?

Q2. 하버드 대학의 스위프트에 대한 수업에서는 어떤 내용을 다룰 것 같아요?

문화

문화

2024년 1월

동굴 벽에 깨알같이 그려진 점, 그 미스터리의 실체는

배경 지식

✓ **알타미라 동굴 벽화**: 1879년 에스파냐의 북부 알타미라 동굴에서 발견된 구석기 후기의 벽화를 말해요.

신문 읽기

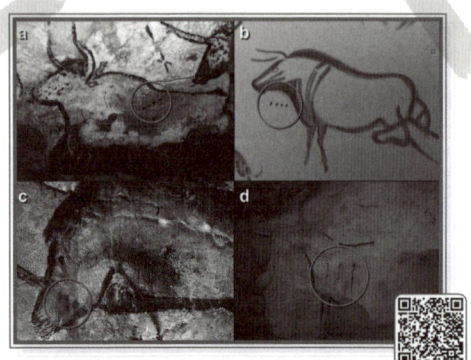

알타미라 동굴 벽화.
출처: Cambridge Archaeological Journal

스페인 북부에 있는 알타미라 동굴 벽에는 들소, 사슴, 멧돼지, 물고기 등의 동물 그림이 **실감나게** 그려져 있어요. 이 그림들에는 사냥감이 많이 잡히기를 바라는 **구석기**인들의 **염원**이 담겨 있었죠.

동물 그림 옆에 그려진 작은 점과 표식의 수수께끼

2만 년 동안 베일 속에 감춰져 온 벽화 속 표식의 의미는 다름 아닌 구석기인들의 달력이었다는 사실이 밝혀졌어요. 또 흥미로운 점은 이 해답의 **결정적인** 실마리를 제공한 사람이 영국 런던의 한 가구 수리업자였다는 점이에요. 벤 베이컨 씨는 **알타미라 동굴 벽화**의 비밀을 밝혀내고 싶다는 생각에 어느 날부터 도서관과 인터넷에서 자료를 모아 반복되는 패턴을 찾기 시작했어요. 그는 'Y'자 모양 패턴에 대해 하나에서 다른 하나가 나오는 선이므로 '출생'을 의미할 것이라고 봤어요. 이후에 그는 대학교수들과 연구를 해나가며, 동굴 벽화 속 표식들은 동물들의 짝짓기 시기를 음력으로 나타낸 일종의 달력이라는 사실을 알아냈어요.

시계도, 달력도 없었지만, 시간에 대해 생각했던 사람들

알타미라 동굴 벽화의 표식이 달력이었다는 사실은 구석기 시대 수렵채집인들이 당시에 일어났던 중요한 일들을 기록해두며 시간에 대해 생각하고 **측정했다는** 것을 의미해요. 베이컨 씨는 수천, 수만 년 전에 살았던 사람들도 우리와 비슷한 점이 많았다며, 그들이 매우 가깝게 느껴진다고 말했어요.

정리하기

◎ 다음 빈칸을 채우세요.

☐☐☐☐ 동굴 벽화는 구석기 시대에 동굴 벽에 그려진 동물 그림이에요.

◎ 맞으면 O, 틀리면 X 하세요.

1. 구석기인들은 사냥을 많이 하고 싶은 바람을 담아 동물 벽화를 그렸어요. ☐
2. 알타미라 동굴 벽에 그려진 점과 표식에 대해 아직 밝혀진 것이 없어요. ☐
3. 구석기인들은 동물의 짝짓기 시기를 표시함으로써 시간을 측정했어요. ☐

◎ 신문 어휘 풀이

· **실감나다**: 실제로 체험하는 듯한 느낌이 들다
· **구석기**: 돌을 깨뜨려서 도구를 만들어 쓰던 가장 오래 전의 석기 시대
· **염원**: 간절히 생각하고 바람
· **표식**: 무엇을 나타내 보이는 일정한 방식
· **결정적**: 어떤 일의 결과에 영향을 미칠 만큼 중요한
· **측정하다**: 어떤 기계나 장치를 사용하여 양을 재다

토론하기

Q1. 알타미라 동굴 벽화 표식 연구를 통해 우리는 무엇을 알 수 있었어요?

Q2. 여러분이 알타미라 동굴에 사는 구석기인이라면, 벽에 어떤 그림을 그릴 것 같아요?

문화 221

메이저리그가 한국에서 열린 까닭은

배경 지식

- **메이저리그 야구** (Major League Baseball): 미국과 캐나다 도시를 연고지로 하는 프로야구 구단들로 짜인 최고 수준의 리그예요.

신문 읽기

출처: Los Angeles Dodgers 페이스북

2024년 3월, 서울 고척스카이돔에서 <서울 시리즈>라는 이름으로 **메이저리그 개막전**이 열렸어요.

한국에서 열리는 메이저리그 개막전

메이저리그는 1996년 멕시코를 시작으로 해외에서 경기를 치르기 시작했어요. 아시아에서 야구를 가장 좋아하는 일본에서는 5번이나 도쿄돔 경기를 치렀고요. 2014년에는 호주에서도 **개막전**이 열렸는데요, 호주에서 야구는 인기 스포츠 **종목**이 아닌데도 당시 관중들의 열띤 호응을 얻었어요. 축구 **종주국**인 영국에서도 2019년 메이저리그 경기를 열었는데, 이틀 동안 12만 명이 넘는 관중들이 경기장을 가득 채울 만큼 열기가 뜨거웠어요. 그리고 올해, 메이저리그는 아시아에서 두 번째로 야구 인기가 높은 나라, 한국에서 개막전을 열었죠.

미국이 아닌 다른 나라에서 메이저리그 경기를 열려는 이유는

'야구의 세계화'를 위해서예요. 사실 야구는 전 세계적으로 축구보다 인기가 많지 않아요. 야구는 북미·북중미 국가, 유럽 일부 국가와 한국·일본 등 아시아 일부 나라에서만 인기가 있거든요. 그래서 올림픽 종목으로 **채택**이 되었다 **제외되는** 일이 반복되어 왔어요. 미국 내에서도 농구나 미식축구에 인기 순위가 밀렸고요. 메이저리그는 '야구의 세계화'를 위해 서울에서의 개막전을 시작으로 월드투어를 진행해요. 전 세계 다양한 나라의 팬들 앞에서 펼쳐질 경기를 통해 야구의 인기가 전 세계로 뻗어나갈 수 있을지 관심이 집중되고 있어요.

정리하기

◎ 다음 빈칸을 채우세요.

메이저리그가 월드투어를 시작한 이유는 야구의 ☐☐ 를 위해서예요.

◎ 맞으면 O, 틀리면 X 하세요.

1. 한국에서는 처음으로 메이저리그 개막전이 열려요. ☐
2. 야구는 전 세계적으로 축구에 비해 인기가 없어요. ☐
3. 야구는 올림픽 종목으로 채택되어 매번 경기를 치러왔어요. ☐

◎ 신문 어휘 풀이

· **개막전**: 체육 대회나 올림픽 따위에서 맨 처음 시작하는 경기
· **종목**: 여러 가지 종류에 따라 나눈 항목
· **종주국**: 어떤 현상이나 대상 등이 처음 시작된 나라
· **채택**: 여러 가지 중에서 골라서 다루거나 뽑아 씀
· **제외되다**: 어떤 대상에서 빠지다

토론하기

Q1. 메이저리그 월드투어를 통해 얻을 수 있는 것은 무엇일까요?

Q2. 여러분은 야구를 좋아해요? 축구를 좋아해요? 전 세계적으로 야구가 축구보다 인기가 적은 이유는 뭘까요? 생각을 자유롭게 이야기해 보세요.

문화 2024년 2월

화산재 속에 묻혀 있던 2000년 전 도서관에는 어떤 글이 있었을까?

배경 지식

- **폼페이**: 이탈리아 남부 연안에 있던 고대도시로, 베수비오 화산의 남동쪽에 위치한 항구도시였어요.
- **파피루스**: 파피루스는 이집트 나일강에서 자라는 사이프러스 파피루스라는 풀을 재료로 해서 만든 종이와 이것에 쓴 문서를 말해요.
- **에피쿠로스 학파**: 행복하고 평온한 마음으로 사는 것이 인생에서 가장 중요하다고 주장한 철학자들의 모임이에요.

신문 읽기

파피루스. 출처: 베수비오 챌린지 홈페이지

2000년 전, 화산 폭발로 순식간에 화산재에 파묻히고만 도시, **폼페이**. 이곳에서 고대 로마의 두루마리 문서 **파피루스**가 숯덩이로 변한 채 발견되었어요.

파피루스는 어디에서 찾았어요?

유명한 로마 정치가 가족의 도서관으로 **추정되는** 곳에서 발견됐어요. 파피루스는 심하게 탄 상태로 오랫동안 묻혀 있었기 때문에 어떤 내용이 쓰여 있었는지 읽어 낼 수 없었어요. 그런데 최근 프랑스의 '베수비오 챌린지' 대회에서 글자를 알아낼 수 있는 AI 모델을 만들어 두루마리 전체의 약 5%에 해당하는 2,000개 이상의 단어를 읽어냈다고 해요.

파피루스에는 어떤 이야기가 담겨 있었을까요?

AI가 해석한 결과, 두루마리에는 음악과 음식, 삶의 즐거움에 대한 이야기가 쓰여 있었어요. 연구자들은 두루마리에 글을 쓴 사람은 마음의 평화와 행복한 삶을 중요하게 생각하는 **에피쿠로스 학파** 철학자일 것으로 추정하고 있어요. 파피루스에는 '돈이 많으면 행복할까?', '부족한 상태는 풍족한 상태보다 즐겁지 않다'와 같은 내용이 쓰여 있었어요. 두루마리 속 내용이 더 밝혀지면 '사람은 어떻게 하면 더 좋은 삶을 살 수 있을까?', '어떻게 하면 괴로움을 피할 수 있는가?' 와 같은 고대 사람들의 고민에 대한 답을 들을 수 있을 거예요. 연구자들은 이번 **해독**을 통해, 고대 사람들의 삶에 대한 태도와 생각을 알 수 있을 거라고 기대하고 있어요.

정리하기

◎ 다음 빈칸을 채우세요.

☐☐☐☐ 두루마리에는 음식과 삶의 즐거움에 대한 내용이 쓰여 있어요.

◎ 맞으면 O, 틀리면 X 하세요.

1. 파피루스 두루마리 문서는 비교적 손상이 덜 돼 AI가 해독하기 쉬웠어요. ☐
2. 두루마리에 글을 쓴 사람은 에피쿠로스학파 철학자일 거예요. ☐
3. 두루마리에 쓰인 내용이 더 많이 밝혀져도 고대 사람들의 고민을 알기는 어려워요. ☐

◎ 신문 어휘 풀이

· **추정되다**: 미루어져 생각되어 판단되고 정해지다
· **해독**: 잘 알 수 없는 암호나 기호 등을 읽어서 뜻을 알아냄

토론하기

Q1. 파피루스 속 내용이 더 밝혀지면, 고대 사람들의 고민에 대한 대답을 들을 수 있을 거라고 했어요. 어떤 대답이 쓰여 있을 것 같아요?

Q2. 고대 사람들의 생각과 고민은 우리와 비슷한 것 같아요? 다른 것 같아요?

정답

1. 캐릭터 마케팅 / ○××
2. 펀슈머 / ○○×
3. 낙수효과 / ○○×
4. 에너지 / ×○×
5. 엔저 현상 / ○××
6. 1인 가구 / ×○×
7. 밴드웨건 / ○○×
8. 과대광고 / ○××
9. 희소성 / ○×○
10. 슈링크플레이션 / ○××

11. 파나마 / ○××
12. 디토 소비 / ×○×
13. 대체재 / ○××
14. 수에즈 / ×○○
15. 샤워실, 바보 / ××○
16. 립스틱 효과 / ×○○
17. 엥겔지수 / ×○×
18. 슬러지 콘텐츠 / ××○
19. 외래어, 외국어 / ○××
20. 인구절벽 / ×○×

21. 헬퍼스 하이 / ○××
22. 셰어런팅 / ×○×
23. 넛지 효과 / ×○○
24. 식료품 사막 / ××○
25. 도파민 / ○×○
26. 젠트리피케이션 / ×○○
27. 저작권 침해 / ○××
28. 확증 편향 / ○○×
29. 법안 / ○××
30. 인공지능 / ××○

31. 손글씨 / ×○○
32. 화이트칼라 / ○×○
33. 모방 / ○××
34. 사회성 / ○×○
35. 공화제 / ○××
36. 포퓰리즘 / ×○×
37. 다인종 / ××○
38. 오염수 / ×○×
39. 세속주의 / 라이시테 / ××○
40. 쿠데타 / ×○×

41. 인도 / ×○×
42. 가자지구 / ××○
43. 파업 / ×○×
44. 블록화 / ×○×
45. 폴리코노미 / ○×○
46. 인도주의 / ○○×
47. 노동력 / ×○○
48. 인권 / ○×○
49. 유전 / ○×○
50. 나토 / ×○×

51. 밀도, 저항 / ×○×
52. 양간지풍 / ×○×
53. 토성 / ×○×
54. 가축화 / ○×○
55. 가상현실 / ×○○
56. 녹조류 / ×○×
57. 태양풍 / ○×○

58. 지구공학 / O O X
59. 위성 / X O O
60. 젠더 / X O O

61. 상상력 / O O X
62. 보행자 / X X O
63. 페루세투스 / X X O
64. 진화 / O X O
65. 유전자 가위 / O X O
66. 세로토닌 / X O O
67. 자가수분 / X X O
68. 흰동가리 / X O O
69. 풍매화 / X X O
70. 엘니뇨 / X O X

71. 멸종 / X O O
72. 열돔 현상 / X O O
73. 열대우림 / O O X
74. 메탄가스 / X O O
75. 이상기후 / X X O
76. 침입 외래종 / O X O

77. 탄소 포집 / X O X
78. 생태법인 제도 / X O X
79. 그린워싱 / X X O
80. 탄소 국경세 / X O O

81. 번식 / O X O
82. 블루카본 / X O X
83. 지구온난화 / X O X
84. 수분 / O X O
85. 해빙 / O X O
86. 개화 / X O X
87. 브레이킹 / O O X
88. 통증 / X O X
89. 세계 문화유산 / X O O
90. 신기록 / X O O

91. 배리어 프리 / O X O
92. 수구다라니 / X O X
93. PC주의 / O O X
94. 설탕세 / O X X
95. 파르테논 신전 / O O X
96. 아마존 / O X O
97. 스위프트노믹스 / O O X
98. 알타미라 / O X O
99. 세계화 / O O X
100. 파피루스 / X O X

배경지식 사전 (수록 키워드 175)

경제 분야 (수록 키워드 33)

- **경제효과**: 생산활동 중 경제적 이익이 나타나는 것을 말해요. 생산할 때 돈은 적게 들고 생산 결과 수익이 클때 가장 큰 경제 효과가 나와요.
- **과대광고**: 상품의 내용을 실제보다 과장해서 광고하는 것을 말해요. 과대광고는 사실 그대로를 전달하지 않고 거짓 문구를 사용해 잘못된 정보를 제공하거나 사실을 감추고 소비자에게 엉터리 약속을 하기도 해요.
- **낙수효과**: 물이 위에서 아래로 떨어지듯이, 대기업이 성장하면 연관된 중소기업이 성장해 일자리도 많이 창출되고 서민 경제도 좋아지며 경제 전체가 활기를 띠는 효과를 말해요.
- **대체재**: 서로 용도가 비슷하고 같은 효과를 얻을 수 있어 대체가 가능한 물건을 뜻해요. 소고기와 돼지고기, 버터와 마가린, 사이다와 콜라 등이 서로 대체재가 돼요.
- **독점**: 개인이나 단체가 다른 경쟁자를 제외하고 혼자 생산과 시장을 지배해서 그 이익을 독차지하는 현상을 말해요. 어떠한 상품을 공급하는 기업이 하나일 때 '독점기업'이라고 하며 독점기업은 경쟁자가 없어 상품의 양을 마음대로 조정해서 가격을 결정할 수 있어요.
- **디토 소비**: 시간을 아끼고 실패를 줄이기 위해 자신과 비슷한 가치관을 가진 사람, 콘텐츠, 유통 채널을 따라 소비하는 형태를 말해요. '나도', '마찬가지'라는 뜻을 가진 영어 단어 디토(Ditto)에서 생겨난 말이에요.
- **디플레이션**: 상품과 서비스의 가격이 지속적으로 떨어지는 현상을 말해요. 돈의 가치가 떨어져서 물건 값이 계속 오르는 인플레이션의 반대말로 디플레이션은 물건값이 떨어지고 경제 활동이 가라앉은 상태예요.
- **레트로**: 과거를 그리워하면서 그 시절로 돌아가려는 흐름을 말해요. 예전에 유행했던 것이 다시 인기를 얻는 현상이에요. 다른 말로 '복고주의', '복고풍'

이라고도 해요.

- **립스틱 효과:** 경제적 불황기에 나타나는 특이한 소비패턴으로 소비자 만족도가 높으면서 가격이 저렴한 사치품의 판매량이 증가하는 현상을 말해요. 미국 대공황 시절, 경제가 어려운데도 불구하고 립스틱 매출은 오르는 현상을 보고 경제학자들이 만든 용어예요.

- **밴드웨건 효과:** 유행 따라 상품을 구입하는 소비 현상을 뜻하는 경제 용어로 '편승효과'라고도 해요. 1848년 미국 대통령 후보 재커리 테일러가 밴드웨건(악대차)을 이용해서 선거 유세를 했고 대통령에 당선되면서 유래된 말이에요.

- **블러드 다이아몬드:** 아프리카 등 전쟁 지역에서 생산되어 거래되는 다이아몬드를 말해요. 독재자들이 다이아몬드를 판 돈으로 전쟁에 필요한 무기를 구입하는 등 전쟁에 필요한 비용을 충당해서 '블러드 다이아몬드', 즉 '피의 다이아몬드'라고 해요.

- **샤워실의 바보:** 경기 과열 또는 경기 침체에 대응하기 위해 정부와 중앙은행이 섣부르게 이랬다저랬다 개입하면 물가 불안과 경기 침체가 더 심해질 수 있음을 경고하는 말이에요.

- **소비자 물가지수:** 일반 가정에서 생활을 위하여 구입하는 상품이나 서비스의 가격 변동을 나타내는 지수를 말해요. 소비자 물가지수는 통계청에서 매월 조사해 발표하고 있어요.

- **소송:** 사람들 사이의 다툼을 재판을 통해 법으로 해결하고 조정하기 위해 대립하는 사건에 직접 관계가 있는 사람들을 참여시켜 심판하는 절차예요. 소송을 제기하는 사람은 '원고', 소송을 당하는 사람은 '피고'라고 말해요.

- **수에즈 운하:** 지중해와 홍해·인도양을 잇는 운하로, 아시아와 아프리카 두 대륙의 경계인 이집트의 시나이반도 서쪽에 건설된 세계 최대의 운하예요. 수에즈 운하는 아프리카 대륙을 우회하지 않고 곧바로 아시아와 유럽이 연결

되는 통로라는 점에서 중요한 역할을 하고 있어요.

⊙ **슈링크플레이션(Shrinkflation)**: 기업들이 제품의 가격은 그대로 유지하는 대신 제품의 크기 및 중량을 줄여, 사실상 가격을 올리는 효과를 보려는 전략을 말해요. '줄어들다'의 영어 단어 '슈링크(shrink)'와 '물가가 상승하는 현상'을 나타내는 '인플레이션(inflation)'을 합한 말이에요.

⊙ **스킴플레이션(Skimpflation)**: 가격은 동일하거나 혹은 더 올랐음에도 불구하고 상품과 서비스의 질이 눈에 띄지 않게 떨어지는 현상을 말해요. '인색하다'의 영어 단어 '스킴프(skimp)'와 '물가 상승'을 의미하는 '인플레이션(inflation)'을 합한 말이에요.

⊙ **에너지 효율**: 에너지가 전환되는 과정에서 버려지는 에너지의 양이 어느 정도인지를 나타내는 것을 말해요. 에너지 효율이 높은 제품은 같은 일을 할 때 필요한 에너지의 양이 적으므로 에너지 절약에 도움이 돼요.

⊙ **엔저 현상**: 일본 화폐인 엔화의 가치가 떨어지는 현상을 말해요. 예를 들어 100엔이 원래 1,000원이었다면 엔저 현상이 일어나면 100엔이 900원으로 가격이 낮아져요.

⊙ **엘니뇨 현상**: 남미 페루 부근 태평양 적도 해역의 해수 온도가 크리스마스 무렵부터 이듬해 봄철까지 주변보다 2~10℃ 이상 높아지는 이상 고온 현상을 말해요. 발생 주기는 불규칙적이지만 보통 2~7년의 주기를 가져요. 12월 말에 발생하므로 스페인어로 '아기 예수' 또는 '어린 남자 아이'를 뜻하는 엘니뇨라고 불러요.

⊙ **엥겔지수**: 한 가정에서 일정 기간 쓴 총금액 중에서 식료품비가 차지하는 비율로 가정의 생활수준을 측정하는 지표예요. 식료품비는 가정의 소득 수준과 상관없이 소비되는 필수품이므로 소득이 많은 가정일수록 식료품비의 비중이 줄어들어 엥겔지수가 낮아져요.

⊙**유통업계:** 상품 따위를 생산자에서부터 소비자, 수요자에게 전달하는 일을 하는 사람들의 활동 분야나 영역이에요. 유통업계에서 일하는 사람들은 도매, 소매, 무역, 포장, 보관, 운송 등의 일을 해요.

⊙**인플레이션:** 돈의 가치가 떨어져서 물건값이 계속 오르는 경제 현상을 말해요. 예를 들면 1,000원에 샀던 공책 값이 1,500원으로 오르는 거죠. 같은 공책을 500원을 더 내야 살 수 있으니 그만큼 돈의 가치가 떨어진 거예요.

⊙**이·팔분쟁:** 유대인들이 팔레스타인으로 이주해 1948년에 이스라엘을 건국하면서 시작된 분쟁으로 민족, 종교, 영토에 따른 갈등이 뒤섞여 있어요.

⊙**1인 가구:** 1인이 독립적으로 살아가는 가구를 말해요. 2000년대 이후, 결혼하지 않는 사람이 늘고 사회가 고령화되면서 그 수가 늘고 있어요.

⊙**작은 사치:** 사치스러운 느낌을 주면서도 가격이 합리적이어서 만족스럽게 소비하는 것을 말해요. 흔히 불황일 때 나타나는 소비 행태예요. 큰 소비를 하기 어려워지면서 작은 사치를 통해 만족을 느끼는 소비가 새로운 트렌드가 됐어요.

⊙**잘파세대:** 1990년대 중반에서 2000년대 초반에 태어난 Z세대와 2010년대 초반 이후에 태어난 알파세대를 합친 신조어예요. 잘파세대는 태어날 때부터 디지털 기기에 익숙한 환경에서 자라나서, 최신 기술을 빠르게 받아들이고 사용할 수 있어요.

⊙**캐릭터 마케팅:** 캐릭터를 이용해 상품을 홍보해요. 소비자들에게 친근하게 다가가 브랜드나 제품에 대해 잘 알릴 수 있어 매출을 늘릴 수 있어요.

⊙**파나마 운하:** 북아메리카와 남아메리카 대륙을 연결하는 파나마 지협을 파서 배가 태평양과 대서양을 오갈 수 있도록 만든 운하예요. 수에즈 운하와 더불어 세계의 양대 운하로 꼽혀요. 1914년 완공 후 1999년까지 미국이 관

리했고, 이후에는 파나마가 관리하고 있어요.

⊙ **펀슈머**: 펀슈머란 'Fun(재미)'과 'Consumer(소비자)'를 결합한 말로, 재미를 추구하기 위해 소비하는 사람들을 가리켜요. 자신의 소비 경험을 SNS 등에 공유함으로써 트렌드를 선도하기도 해요.

⊙ **풍선효과**: 풍선의 한쪽을 누르면 다른 쪽이 불룩 튀어나오는 것처럼 어떤 현상이나 문제를 억제해서 해결하면, 다른 부분에서 새로운 문제가 생겨나는 것을 말해요.

⊙ **홍해**: 아프리카 대륙과 아라비아반도 사이에 있는 좁고 긴 바다예요. 바닷속에 있는 해조로 인해 물빛이 붉은색을 띨 때가 많아 '홍해'라고 불러요.

⊙ **희소성**: 희소성은 어떤 상품을 원하는 사람들에 비해 그 상품의 양이 아주 적다는 것을 뜻해요. 그래서 희소성이 있으면 물건값이 올라가고, 희소성이 없으면 물건값이 내려가요.

사회 분야 (수록 키워드 28)

⊙ **고령화**: 한 사회에서 노인의 인구 비율이 높아지는 현상이에요. 65세 이상 노인 인구가 차지하는 비율이 총인구의 7% 이상이면 고령화 사회, 14% 이상이면 고령 사회, 20% 이상이면 초고령 사회라고 말해요.

⊙ **국제통화기금(IMF)**: 세계무역 안정을 목적으로 1945년에 설립된 국제금융기구로 본부는 미국 워싱턴 DC에 있어요. 경제 위기에 빠진 국가에 자금을 빌려주는 일을 해요. 우리나라도 1997년 외환위기를 겪을 때 외화를 빌렸어요.

⊙ **넛지 효과(Nudge effect)**: 넛지는 원래 '팔꿈치로 슬쩍 찌르다', '주의를 환기시키다'라는 뜻으로 강압적이지 않은 부드러운 개입을 통해 사람들이 어떤 선택을 하도록 유도하는 것을 말해요. 학교식당에서 음식 위치만을 바꿨는데 학생들이 건강한 음식을 더 많이 선택해 먹은 것으로 나타난 것이 넛지 효과에 해당해요.

- **뇌파:** 뇌 속의 신경세포가 활동하면서 일어나는 전파로 진동수에 따라 구분해요. 예를 들어 사람이 잠을 자거나 안정되어 있을 때 나오는 뇌파는 α파, 사람이 활동하거나 흥분되었을 때 나오는 뇌파는 β파라고 해요.

- **도파민:** 뇌 신경세포의 흥분을 전달하는 신경전달물질이자 호르몬의 하나예요. 주로 즐거움과 관련된 신호를 전달하기 때문에 중독성이 있어요. 비슷한 반응이 반복되면 도파민은 적게 만들어지고 더 강렬한 자극을 원하는 중독으로 이어질 수 있어요.

- **마더 테레사 효과:** 봉사활동을 하거나 선한 일을 보기만 해도 몸의 면역 기능이 크게 향상되는 것을 말해요. 1998년 미국 하버드 의과대학 연구로 알려졌으며 봉사와 사랑을 베풀었던 테레사 수녀님의 이름을 붙여 만들어진 말이에요.

- **모방:** 다른 개인의 행동을 관찰해 이에 자극되어 그와 닮은 행동을 하는 것을 말해요. 신생아부터 어른까지 모두 모방을 하며, 모방은 사회적 학습을 가능하게 해요.

- **블루칼라:** 작업 현장(제조업·광업·건설업 등)에서 일하는 노동자를 통틀어 나타내는 말로 주로 청색 작업복을 입는 데서 생긴 말이에요. 사무·영업·금융 등 주로 와이셔츠와 양복을 입는 화이트칼라와 대비되는 말이에요.

- **사회성:** 사회의 한 구성원으로서 살아가기 위해 사회에 적응하고 다른 이들과 관계를 형성하고 어울려 함께 살려고 하는 성질을 말해요.

- **생성형 인공지능(AI):** 텍스트, 오디오, 이미지 등 기존 콘텐츠를 학습한 후 추론해 유사한 콘텐츠를 새롭게 만들어내는 인공지능(AI) 기술을 말해요. 제너레이티브(Generative) AI라고 부르기도 해요.

- **셰어런팅(Sharenting):** 'share(공유하다)'와 'parenting(양육하다)'을 합한 말로 양육자가 자녀 사진을 SNS에 올리

는 것을 말해요. 다른 부모들과 소통하며 육아 조언을 받을 수 있지만 개인정보가 노출되고 자녀의 사생활이 침해받을 수 있어요.

⦿ **슬러지 콘텐츠:** 한 화면에 3~4개의 영상이 동시 재생하는 콘텐츠로 '슬러지(sludge)'는 진흙이나 진탕을 의미해요. 슬러지 콘텐츠에 나오는 영상들은 서로 연관성이 없는 게 특징이며, 주의력을 떨어트리고 중독성도 강하므로 주의해야 해요.

⦿ **식료품 사막:** 식료품 상점이 부족하거나 너무 멀리 있어서 신선식품을 구매하기 어려운 지역을 말해요. 식료품 사막 지역의 주민들은 영양불균형, 비만, 성인병에 시달릴 위험에 처해 있어요.

⦿ **외국어:** 외국에서 들어온 말로 아직 국어로 정착 되지 않은 다른 나라말이에요. 밀크, 무비 등을 말해요.

⦿ **외래어:** 외국으로부터 들어와 한국어에 스며들어 한국어처럼 사용되는 단어예요.

⦿ **인공지능(AI):** 인간의 인지·추론·판단 등의 능력을 컴퓨터 프로그램으로 구현한 기술을 말해요. 인공지능으로 컴퓨터나 로봇이 인간처럼 학습하고 생각하고 판단하여 스스로 행동할 수 있게 해요.

⦿ **인공일반지능(AGI, Artificial General Intelligence):** 특정한 조건 내에서만 적용할 수 있는 인공지능과 달리 모든 상황에 두루 적용할 수 있는 인공지능을 말해요. 인공일반지능은 한 번도 해 보지 않아도, 사람들이 하는 것을 보고 배워서 할 수 있어요.

⦿ **인구절벽:** 일을 할 수 있는 나이의 인구(15세~64세)가 빠른 속도로 줄어드는 현상을 말해요. 인구절벽 현상이 발생하면 생산과 소비가 줄어 심각한 경제위기로 이어질 수 있어요.

⦿ **인지발달:** 인간이 환경과의 상호작용에 의하여 사고·학습·추리·요약하는 능력이 진보·성장하여 지식을 얻는 지적인 사람으로 변화되어 가는 발달 과정

을 말해요. 스위스의 심리학자 피아제는 인간의 인지발달은 4단계를 거쳐 발달한다고 했어요.
- ⊙**저작권**: 창작물을 만든 사람의 노력과 가치를 인정하고, 만든 사람의 권리를 보호하는 것을 말해요. 눈에 보이지 않지만 창작한 사람의 노력은 법적으로 보호받을 수 있는 권리예요. 다른 사람의 저작물을 허락 없이 사용하는 것은 남의 물건을 훔치는 것과 같아요.
- ⊙**젠트리피케이션(Gentrification)**: 오래된 도시가 다시 활기를 되찾아 중산층 이상의 사람들이 몰리면서 임대료가 오르고 원주민이 내몰리는 현상을 말해요. 상류 계급을 뜻하는 '젠트리(gentry)'라는 영어 단어에서 만들어진 말이에요.
- ⊙**코끼리**: 육지에 사는 동물 중 몸집이 가장 크고 코도 가장 길어요. 코끼리 코로 수백kg도 들 수 있고 후각이 발달했어요. 보통 가장 나이 많은 암컷이 가족의 우두머리 역할을 하고, 7~15마리 정도의 코끼리를 이끌어요.
- ⊙**팝콘 브레인**: 팝콘이 튀어 오르듯 디지털 기기의 강렬한 자극에만 반응할 뿐, 현실의 자극에는 무감각해지는 현상을 말해요. 팝콘 브레인이 되면 스마트폰이 없으면 불안해하고, 일상생활에도 흥미를 잃고 점점 더 강렬한 자극을 원하게 돼요.
- ⊙**페파피그**: 2004년 출시된 영국의 어린이용 애니메이션이에요. 주인공 페파와 부모님, 그리고 남동생으로 이루어진 페파 가족의 재미있는 이야기를 그렸어요. 현재 페파피그는 시즌 8까지 있으며, 180개가 넘는 나라에서 방영되었어요.
- ⊙**필터 버블(Filter Bubble)**: 인터넷 정보제공자가 이용자에게 맞춤형 정보를 제공하는 것을 말해요. 이용자는 자신의 의견과 비슷하거나 좋아하는 정보만을 접하게 되므로, 편견이 생기거나 판단 능력이 떨어지기 쉬워요.
- ⊙**헬퍼스 하이(Helper's High)**: 다른 사

람을 도와주는 사람들의 기분이 좋아지는 현상을 말해요. 봉사활동을 하면 실제로 혈압과 콜레스테롤 수치가 떨어지고 기분을 좋게 하는 호르몬 분비와 면역 항체가 증가하는 등, 봉사자의 건강에 유익하다는 연구결과가 있어요.

◉**화이트칼라:** 지적·정신적 노동을 수행하는 사무직 노동자를 통틀어 나타내는 말이에요. 주로 와이셔츠와 양복 차림을 입는 데서 생긴 말이에요. 작업 현장에서 일하는 노동자를 일컫는 블루칼라와 대비되는 말이에요.

◉**확증 편향:** 자신의 가치관, 기대, 신념, 판단이 옳다고 증명해주는 정보나, 자기에게 유리한 정보만 선택적으로 수집하고 자신의 주장에 반대되는 증거는 무시하는 경향의 인지 방식을 말해요. 자기가 보고 싶은 것만 보고, 믿고 싶은 것만 믿는 현상이에요.

◉**Z세대:** 1990년대 중반부터 2000년대 초반 사이에 태어난 세대를 말해요. 어릴 때부터 스마트폰을 사용하고 SNS로 인간관계를 맺는 등, 디지털 기기에 익숙해 '디지털 원주민(Digital native)'이라 부르기도 해요.

세계 분야 (수록 키워드 33)

◉**가자지구:** 팔레스타인 남서부, 이집트와 이스라엘 사이에 위치한 곳으로, 이스라엘이 차지한 지역 내의 팔레스타인 사람들이 모여 사는 지역이에요. 인구밀도가 높고 경제가 낙후되어 있어. 세계에서 실업률이 가장 높고, 매우 열악한 환경이에요. 이스라엘과 팔레스타인의 분쟁이 끊이지 않는 곳이에요.

◉**경제성장률:** 경제성장률은 한 나라의 경제가 1년 동안에 얼마나 성장했는지를 나타내는 지표예요. 어떤 해의 경제성장률이 3%라면, 지난해에 비해서 3% 성장했다는 것을 뜻해요.

◉**공화제:** 국가 대표가 국민의 선거에 의해 선출되고 일정한 임기로 교체되는 정치 체제를 말해요. 대한민국도 공화제로 운영되는 나라예요. 국가의 최고

권력을 가진 군주가 나라의 중요한 일을 결정하고 시행하는 군주제와 대비되는 제도예요.

⊙군사동맹: 다른 나라의 공격에 대하여 둘 이상의 나라가 서로 돕기로 한 약속을 말해요. 군사동맹은 동맹국의 안전을 보장하며, 대표적인 예시로는 나토(북대서양 조약기구: NATO)가 있어요.

⊙군주제: 군주제는 국가의 최고 권력을 가진 군주가 나라를 다스리는 정치 제도예요. 오늘날에도 군주제인 나라는 영국, 일본, 태국, 사우디아라비아 등이 있지만 대부분 군주의 역할이 약화되어 형식적인 것으로 남아 있어요. 이처럼 제한적인 권위를 갖는 군주 제도를 입헌 군주제라고 해요.

⊙나토(북대서양 조약기구 North Atlantic Treaty Organization): 제2차 세계대전이 끝난 후, 1949년에 영국·미국·캐나다·덴마크 등 12개국이 옛 러시아인 소련에 대항하기 위해 만든 군사동맹 기구예요. 그 후 점점 가입국이 늘어서 2024년 기준으로 현재 32개국이 나토에 가입했으며, 본부는 벨기에의 브뤼셀에 있어요.

⊙무슬림: 이슬람교를 믿는 교도를 '무슬림'이라고 해요. 이슬람교는 그리스도교, 불교와 함께 세계 3대 종교의 하나예요. 7세기 초 아라비아의 예언자 무함마드가 창시한 종교이며 신도 수는 약 10억 명이에요.

⊙민족주의: 민족의 독립과 통일을 가장 중시하는 사상을 말해요. 역사적·종교적·문화적 전통을 공유하고, 동일한 언어를 사용하며, 같은 혈통 출신의 사람들을 '민족'이라 불러요.

⊙베네수엘라: 남미 북부에 위치한 국가로 19세기 초 스페인으로부터 독립했어요. 석유가 풍부하게 매장된 덕분에 경제성장을 이루었지만, 정치인들의 부패와 석유 가격의 하락으로 현재 재정 파탄 상태에 이르렀어요.

⊙보호무역: 자국의 산업을 보호하기 위해 국가가 간섭하여 수출·수입을 제한

하는 정책을 말해요. 쉽게 말해 수입은 줄이고 수출을 늘리려는 정책이에요. 자유롭게 다른 나라와 무역하는 '자유무역'과 반대되는 개념이에요.

⊙ **블록화 현상**: 세계 각국이 다른 국가와 서로 도와주기 위한 공동체를 만들어 경제적 이익을 얻거나 이해관계를 계획하는 지역주의화 현상이에요. 자유무역협정(FTA), 유럽연합(EU) 등이 블록화의 대표적인 예예요. 회원국끼리는 하나의 나라처럼 자유롭게 교역하지만 비회원국에는 세금을 부과하는 등 여러 규제 조건을 내걸어요.

⊙ **사하라 사막**: 아프리카 북부에 있는 세계 최대의 사막으로, 지구상에서 가장 덥고 건조한 곳이에요. '사하라'라는 이름은 '황야'라는 뜻을 지닌 아랍어 '사흐라(Sahra)'에서 유래했어요.

⊙ **선거**: 투표를 통해 공직자나 대표자를 뽑는 의사를 결정하는 절차를 말해요. 공정하고 민주적인 선거를 위한 4대 원칙은 보통 선거, 평등 선거, 직접 선거, 비밀 선거예요.

⊙ **세속주의(라이시테·Laïcité)**: 프랑스에서 1905년 제정된 법칙으로, 공적인 영역은 종교와 철저히 분리되어야 한다는 원칙을 말해요. 개인적인 영역에서 종교의 자유는 보장하지만 정치나 교육 등 공적 영역에서는 종교적 상징을 드러내면 안 된다는 법칙이에요.

⊙ **스트리밍(Streaming)**: 인터넷상에서 음성이나 영상, 애니메이션 등을 실시간으로 재생하는 기법을 말해요. 하드디스크 드라이브에 다운로드받지 않고 마치 물이 흐르는 것처럼 데이터가 전송된다고 해서 '스트리밍'이라고 불러요.

⊙ **아바야**: 무슬림 여성들이 자주 입는 전통의상으로, 길고 헐렁한 원피스 형태이고 얼굴과 손발을 제외한 전신을 가리는 복장이에요.

⊙ **오염수 방류**: 모아서 가두어둔 오염된 물을 바다로 흘려보내는 것을 말해요. 일본은 제1 원자력 발전소 오염수를 2023년 8월 24일부터 바다로 방류하

기 시작했어요.

⊙ **유전:** 좁은 의미로는 석유를 생산하고 있는 구역, 넓은 의미로는 몇 개의 석유를 생산하고 있는 구역을 포함한 지방을 말해요.

⊙ **인권:** 인권은 인간으로서 당연히 누려야 할 권리를 말해요. 인권에는 자유로울 권리, 차별받지 않을 권리, 일할 권리 등이 포함되어 있어요. 민족, 국가, 인종, 성별 등에 상관없이 인간이라면 누구에게나 주어진 권리예요.

⊙ **인종의 샐러드볼:** 여러 채소나 과일들이 각각 색과 맛을 유지한 채 나오는 샐러드처럼, 다양한 사회구성원이 상호 공존하며 조화롭게 어우러져 서로 다른 문화의 독창성들이 유지되고 보호된다는 뜻이에요.

⊙ **인종의 용광로(멜팅팟, Melting Pot):** 이민자들로 구성된 국가에서 여러 인종·민족·문화를 용광로에 넣어 녹이듯 하나의 문화로 만든다는 뜻이에요. 세계에서 대표적인 이민국가인 미국을 가리키는 말이에요.

⊙ **착륙선:** 천체의 표면에 착륙해 임무를 수행하는 탐사선이에요. 주요 임무는 착륙한 후 표면을 탐사하는 것이며, 하강 과정에서 주변 환경을 관측하는 일도 해요. 주로 착륙한 지점의 인근 지역을 탐사해요.

⊙ **찬드라얀 3호:** 인도의 달 탐사선 찬드라얀 시리즈의 3호기로, 2023년 8월 23일에 세계 최초로 달의 남극에 착륙했어요. 찬드라얀 3호는 궤도선과 착륙선(비크람) 그리고 탐사로봇(프라기안)으로 구성돼 있어요. '찬드라얀'은 산스크리트어로 '달의 차량'이라는 뜻이에요.

⊙ **쿠데타:** 비합법적인 무력으로 국가의 지도자를 몰아내고 정권을 빼앗는 일을 말해요. '쿠데타(coup d'État)'는 '국가에 대한 일격' 또는 '강타'라는 의미로 프랑스어예요.

⊙ **탈세계화:** 정치·경제·문화 등 여러 분야에서 국가 간 교류가 활발해지는 세

계화에서 벗어나자는 움직임이에요. 탈세계화가 되면 국가 간 무역과 투자뿐 아니라, 정보나 기술을 교류하는 일도 줄어들어요.

⊙**파업**: 노동자들이 노동 조건의 유지 또는 개선을 위해서 집단적으로 한꺼번에 작업을 중지하는 것을 말해요.

⊙**포퓰리즘 정책**: 일반 대중들의 인기를 얻기 위한 정치 형태를 말해요. 정치권력을 획득하거나 집권 세력의 권력을 계속 유지하기 위하여 이용돼요. 인민, 민중, 대중을 의미하는 라틴어 '포풀루스(populus)'에서 생긴 말이에요.

⊙**폴리코노미**: 정치를 뜻하는 영어 '폴리틱스(politics)'와 경제를 뜻하는 '이코노미(economy)'가 합해져 만들어진 말이에요. 폴리코노미는 경제가 정치에 휘둘리는 현상을 말해요. 정치인들이 표를 얻기 위해 경제 공약을 내세우면 이로 인해 국가의 경제가 흔들릴 수 있어요.

⊙**하마스**: 이스라엘에 반대하고 팔레스타인의 무장 단체예요. 하마스는 군대로 가자지구를 장악했지만, 학교나 병원을 세워 일부 팔레스타인 주민들의 지지를 받고 있어요. 하마스는 아랍어로 '열정'이라는 뜻으로 '팔레스타인의 이슬람 저항 운동'의 약자로도 쓰여요.

⊙**헌법**: 헌법은 가장 기본이 되는 법으로, 국민의 권리를 보장하고 국가의 근본을 알리는 법이에요. 한 국가의 통치 체제는 헌법으로 정해져 있어요. 대한민국 헌법 제1조 제1항은 '대한민국은 민주 공화국이다'고, 제2항은 '대한민국의 주권은 국민에게 있고, 모든 권력은 국민으로부터 나온다'예요.

⊙**후쿠시마 원전 사고**: 2011년 3월 11일, 일본 도호쿠 지역에서 일어난 대지진과 해일로 후쿠시마 제1 원자력 발전소가 물에 잠겨, 발전소에 있던 방사성 물질이 밖으로 흘러나와 주변의 땅과 물을 오염시켰어요. 이 사고는 원자력 사고 등급 중 최고 위험 단계인 레벨 7로, 1986년 소련 체르노빌 원전 사고와 같

은 수준이에요.
- **히스패닉계:** 스페인어 사용 국가에서 태어났거나 조상이 스페인인으로 미국에 살며 스페인어를 쓰는 중남미계 미국 이주민과 그 후손을 말해요. 현재 히스패닉계 미국인은 미국의 19% 정도를 차지해요.
- **OTT(Over The Top):** 인터넷을 통해 영화, 드라마, TV 방송 등 각종 영상을 제공하는 서비스를 말해요. OTT 서비스는 2000년대 중·후반 초고속 인터넷이 보급되면서 등장하기 시작했어요. 대표적인 업체로 넷플릭스, 디즈니, 왓챠 등이 있어요.

과학 분야 (수록 키워드 30)

- **가상현실:** 가상현실은 특정한 장소나 상황을 3차원 컴퓨터 그래픽으로 구현하여 간접적으로 경험할 수 있는 환경을 제공해요. 실제 존재하는 것과 같은 가상의 세계에서 사람이 실제와 같은 체험을 할 수 있게 하는 최첨단 기술이에요.
- **가축화:** 야생동물을 사람의 보호 아래 이용 목적에 합당하게 길들여서 키우는 것을 말해요. 사람이 동물을 가축화하기 시작한 것은 약 3만 년 전으로 알려져 있어요.
- **고래:** 바닷속에 사는 포유동물 중 고래목에 속하는 동물을 말해요. 수중 생활에 적응된 포유류로 뒷다리는 퇴화하였고 앞다리는 지느러미 모양으로 변했어요. 털은 퇴화하였고 피부에는 두꺼운 지방층이 있어요. 전 세계에 100여 종이 있으나 대부분이 멸종위기에 처하여 국제적으로 보호받고 있어요.
- **공기 밀도:** 공기의 양이 일정 공간에 흩어져 있는 정도를 말해요. 온도와 압력 따위에 의하여 변화해요. 온도가 높으면 공기 밀도가 낮아지고, 압력이 높으면 공기 밀도가 높아져요.
- **공기 저항:** 공기의 흐름이 물체에 미치는 힘, 다시 말해 물체가 운동할 때 공기의 방해를 받는 것을 말해요. 물체의

부피가 클수록 공기 저항이 더 강해져요.

◉**달:** 지구의 유일한 자연위성으로 인류가 최초로 탐험한 달은 태양계에서 5번째로 커요. 스스로 빛을 내지 못하지만 태양의 빛을 반사해 밝게 보여요. 항상 둥근 모양이지만 태양 빛을 받는 부분만 우리에게 보이기 때문에 달 모양은 매일 달라져요.

◉**라이다(LiDAR)센서:** 라이다는 'Light Detection And Ranging(빛 탐지 및 범위 측정)의 줄임말이에요. 레이저를 목표물에 비춰 반사되는 신호를 받아 사물과의 거리 측정 및 다양한 물성을 감지할 수 있어 자율주행의 눈이 되어주는 기술이에요.

◉**미국항공우주국(NASA):** 우주 개발에 대한 모든 일을 맡는 미국 국가 기관으로 본부는 미국의 수도인 워싱턴에 있어요. 미국항공우주국은 우주선을 만들어 발사하고, 우주선이 보낸 정보를 분석하며, 우주비행사들을 훈련하고 우주를 관측하는 일 등을 해요.

◉**세로토닌:** 감정, 수면, 식욕 등을 조절하는 신경 전달 물질이에요. 세로토닌이 많으면 심리적으로 안정을 느끼지만, 부족하면 아무것도 하지 못하는 무기력한 상태에 빠져요. 행복 호르몬이라고도 불려요.

◉**수박 눈:** 붉은빛과 분홍빛을 띠는 눈을 부르는 말이에요. 눈 속에서 살아가는 '클라미도모나스 니발리스'라는 녹조류가 강한 햇빛이나 자외선으로부터 자신을 보호하기 위해 분홍색 색소를 만든 거예요.

◉**수분:** 종자식물에서 수술의 화분(꽃가루)이 암술머리에 옮겨붙는 일을 말해요. 바람, 곤충, 새, 또는 사람의 손에 의해 이루어져요. 자가수분은 동일한 유전자를 가진 꽃의 꽃가루가 스스로 암술머리에 붙어 열매나 씨를 맺는 것을 말해요.

◉**양간지풍:** 봄철에 영서지방에서 영동지방으로 부는 국지적 강풍이에요. 강

원도 영동지방의 양양과 간성 사이에서 부는 바람이라는 뜻에서 '양간지풍'이라고 해요. 양양지역에서는 '불을 몰고 온다'는 뜻으로 '화풍'이라고도 불러요.

◉**오로라:** 태양풍이 지구 자기장(자석으로 인해 일어나는 주위 공간의 성질)에 이끌려 대기로 들어오면서 공기와 부딪혀 빛을 내는 현상을 말해요. 주로 극지방에서 볼 수 있으며 알래스카, 캐나다, 스칸디나비아 일대는 오로라를 관측할 수 있는 곳으로 유명해요.

◉**위성:** 행성의 인력(서로 떨어져 있는 물체끼리 서로 끌어당기는 힘)에 의하여 그 둘레를 도는 천체를 말해요. 달은 지구 주위를 돌고 있는 유일한 자연 위성이에요. 토성은 태양계에서 가장 많은 위성을 가지고 있어요.

◉**유전자 가위:** 유전체(유전자와 염색체)에서 원하는 부위의 DNA를 정교하게 잘라내거나 붙여, 인간과 동식물 세포의 유전자를 교정하는 데 써요..

◉**자율 주행 로봇:** 각종 센서와 자율주행 프로그램에 따라 스스로 주변을 살피고 장애물을 감지하면서, 바퀴나 다리를 이용하여 목적지까지 최적 경로를 찾아가는 로봇이에요. 도로교통법이 바뀌면서 자율 주행 로봇도 보행자로 인정받아 인도로 다닐 수 있게 됐어요.

◉**자전:** 천체가 스스로 고정된 축을 중심으로 회전하는 운동이에요. 지구의 자전은 남극과 북극을 잇는 자전축을 중심으로 반시계 방향으로 회전하는 현상이에요. 이로 인해 낮과 밤이 생겨요.

◉**젠더:** 생물학적 성별에 따라 부과된 사회적 특성들 혹은 사람들에게 그런 특성을 부과하는 분류 체계를 일컫는 말이에요. 젠더는 여성과 남성 사이의 차이를 만들고 성별에 따라 특별한 규범을 따르도록 하는 방식이에요.

◉**조수 현상:** 달, 태양 따위의 인력(끌어당기는 힘)에 의하여 바닷물이 주기적으로 높아졌다 낮아졌다 하는 현상을 말해요. 바닷물은 밀물 때 들어와 해수면이 높아지고, 썰물 때 빠져나가 해수

면이 낮아져요.

⊙**지구공학**: 지구 생태계나 지구 기후를 물리·화학적 방법을 통해 의도적으로 조작해, 온난화 속도를 늦추는 기술을 연구하는 학문을 말해요. 지구공학자들은 태양 복사 에너지를 조절하거나, 대기 중 온실가스를 줄이기 위한 기술 등을 연구해요.

⊙**진화**: 생물이 여러 세대를 거치면서 점차 변화해 온 것을 말해요. 생물들은 환경에 적응하면서 발전해요. 그런데 그 과정에서 어떤 종은 진화하여 번성하지만 어떤 종은 적응에 실패하고 멸종하기도 해요.

⊙**태양 복사 에너지**: 태양으로부터 방출되는 모든 종류의 에너지를 말해요. 태양 복사 에너지는 지구의 대기와 물의 순환에 큰 영향을 주어요.

⊙**태양계**: 태양과 태양을 중심으로 공전하는 천체의 집합을 말해요. 태양, 8개의 행성, 50개 이상의 위성, 화성과 목성 사이에 흩어져 있는 소행성, 태양 주위를 지나는 혜성, 긴 빛줄기를 만드는 유성으로 이루어져 있어요.

⊙**태양풍**: 태양으로부터 날아온 전기를 띤 입자(미세한 크기의 물질)의 흐름을 일컫는 말이에요. 지구의 극지방에서 볼 수 있는 오로라를 만들기도 해요.

⊙**토성**: 태양에서 여섯째로 가까운 행성이에요. 태양계의 행성 가운데 둘째로 큰 행성으로, 둘레에 아름다운 큰 고리 같은 테가 있어요. 태양계에서 가장 큰 행성은 목성이에요.

⊙**푄현상**: 습한 바람이 태백산맥을 넘을 때 고온 건조해지는 현상을 말해요. 습한 바람이 산맥을 올라갈 때 공기온도는 낮아져 공기가 함유하는 수증기량이 줄어들어 구름이 생기면서 비나 눈이 내려요. 눈과 비를 내리고 건조해진 공기는 산맥을 내려가면서 온도가 상승돼 고온 건조해져요.

⊙**해수면 상승**: 바닷물의 높이가 높아지는 것을 말해요. 지구가 따뜻해지면 남극이나 북극의 얼음이 녹아서 바다로

흘러들어가 해수면이 상승해요.
- **행성**: 중심별의 주위를 도는 천체로, 스스로 빛을 내지 못해요. 태양계에는 수성, 금성, 지구, 화성, 목성, 토성, 천왕성, 해왕성의 여덟 개 행성이 있어요.
- **호르몬**: 우리 몸에서 생성되는 화학 물질로, 다른 세포와 기관 사이에서 소통하는 메신저 역할을 해요. 우리 몸이 성장하고 발달하는데 필요한 대사 작용과 항상성(변화를 최소화하고 안정된 상태를 유지하려는 것) 유지에 중요한 역할을 해요.
- **흰동가리**: 농어목 자리돔과에 속하는 물고기로, 전 세계에 28종이 있어요. 최대 15cm까지 성장하고, 말미잘을 보금자리로 삼아요. 주로 열대와 아열대 해역에 살지만, 제주도 남쪽 바다에서 가끔 발견되기도 해요.

환경 분야 (수록 키워드 30)

- **개화**: 꽃이 피는 현상을 가리키는 말이에요. 지구온난화로 인한 기온 상승으로 봄에 꽃이 피는 시기가 점점 빨라지고 있어요.
- **그린워싱(Green Washing)**: 친환경을 뜻하는 'Green'과 세탁을 뜻하는 'White Washing'의 합성어로 기업이 실제론 환경에 악영향을 끼치는 제품을 만들면서도 친환경적인 것처럼 홍보하는 '위장 환경주의'를 말해요. 생산 과정에서 생기는 환경 오염 문제는 줄이고 일부 재활용 과정만 강조해요.
- **그린카본**: 그린카본은 숲과 같은 육상 생태계가 흡수하는 탄소를 의미해요. 전세계에서 그린카본이 가장 잘 일어나는 곳은 아마존 열대우림이에요.
- **라니냐**: 태평양 동쪽 바다의 수온이 내려가는 현상이에요. 평소보다 0.5℃ 이상 낮은 수온이 5개월 이상 계속되는 현상이에요. 라니냐는 스페인어로 '어린 여자 아이'를 뜻하며 엘니뇨의 반대 현상이에요.
- **매개 곤충**: 식물, 동물과 인간의 병원체를 이어주는 곤충으로 모기, 이, 벼룩

등이 여기에 해당돼요. 환경은 곤충의 생존과 번식에 영향을 미치는 데, 그 중에 기후의 영향력이 가장 커요.
- **메탄가스**: 각종 유기 물질이 분해되면서 나오는 기체예요. 이산화탄소와 마찬가지로 온실 효과를 발생시켜 지구 온난화 현상을 일으켜요. 미생물의 작용으로 동식물이 부패되면서 만들어지는데 생물체에 의해 만들어진다 해서 바이오가스라고도 해요.
- **벌집군집붕괴현상**: 꿀과 꽃가루를 채집하러 나간 일벌 무리가 돌아오지 않아서, 벌집에 남은 여왕벌과 애벌레가 떼로 죽는 현상을 말해요. 벌이 활동하지 않으면 벌을 매개로 번식하는 식물들이 멸종해버릴 수 있어요.
- **블루카본**: 강이나 바닷가에 사는 식물과 갯벌 등의 해양 생태계가 흡수하는 탄소를 말해요. 해양 생태계는 바닷물에 잠겨 있기 때문에, 블루카본은 그린카본보다 탄소를 더 많이 흡수하고 저장할 수 있어요.
- **생물다양성**: 생태계가 유지되기 위해 필요한 지구상에 존재하는 온갖 생물의 다양한 정도를 말해요. 유전자, 종, 생태계 수준을 모두 포함하는 개념이에요.
- **생태계**: 여러 생물이 서로 관계를 맺으며 살아가는 세계를 뜻해요. 생태계는 모든 생물과 주위 환경까지 포함하며 이들은 서로 상호작용하며 살아가요.
- **생태법인 제도**: 생태적 가치가 있는 동물이나 식물, 생태계를 법적 권리 주체로 인정하는 제도를 말해요. 법적 권리가 부여되면 자연환경이나 동식물도 후견인 또는 대리인을 통해 소송을 제기할 수 있어요.
- **수분**: 종자식물에서 수술(꽃가루를 만드는 꽃을 이루는 기관)의 화분(꽃가루)이 암술머리(꽃가루를 받아 씨와 열매를 맺는 곳)에 붙는 일을 말해요. 바람, 곤충, 새, 또는 사람의 손에 의해 이루어져요.
- **수분 매개자**: 꽃가루를 수컷으로부터

같은 꽃 또는 다른 꽃의 암컷 생식기관의 암술머리로 옮길 때 도움을 줄 수 있는 모든 것을 말해요. 수분 매개자로 꿀벌, 나비, 나방, 파리 등과 같은 곤충들과 새, 박쥐와 같은 작은 동물들이 있어요.

◉**신재생에너지:** 기존의 화석 연료를 변환시켜 이용하거나 태양, 물, 지열 등을 이용하는 에너지로 오염 물질을 발생시키지 않아요. 신재생에너지는 화석 연료와 달리 재생이 가능하고 환경·친화적이라는 특징이 있어요.

◉**엘니뇨:** 남미 페루 부근 태평양 적도 해역의 해수 온도가 크리스마스 무렵부터 이듬해 봄철까지 주변보다 2~10℃ 이상 높아지는 이상 고온 현상을 말해요. 발생 주기는 불규칙적이지만 보통 2~7년의 주기를 가져요. 12월 말에 발생하므로 스페인어로 '아기 예수' 또는 '어린 남자 아이'를 뜻하는 엘니뇨라고 불러요.

◉**열대성저기압:** 적도 부근의 열대 해상에서 생기는 열대성저기압으로, 강한 바람과 집중 호우를 동반하며 심각한 피해를 일으켜요. 열대성저기압을 동부 아시아에서는 태풍, 인도양에서는 사이클론, 카리브 해에서는 허리케인이라고 불러요.

◉**열대우림:** 열대우림은 기온이 높고 비가 많이 내리는 적도와 그 주변 지역을 중심으로 나타나는 열대기후 지역의 빽빽한 밀림을 말해요. 열대우림에는 다양한 식물·동물이 살아가고 있어 산림생태학적 가치가 높아요.

◉**열돔(Heat Dome) 현상:** 공기가 태양빛을 받아 뜨거워지면 더운 공기는 위로, 차가운 공기는 아래로 이동하는데, 이때 뜨거운 공기가 고기압 때문에 위로 올라가지 못해 지상의 온도가 높아지는 현상을 말해요. 지상 5~7Km 높이에서 발달한 고기압이 더운 공기가 못 올라가게 막는 지붕 역할을 해, 폭염을 일으켜요.

◉**온실효과:** 이산화탄소 같은 온실가스가 지구에 있는 열을 지구 밖으로 빠져

나가지 못하도록 막아서 지구의 온도를 높게 유지하는 작용을 말해요. 자동차와 공장 등으로 화석 연료 사용이 늘어나면서 온실가스가 많이 배출돼 지구 온도가 올라가고 있어요.

⊙**외래종**: 다른 지역으로부터 자연적 혹은 인위적으로 유입되어 들어온 모든 생물을 말해요. 인간에게 경제적으로나 환경적으로 피해를 끼칠 수 있어요.

⊙**유럽연합(EU)**: 유럽의 정치·경제 통합을 이루기 위해 설립된 기구예요. 'European Union'을 줄여서 'EU'라고 해요. 2021년 1월 영국은 유럽연합에서 탈퇴했으며 '브렉시트'는 영국의 유럽연합 탈퇴를 뜻하는 말이에요.

⊙**이상 기후**: 기온이나 강수량 따위가 정상적인 상태를 벗어난 상태를 말해요. 전 세계를 덮친 이상 기후의 특징은 폭염, 폭우와 같은 천재지변이 발생한다는 거예요. 세계 어느 곳도 이상 기후로부터 안전한 곳은 없으며 그 피해는 늘어나고 있어요.

⊙**재야생화(Rewilding)**: 생태계에 혼란을 주는 인공적인 구조물을 없애거나, 오염된 곳을 회복시켜 자연이 스스로 회복해 생태계를 되살리는 것을 말해요.

⊙**지구온난화**: 석탄이나 석유와 같은 화석연료의 사용 증가로 인해 온실가스가 많아져 지구의 온도가 점점 올라가는 현상을 말해요. 대기 중에 온실효과를 일으키는 것은 이산화탄소를 비롯하여 메탄, 오존, 일산화질소 등이 있으며 구름도 온실가스와 같은 역할을 해요.

⊙**충매화**: 벌, 나비, 파리 등 곤충에 의해 꽃가루받이를 하는 꽃을 충매화라고 해요. 곤충을 유인해야 하니 꽃이 아름답고 향기로워요.

⊙**침입 외래종**: 토착종의 서식지를 밀어내고 점거하는 생물을 침입종이라고 해요. 침입 외래종은 토착 생태계에 악영향을 끼치기 때문에 유입 경로 파악 및 차단이 중요해요.

⊙**탄소 국경세**: 탄소를 많이 배출하는 과정을 거쳐 생산된 상품이나 서비스가

다른 나라로 수출, 수입될 때 부과되는 세금을 말해요. 어떤 상품을 생산할 때 배출되는 탄소량을 따져 세금을 부과해요.

⊙**탄소 포집**: 화석연료 사용 시 발생하는 이산화탄소를 모으는 것을 말해요. 발전소 등에서 대량 발생하는 탄소를 모아서 압축하고 수송 과정을 거쳐 땅 속에 저장하거나 유용한 물질로 사용하는 기술을 말해요.

⊙**풍매화**: 바람에 의해 꽃가루가 이동해 꽃가루받이를 하는 식물이에요. 소나무, 참나무, 은행나무 등이 있어요.

⊙**해빙(海氷, sea ice)**: 바닷물이 얼어서 생긴 바다 얼음을 뜻해요. 결빙온도는 바닷물의 소금농도에 따라 다르지만, 대략 영하 2℃에서 얼게 된다고 해요. 바다로 흘러 들어간 빙산은 해빙이 아니에요.

문화 분야 (수록 키워드 21)

⊙**가야**: 한반도 남쪽에 있었던 변한의 12개 작은 나라들을 통합해 세운 연맹 왕국이에요. 김수로가 건국했으며 신라와 백제 사이에서 공격을 당하다, 결국 562년에 신라에 흡수되었어요. 가야의 문화는 신라의 문화에 큰 영향을 주었어요.

⊙**고고학**: 고고학은 인간이 남긴 유적·유물과 같은 물질 증거를 통해 과거의 문화, 역사, 생활 방법을 연구하는 학문이에요. 문자가 없던 시대의 역사를 이해하기 위해 필요해요.

⊙**다라니**: 석가 가르침을 담은 것으로 신비한 힘을 가진 것으로 믿어지는 주문을 뜻해요. 진리를 얻고 지혜를 터득하기 위해 외우고 암송하는 불교의 주문 중 하나예요.

⊙**메이저리그 야구 (Major League Baseball)**: 미국과 캐나다 도시를 연고지로 하는 프로야구 구단들로 짜인 최고 수준의 리그예요.

⊙**모차르트**: 오스트리아의 음악가로 어려서부터 놀라운 음악적 재능을 보였

어요. 35세 젊은 나이로 세상을 뜨기 전까지 교향악, 실내악, 오페라 등 다양한 음악 장르에서 100편 이상의 작품을 발표했어요.

⊙**반가 사유상**: 국보 제 83호로, 조화롭고 우아하며 세련된 조각 기술로 6-7세기에 동아시아 대표적인 불교 조각품 중 하나예요.

⊙**배리어 프리(Barrier Free) 정책**: 고령자나 장애인들도 살기 좋은 사회를 만들기 위해 물리적·제도적 장벽을 허물자는 운동을 말해요. 휠체어를 타고도 불편함이 없도록 건물을 지을 때 문턱을 없애자는 운동에서 전개되었어요.

⊙**브레이킹**: 1970년대 초반 미국 뉴욕의 흑인 젊은이들 사이에서 발생한 스트리트 댄스의 한 종류로 힙합 음악의 브레이크 비트에 맞춰 춤을 줘요. '비보잉'이라고 부르기도 해요. 2024년 파리 올림픽에서 올림픽 정식 종목으로 채택되었어요.

⊙**서브 2**: 마라톤 풀코스를 2시간 이내에 완주하는 것을 말해요.

⊙**설탕세**: 설탕이 들어간 음료 등의 식품에 부과하는 세금이에요. 설탕이 들어간 단 음료 등의 소비를 줄이기 위하여 세금을 매기는 거예요. 설탕세는 부피에 따라 일정한 비율로 부과되거나 설탕 함량에 따라 부과돼요.

⊙**수구다라니**: '수구'는 중생이 소원을 구하면 성취한다는 뜻이에요. 수구다라니는 사람들이 소원을 빌면 이루어진다는 뜻의 소원을 담은 부적이에요.

⊙**스위프트노믹스(Swiftnomics)**: 미국의 팝스타인 테일러 스위프트의 이름인 스위프트(Swift)와 경제(Economics)를 합해서 만든 말이에요. 테일러 스위프트가 세계 경제에 미치는 엄청난 영향을 가리켜 2023년에 등장한 신조어예요.

⊙**알타미라 동굴 벽화**: 1879년 에스파냐의 북부 알타미라 동굴에서 발견된 구석기(인류가 처음으로 나타난 시기부터 신석기 시대가 시작되기 전까지 돌

을 깨뜨려 도구를 만들어 사용하던 시기)후기의 벽화를 말해요. 동굴 벽화 중에서도 뛰어난 작품으로 손꼽혀요.

⊙**에피쿠로스 학파**: 행복하고 평온한 마음으로 사는 것이 인생에서 가장 중요하다고 주장한 철학자들의 모임이에요. 정신적 쾌락을 중요시하며, 검소하면서도 욕심 없는 삶을 가르쳤어요.

⊙**유네스코 세계 문화유산**: 인류 전체를 위해 보호되어야 하며, 미래세대에 전달할 만한 뛰어난 보편적 가치를 지닌 자연유산 및 문화유산들을 발굴하고 보호, 보존하기 위하여 '세계 문화 및 자연유산 보호 협약'의 규정에 따라 유네스코에서 심사, 지정하는 유산을 말해요.

⊙**정상회담**: 정상회담은 두 나라 이상의 정상이 모여서 하는 회담인데, 여기서 정상이란 대통령, 총리, 국왕 등 나라를 대표하는 사람들을 말해요.

⊙**파르테온 신전**: 아테네 여신에게 바치기 위해 지어진 신전(신을 모시고 예배를 보기 위해 지은 건물)이에요. 기원전 448년부터 16년에 걸쳐 지어졌으며 그리스 아테네 아크로폴리스에서 가장 아름답고 웅장한 건축물로써 서구 건축의 모델이 되어왔어요.

⊙**파피루스**: 파피루스는 이집트 나일강에서 자라는 사이프러스 파피루스라는 풀을 재료로 해서 만든 종이와 이것에 쓴 문서를 말해요. 파피루스 문서는 의학, 기도문, 문학 등으로 다양해요.

⊙**팬데믹**: 세계 보건기구 (WHO)의 전염병 경보 단계 중 최고 위험 등급으로, 전염병이 전 세계적으로 크게 유행하는 현상을 말해요.

⊙**폼페이**: 이탈리아 남부 연안에 있던 고대도시로, 베수비오 화산의 남동쪽에 위치한 항구도시였어요. 인구가 2만~5만에 이른 것으로 추정될 만큼 고대도시로 규모가 매우 컸어요. 농업·상업의 중심지였으며 로마 귀족들의 휴양지였어요.

⊙**PC 주의(Political Correctness)**: 인

종과 성별, 종교, 장애, 직업 등과 관련해 소수 약자에 대한 편견 섞인 표현을 쓰지 말자는 정치적·사회적 움직임을 뜻해요.

신문어휘사전(수록 어휘: 530)

<ㄱ>

- **가계**: 경제 단위로서의 가정
- **가림막**: 무엇을 가리기 위하여 설치한 막
- **가상**: 사실이 아니거나 사실 여부가 분명하지 않은 것을 사실이라고 가정하여 생각함
- **가속화**: 속도가 더욱 빨라지게 됨
- **감당하다**: 어려운 일을 참고 이겨내다
- **감소시키다**: 이전보다 줄이다
- **감축**: 어떤 것의 수나 양을 줄임
- **강경하다**: 굳세게 버티어 굽히지 않다
- **강렬하다**: 매우 강하고 세다
- **강수량**: 비, 눈, 우박, 안개 따위로 일정 기간 동안 일정한 곳에 내린 물의 총량
- **강요하다**: 어떤 일을 강제로 요구하다
- **강제적**: 권력이나 힘으로 남이 원하지 않는 일을 억지로 시키는 것
- **강화되다**: 수준이나 정도가 강해지다
- **개막전**: 체육 대회나 올림픽 따위에서 맨 처음 시작하는 경기
- **개막하다**: 공연이나 행사가 시작되다
- **개발도상국**: 산업의 근대화와 경제 개발이 선진국에 비하여 뒤떨어진 나라
- **개선하다**: 부족한 점, 잘못된 점, 나쁜 점 등을 고쳐서 더 좋아지게 하다
- **개입**: 직접적인 관계가 없는 일에 끼어듦
- **개체수**: 개개의 생물체의 수
- **개최하다**: 모임, 행사, 경기 등을 조직적으로 계획하여 열다
- **거대하다**: 엄청나게 크다
- **거론되다**: 어떤 것이 이야기의 주제나 문제로 논의되다
- **거주하다**: 일정한 곳에 머물러 살다
- **걸작**: 매우 뛰어난 예술 작품
- **격차**: 빈부, 임금, 기술 수준 따위가 서로 벌어져 다른 정도
- **견제하다**: 일정한 힘을 가해 상대편이 지나치게 세력을 펴지 못하게 억누르다
- **견해**: 어떤 사물이나 현상에 대한 자기의 의견이나 생각
- **결정**: 어떤 물질이 규칙적으로 배열되어 일정한 모양을 이룬 것
- **결정적**: 어떤 일의 결과에 영향을 미칠 만큼 중요한

- **경각심**: 정신을 차리고 주의 깊게 살피어 경계하는 마음
- **경계하다**: 적의 기습이나 침입을 막기 위하여 주변을 살피면서 지키다
- **경신하다**: 어떤 분야의 종전 최고치나 최저치를 깨뜨리다
- **경제성장률**: 일정 기간 한 나라의 경제의 성장을 나타내는 지표
- **경향**: 어느 한 방향으로 기울어진 생각이나 행동 혹은 현상
- **고대**: 원시 시대와 중세 사이의 아주 옛 시대
- **고령화**: 한 사회의 전체 인구 중 노인의 인구 비율이 높아지는 것
- **고립**: 다른 곳이나 사람들과 교류하지 못하고 혼자 따로 떨어짐
- **고무적**: 힘을 내도록 격려하여 용기를 북돋우는
- **고물가**: 높은 물가
- **고분군**: 고대에 만들어진 무덤이 모여 있는 지역
- **고산지대**: 높은 산의 지대

- **고유하다**: 본래부터 가지고 있어 특유하다
- **공급하다**: 요구나 필요에 따라 물품 따위를 제공하다
- **공약**: 정부, 정당, 입후보자 등이 앞으로 어떤 일을 하겠다고 국민에게 하는 약속
- **공유하다**: 두 사람 이상이 어떤 것을 함께 가지고 있다
- **공정하다**: 공평하고 올바르다
- **과도하다**: 정도가 지나치다
- **과반**: 절반이 넘음
- **관공서**: 국가의 일을 하는 관청이나 공공 기관
- **관용**: 다른 사람의 잘못을 너그러이 받아들이거나 용서함, 또는 그런 용서
- **교류**: 여러 분야의 문화나 경험 등을 나라, 지역, 개인 간에 서로 주고받음
- **교역**: 나라와 나라 사이에 물건을 서로 사고팖
- **교정하다**: 고르지 못하거나 틀어지거나 잘못된 것을 바로잡다
- **구매력**: 상품을 살 수 있는 경제적인 능력
- **구석기**: 돌을 깨뜨려서 도구를 만들어

쓰던 가장 오래 전의 석기 시대
- **구호**: 재난이나 재해를 당한 사람을 도와서 보호함
- **국경**: 나라와 나라의 국토를 나누는 경계
- **국내총생산**: 국민 총생산에서 해외에서 번 순소득을 뺀 지표
- **군주**: 한 나라를 다스리는 왕
- **굿즈**: 연예인 또는 애니메이션과 관련돼 나온 상품으로 사진, 소품 등이 있음
- **궂다**: 비나 눈이 내려 날씨가 나쁘다
- **권고하다**: 어떤 일을 하도록 동의를 구하며 충고하다
- **권유하다**: 어떤 일 따위를 하도록 권하다
- **궤도**: 행성이나 혜성, 인공위성이 다른 천체의 주위를 돌면서 그리는 곡선의 길
- **규제책**: 어떤 일을 법이나 규칙으로 제한할 대책이나 방책
- **규제하다**: 규칙이나 법에 의하여 개인이나 단체의 활동을 제한하다
- **균형추**: 균형을 잡기 위한 추. 불균형한 힘을 막기 위하여 기계나 장치물에 설치한다
- **극단적**: 한쪽으로 크게 치우치는 것
- **극하다**: 더할 수 없는 정도에 이르다
- **극한**: 사물이 진행하여 도달할 수 있는 최후의 단계나 지점
- **금리**: 빌려준 돈이나 예금 따위에 붙는 이자 또는 그 비율
- **급격하다**: 변화의 움직임이 급하고 격렬하다
- **급속도**: 매우 빠른 속도
- **급증하다**: 짧은 기간 안에 갑자기 늘어나다
- **기부**: 다른 사람을 도울 목적으로 돈이나 재산을 대가 없이 내놓음
- **기상 현상**: 대기 중에서 일어나는 변화를 통틀어 이르는 말
- **기승을 부리다**: 기운이나 힘 따위가 강해서 누그러들지 않다
- **기아**: 먹을 것이 없어 굶주림
- **기원하다**: 바라는 일이 이루어지기를 빌다
- **기존**: 이미 존재함

<ㄴ>

- **냉기**: 찬 기운
- **녹조류**: 엽록소를 가지고 있어 녹색을 띤 조류
- **논란**: 여럿이 서로 다른 주장을 내며 다툼
- **농도**: 기체나 액체에 들어있는 한 성분의 진함과 묽음의 정도

<ㄷ>

- **다량**: 많은 분량
- **다수**: 많은 수
- **다인종**: 여러 인종
- **단속**: 법, 규칙, 명령 등을 어기지 않도록 통제함
- **단일종**: 여럿이 아닌 하나의 종
- **달하다**: 어떠한 정도, 수준, 수량, 상태, 정도 등에 이르다
- **당류**: 포도당, 과당, 전분 등 물에 잘 녹으며 단맛이 있는 탄수화물
- **당선되다**: 선거에서 뽑히게 되다
- **대가**: 어떤 일에 들인 노력에 대한 보수
- **대공황**: 세계적으로 일어나는 큰 규모의 경제 공황
- **대국**: 국력이 강하거나 국토가 넓은 나라
- **대기**: 지구를 둘러싸고 있는 모든 공기
- **대기질**: 대기의 성분, 오염 정도 따위의 전반적인 상태를 말한다
- **대기층**: 천체를 둘러싼 기체의 층
- **대량**: 아주 많은 양
- **대선**: 대통령을 뽑는 선거
- **대응하다**: 어떤 일이나 상황에 알맞게 행동을 하다
- **대책**: 어려운 상황을 이겨낼 수 있는 계획
- **대체육**: 진짜 고기처럼 만든 인공 고기
- **뎅기열**: 모기에 의해 전파되는 급성 열성 바이러스 질환
- **도용**: 남의 것을 허락 없이 몰래 씀
- **도입**: 지식, 기술, 물자 등을 들여옴
- **독재**: 한 나라의 권력을 한 사람이 모두 차지하고 자기 마음대로 하는 정치
- **독차지하다**: 혼자서 다 가지다
- **동맹국**: 이익을 위하여 서로 도울 것을 약속한 나라
- **동일하다**: 어떤 것과 비교하여 똑같다
- **동종**: 같은 종류

- **되새김질**: 한번 삼킨 먹이를 다시 게워 내어 씹는 것
- **둔갑하다**: 사물의 본래 모습이나 성질이 바뀌거나 가려지다
- **등재하다**: 기록하여 올리다

<ㅁ>

- **마케팅**: 상품을 소비자에게 알리고 많이 판매하기 위하여 생산자가 펼치는 활동
- **만년설**: 아주 추운 지방이나 높은 산지에 언제나 녹지 않고 쌓여 있는 눈
- **말미잘**: 얕은 바닷물 속 바위에 붙어살며, 몸이 원통 모양이고 몸의 끝을 펼쳤다 오므렸다 하는 동물
- **매개 곤충**: 꽃가루를 실어 나르며 수분시키는 곤충
- **매장지**: 죽은 사람을 묻는 땅
- **매출**: 물건 따위를 내다 파는 일
- **매장되다**: 지하자원이 땅속에 묻히다
- **매한가지**: 결국 같음
- **면역**: 균에 대하여 항체가 만들어져, 같은 균에 더 이상 감염되지 않는 상태
- **면적**: 면이 공간을 차지하는 넓이의 크기
- **면하다**: 어떤 일을 당하지 않게 되다
- **멸종**: 생물의 한 종류가 아주 없어짐. 또는 생물의 한 종류를 아주 없애 버림
- **명확하다**: 분명하고 확실하다
- **모기업**: 한 기업에서 다른 기업이 갈라져 나왔을 때, 근본이 되는 원래의 기업
- **모방**: 다른 것을 본뜨거나 남의 행동을 흉내 냄
- **모호하다**: 어떤 말이나 태도가 정확하게 무엇을 뜻하는지 분명하지 않다
- **목동**: 풀을 뜯기며 가축을 치는 아이
- **무기력하다**: 어떤 일을 할 수 있는 기운이나 힘이 없다
- **무능하다**: 어떤 일을 해결하는 능력이 없다
- **무단**: 사전에 허락 없음
- **무례하다**: 말이나 행동에 예의가 없다
- **무분별하다**: 바른 생각이나 판단을 할 줄 모른다
- **무장 단체**: 전투에 필요한 장비를 갖춘 조직이나 단체

- **물가:** 물건의 값
- **물가상승:** 여러 가지 재화의 평균적인 가격이 올라감
- **미성년:** 법적으로 아직 성인이 되지 않은 나이
- **민간인:** 관리나 군인이 아닌 일반 사람
- **민족:** 일정한 지역에서 생활하면서 고유한 언어, 문화, 역사를 이룬 사람들의 집단
- **밀원:** 벌이 꿀을 빨아 오는 원천

<ㅂ>

- **반군:** 정부나 지도자를 몰아내려고 전쟁을 일으키는 군대
- **반박:** 남의 주장이나 의견에 반대함
- **반발하다:** 어떤 상태나 행동 따위에 대하여 거스르고 반항하다
- **반사:** 빛이나 전파 따위가 어떤 물체의 표면에 부딪쳐 되돌아가는 현상
- **반열:** 다른 사람이나 조직이 인정하는 높은 지위나 등급
- **반환하다:** 차지했거나 빌린 것을 다시 돌려주다
- **발굴되다:** 땅속에 묻혀 있는 것이 발견되어 파내지다
- **발생하다:** 어떤 일이 일어나거나 사물이 생겨나다
- **방류하다:** 모아서 가두어 둔 물을 흘려보내다
- **방사성:** 원자핵이 붕괴되면서 여러 가지 방사선을 내보내는 성질
- **배럴:** 미국에서 쓰는 부피의 단위. 석유의 부피를 잴 때 1배럴은 약 159리터에 해당
- **배분:** 각각의 몫으로 나눔
- **배출량:** 어떤 물질을 안에서 밖으로 내보내는 양
- **배출하다:** 안에서 만들어진 것을 밖으로 밀어 내보내다
- **밴드웨건:** 서커스 따위 행렬의 선두에 선 악대차를 뜻함
- **번성하다:** 한창 성하게 일어나 퍼지다
- **번식하다:** 생물체의 수나 양이 늘어서 많이 퍼지다
- **법안:** 법으로 만들고자 하는 사항을 정

리해 국회에 제출하는 문서나 안건
- **법정:** 법원이 절차에 따라 소송을 조사하고 처리하여 재판하는 곳
- **변동:** 바뀌어 달라짐
- **변형되다:** 모양이나 형태가 달라지다
- **병목현상:** 병의 목 부분처럼 넓은 길이 갑자기 좁아져 일어나는 교통 정체 현상
- **보도:** 사람이 걸어 다닐 수 있게 만든 길
- **보복전:** 복수하기 위하여 벌이는 전쟁
- **보상:** ①어떤 일에 대해 받은 대가 ② 어떤 행위를 촉진하기 위해 사람이나 동물에게 주는 물질이나 칭찬
- **보수하다:** 시설이 낡거나 부서진 것을 손봐서 고치다
- **보완하다:** 모자라거나 부족한 것을 보충하여 완전하게 하다
- **보유국:** 어떠한 자원, 시설, 기술 따위를 가지고 있는 나라
- **보유하다:** 가지고 있거나 간직하고 있다
- **보장하다:** 어떤 일이 어려움 없이 이루어지도록 조건을 마련하여 보호하다
- **보정:** 부족한 부분을 보태거나 고쳐서 바르게 함
- **보행자:** 길거리를 걸어 다니는 사람
- **본격적:** 일의 진행 상태가 제 궤도에 올라 매우 활발한 것
- **부과하다:** 세금이나 벌금 등을 매겨서 내게 하다
- **부국:** 부유한 나라
- **부력:** 액체나 기체 속에 있는 물체를 위로 떠오르게 하는 힘
- **부실하다:** 내용이 실속이 없고 충분하지 못하다
- **부응하다:** 기대나 요구 등에 따라 응하다
- **부적:** 재앙을 물리치려고 글을 쓰거나 그림을 그려 몸에 지니거나 집에 붙이는 종이
- **부정 선거:** 정당하지 못한 수단과 방법으로 행해진 선거
- **부패:** 단백질이나 지방 등이 미생물의 작용으로 썩는 것
- **분석하다:** 복잡한 것을 풀어서 개별적인 요소나 성질로 나누다
- **분쟁:** 서로 물러서지 않고 치열하게 다툼

· **분할되다**: 여러 개로 쪼개져 나누어지다
· **분해하다**: 여러 부분으로 이루어진 것을 그 부분이나 성분으로 따로따로 나누다
· **불황기**: 경기가 좋지 않아 경제 활동이 위축된 시기
· **붕괴되다**: 무너지고 깨어지게 되다
· **비거리**: 야구나 골프에서 친 볼이 날아간 거리
· **비료**: 땅을 기름지게 만들어 식물이 잘 자라게 하려고 뿌리는 물질
· **비언어적 소통**: 말없이 표정, 몸짓, 손짓 따위를 이용하여 메시지를 전달하는 것
· **비용**: 어떤 일을 하는 데 드는 돈
· **비율**: 기준이 되는 수에 대한 비교하는 양의 크기. 비율= 비교하는 양/기준량
· **비치하다**: 마련하여 갖추다
· **빅테크**: 구글, 아마존, 메타, 애플, 알파벳 같은 대형 정보기술(IT) 기업

<ㅅ>

· **사료**: 가축에게 주는 먹을거리
· **사무직**: 주로 책상에서 문서를 다루는 일을 하는 직무, 또는 그런 일을 하는 직원
· **사생활**: 개인의 사적인 일상생활
· **사치**: 필요 이상의 돈을 쓰거나 값비싼 물건을 사용하며 분수에 지나친 생활을 함
· **사퇴하다**: 어떤 일을 그만두고 물러서다
· **산림**: 산과 숲
· **산사태**: 폭우나 지진 등으로 산 중턱의 바윗돌이나 흙이 갑자기 무너져 내리는 현상
· **삼중수소**: 방사능을 가지고 있는 수소로 암을 유발할 수 있는 물질
· **상대적**: 서로 맞서거나 비교되는 관계에 있는
· **상반기**: 한 해나 어떤 일정한 기간을 둘로 똑같이 나눌 때 앞의 절반 기간
· **상승하다**: 위로 올라가다
· **상징하다**: 추상적인 개념이나 사물을 구체적인 사물로 나타내다
· **상호작용**: 짝을 이루거나 관계를 맺고 있는 이쪽과 저쪽 사이에서 이루어지는 작용
· **색맹**: 색을 분별하지 못하거나 다른 색

- **색소:** 으로 잘못 보는 증상
- **색소:** 물체의 색깔이 나타나도록 해 주는 성분
- **색약:** 색을 판별하는 힘이 약한 증상
- **생물종:** 생명을 가지고 스스로 살아가는 모든 종
- **생산:** 인간이 생활하는 데 필요한 각종 물건을 만들어 냄
- **생산직:** 산업 현장에서 상품을 직접 만들어내는 직업, 또는 그런 일을 하는 직원
- **생전:** 살아 있는 동안
- **생존:** 살아 있음, 또는 살아남음
- **서거하다:** (높임말로) 죽어서 세상을 떠나다
- **선정하다:** 여럿 가운데 목적에 맞는 것을 골라 정하다
- **선진국:** 다른 나라보다 정치·경제·문화 발달이 앞선 나라
- **선천적:** 태어날 때부터 지니고 있는
- **선풍적:** 갑자기 일어나 사회에 큰 영향을 미치거나 관심의 대상이 될 만한
- **선행:** 착하고 올바른 행동
- **선호하다:** 여럿 가운데서 어떤 것을 특별히 더 좋아하다
- **설계되다:** 계획이 세워지다
- **섭취:** 영양분 등을 몸속에 받아들임
- **섭취량:** 양분 따위를 몸 안에 받아들인 양
- **성분:** 사물이 가지고 있는 고유의 특성
- **세력:** 권력이나 기세의 힘
- **세슘:** 알칼리 금속 원소의 하나
- **세포:** 생물체를 이루는 기본 단위
- **소각되다:** 불에 타 없어지게 되다
- **소득:** 일한 결과로 얻은 정신적·물질적 이익
- **소멸:** 사라져 없어짐
- **소비하다:** 돈, 물건, 시간, 노력, 힘 등을 써서 없애다
- **소송:** 사람들 사이에 일어난 다툼을 법률에 따라 판결해 달라고 법원에 요구함
- **소탕:** 모조리 잡거나 없애 버림
- **손실:** 줄거나 잃어버려서 손해를 봄
- **손해배상:** 법에 따라 다른 사람에게 입힌 손해를 물어 주는 일
- **수도권:** 수도를 중심으로 이루어진 대도

시권

- **수송**: 기차나 자동차, 배, 항공기 따위로 사람이나 물건을 실어 옮김
- **수위**: 강, 바다, 호수, 저수지 따위의 물의 높이
- **수익**: 일이나 사업 등에서 얻은 이익
- **수익성**: 이익을 얻을 수 있는 정도
- **수치**: 계산하여 얻은 값
- **수평**: 기울지 않고 평평한 상태
- **수호신**: 국가, 민족, 개인 등을 지키고 보호하여 주는 신
- **슬럼가**: 가난한 사람들이 모여 사는 거리
- **승전보**: 싸움에 이긴 경과를 적은 기록
- **시급하다**: 시간적인 여유가 없어 매우 급하다
- **시사하다**: 어떤 것을 미리 알아차릴 수 있도록 간접적으로 나타내거나 일러 주다
- **시차**: 지역 간 시간 차이
- **시행하다**: ① 실제로 행하다 ② 법률이나 명령 등을 일반 대중에게 알린 뒤에 실제로 행하다
- **시험적**: 재능이나 실력 따위를 일정한 절차에 따라 검사하고 평가하는 것
- **식량난**: 먹을 것이 모자라서 생기는 어려움
- **식료품**: 음식의 재료가 되는 먹을거리
- **식민지**: 힘이 센 다른 나라에 정치적, 경제적으로 지배 받는 나라
- **식민지화하다**: 정치적, 경제적으로 국가 주권이 없는 나라로 만들다
- **식수**: 먹을 용도의 물
- **신기록**: 이전의 기록보다 뛰어난 새로운 기록
- **신생아**: 태어난 지 얼마 되지 않은 아이
- **신원**: 개인의 주소, 신분, 직업 등 개인이 자라 온 과정과 관련되는 자료
- **신흥국**: 경제, 산업 등이 두드러진 발전을 보이고 있는 나라
- **실감나다**: 실제로 체험하는 듯한 느낌이 들다
- **실리콘밸리**: 미국 샌프란시스코에 있는 전자, 컴퓨터 관련 산업이 집중된 공업 지역
- **실명**: 시력을 잃어 앞을 못 보게 됨

- **실사판**: 만화나 애니메이션 등을 실제 사람이 등장하는 것으로 바꾼 드라마나 영화
- **실종**: 종적을 잃어 간 곳이나 생사를 알 수 없게 됨
- **실태**: 있는 그대로의 상태

<ㅇ>

- **악순환**: 나쁜 일이 나쁜 결과를 내는 상황이 되풀이되는 것
- **악용되다**: 나쁜 일에 쓰이거나 나쁘게 이용되다
- **암술머리**: 속씨식물에서 암술의 꼭대기에 있어 꽃가루를 받는 부분
- **애도하다**: 사람의 죽음을 슬퍼하다
- **야행성**: 낮에 쉬고 밤에 활동하는 동물의 습성
- **양대**: 두 기둥을 삼을 만큼 큰 두 가지를 이를 때 쓰는 말
- **양성평등**: 성에 따른 차별을 받지 않고 능력에 따라 동등한 기회와 권리를 누리는 것
- **억압**: 자유롭게 행동하지 못하도록 권력이나 세력을 이용해 강제로 억누름
- **엔데믹**: 어떤 감염병이 특정한 지역에서 주기적으로 발생하는 현상
- **엔화**: 엔을 화폐 단위로 하는 일본의 화폐
- **역대**: 대대로 이어 내려온 여러 대
- **역대급**: 대대로 이어 내려온 여러 대 가운데 상당히 높은 수준에 있는 등급
- **역습**: 상대편의 공격을 받고 있던 쪽에서 거꾸로 기회를 보아 급히 공격함
- **역전**: 형세나 순위 등이 반대의 상황으로 바뀜
- **연간**: 한 해 동안
- **연금**: 특별한 일을 했거나 일정 기간 국가 기관에서 일한 사람에게 해마다 주는 돈
- **연맹**: 공동의 목적을 가진 단체나 국가가 서로 돕고 행동을 함께 할 것을 약속함
- **열량**: 음식이나 연료 등으로 얻을 수 있는 에너지의 양
- **염원**: 간절히 생각하고 바람
- **영글다**: 과실이나 곡식 등이 알이 들어 딴딴하게 잘 익다

- **영양실조**: 신체에 영양소가 부족하여 어지러움, 설사, 피로감 등이 나타나는 증상
- **영장류**: 인간이나 원숭이처럼 가장 진화한 동물에 속하는 무리
- **영토**: 한 국가의 땅
- **예고하다**: 어떤 일이 일어나기 전에 미리 알리다
- **예상하다**: 어떤 일을 직접 당하기 전에 미리 생각하여 두다
- **예측**: 미리 헤아려 짐작함
- **오름세**: 물가나 시세 따위가 오르는 상태
- **온실가스**: 지구 대기를 오염시켜 온실효과를 일으키는 가스
- **완화되다**: 긴장된 상태나 매우 급한 것이 느슨하게 되다
- **요인**: 사물이나 사건이 성립되는 까닭. 또는 조건이 되는 요소
- **용량**: 일정한 공간 안에 들어갈 수 있는 분량
- **용어**: 어떤 분야에서 전문적으로 사용하는 말
- **용적**: 물건을 담을 수 있는 부피, 또는 어떤 공간을 차지하는 분량
- **우기**: 일 년 중 비가 많이 오는 시기
- **우선되다**: 다른 것에 앞서 특별하게 대해지다
- **운반하다**: 물건 따위를 옮겨 나르다
- **운송**: 사람을 태워 보내거나 물건 등을 실어 보냄
- **운하**: 배의 운항을 위해 육지에 파 놓은 물길
- **운항**: 배나 비행기가 정해진 항로나 목적지를 오고 감
- **운행하다**: 차량 따위가 정해진 도로나 목적지를 오고 가다
- **원석**: 인공적으로 처리하지 않은, 파낸 그대로의 보석
- **원유**: 불순물을 걸러 내지 않은, 땅속에서 뽑아낸 상태 그대로의 기름
- **원자재**: 물건을 만들어내는 데 필요한 재료
- **원작**: 연극이나 영화의 대본으로 만들거나 다른 나라 말로 고치기 전의 원래 작품
- **원주민**: 그 지역에 본디부터 살고 있는

사람들
- **원칙:** 어떤 행동이나 이론 등에서 일관되게 지켜야 하는 기본적인 규칙이나 법칙
- **원화:** 원을 단위로 하는 한국의 화폐
- **원활하다:** 막힘이 없이 순조롭고 매끄럽다
- **위상:** 어떤 사물이 다른 사물과의 관계 속에서 가지는 위치나 상태
- **위성:** 행성 주위를 도는 자연적이거나 인공적인 천체
- **위장:** 진짜 모습이나 생각 등이 드러나지 않도록 거짓으로 꾸밈
- **유권자:** 선거할 권리를 가진 사람
- **유도하다:** 사람이나 물건을 원하는 방향이나 장소로 이끌다
- **유동 인구:** 일정 기간 한 지역을 오가는 사람 수
- **유로화:** 유로를 화폐 단위로 하는 유럽의 화폐
- **유리하다:** 이익이 있다
- **유목민:** 소나 양과 같은 가축이 먹을 풀과 물을 찾아 옮겨 다니면서 사는 민족
- **유무:** 있음과 없음
- **유발하다:** 어떤 것이 다른 일을 일어나게 하다
- **유사하다:** 서로 비슷하다
- **유색인종:** 백색 인종을 제외한 모든 인종을 통틀어 이르는 말
- **유세:** 자기 의견 또는 소속 정당의 주장을 선전하며 돌아다님
- **유역:** 강물이 흐르는 언저리
- **유익균:** 사람의 몸에 도움이 되는 균
- **유입:** 어떤 곳으로 흘러들어옴
- **유전자:** 부모로부터 자식에게 전달되는 정보나 특징을 만들어내는 유전의 기본 단위
- **유지하다:** 어떤 상태나 상황 등을 그대로 이어 나가다
- **유치하다:** 행사나 사업, 자금 등을 이끌어 들이다
- **유통업체:** 상품이 생산자에서 소비자에 이르기까지의 여러 단계에서 활동하는 기업
- **유해균:** 사람의 몸에 병을 일으키는 해로운 균

- **육박하다**: 바싹 가까이 다가붙다
- **육상**: 땅 위
- **의무적**: 마땅히 해야 하는
- **의사**: 무엇을 하고자 마음먹은 생각
- **이래**: 지나간 어느 일정한 때로부터 지금까지 또는 그 뒤
- **이면**: 물체의 뒤쪽 면 또는 겉으로 나타나거나 눈에 보이지 않는 부분
- **이민 정책**: 일할 목적으로 다른 나라로 이주하는 것을 국가가 관리하는 것
- **이민자**: 자기 나라를 떠나서 다른 나라로 가서 사는 사람
- **인공**: 자연적인 것이 아니라 사람의 힘으로 만들어 낸 것
- **인권침해**: 인권을 침범하여 해치는 일
- **인도**: 사람이 다니는 길
- **인도주의**: 인종, 민족, 종교의 차이를 넘어 인간의 존엄성을 최고로 여기는 태도
- **인명 피해**: 자연재해나 사고 따위로 사람이 생명을 잃거나 다치는 피해
- **인식하다**: 사물을 분별하고 판단하여 알다
- **인위적**: 자연적으로 만들어진 것이 아닌, 사람의 힘으로 이루어진
- **인종**: 백인종, 황인종, 흑인종처럼 피부색 등의 신체적 특징에 따라 나눈 사람의 종류
- **인지기능**: 무엇을 알아차리고 함축적인 사고로 깨닫게 되는 지적인 과정
- **일시적이다**: 짧은 한때의 것
- **일정량**: 정해져 있는 분량
- **임금**: 일을 한 대가로 받는 돈
- **임기**: 일을 맡아서 하는 일정한 기간
- **임대료**: 남에게 물건이나 건물, 땅 등을 빌려준 대가로 받는 돈
- **임상시험**: 의료 분야에서 약물 등의 안전성을 시험하기 위해 사람을 대상으로 행하는 시험
- **임시**: 오랫동안 지속되는 것이 아니라 일시적인
- **입수하다**: 손에 넣다
- **입자**: 물질을 이루는 아주 작은 크기의 물체

<ㅈ>

- **자가수분**: 꽃의 꽃가루가 스스로 암술머리에 붙어 열매나 씨를 맺는 일
- **자금**: 특정한 목적을 위해 쓰는 돈
- **자재**: 어떤 것을 만들 때 필요한 기본적인 물건이나 재료
- **자전축**: 천체가 스스로 회전할 때 기준이 되는 고정된 중심축
- **자제하다**: 자기의 감정이나 욕망을 스스로 눌러서 멈추게 하다
- **자취**: 어떤 것이 남긴 표시나 흔적
- **작심삼일**: 단단히 먹은 마음이 사흘을 못 간다는 뜻
- **작용하다**: 어떠한 현상이나 행동을 일으키거나 영향을 주다
- **장기적**: 오랜 기간에 걸치는 것
- **장례**: 사람이 죽은 후 땅에 묻거나 화장하는 일
- **장신구**: 몸을 보기 좋게 꾸미는 데 쓰는 물건
- **장착되다**: 일정한 설비에 떨어지지 않게 붙여지다
- **저금리**: 낮은 금리
- **저출생**: 일정한 기간에 태어난 사람의 수가 적음
- **전력량**: 일정 시간 동안 공급되는 전기 에너지의 총량
- **전력망**: 여러 수요자에게 전력을 공급하는 그물처럼 얽힌 체계
- **전면**: 전체적인 모든 면
- **전환**: 다른 방향이나 상태로 바뀌거나 바꿈
- **절감하다**: 아껴서 줄이다
- **정교하다**: 솜씨나 기술이 빈틈이 없이 자세하고 뛰어나다
- **정권**: 정치를 맡아 행하는 권력
- **정기적**: 기한이나 기간이 일정하게 정해져 있는 것
- **정당화하다**: 올바르지 않은 것을 올바른 것으로 꾸며대다
- **정밀하다**: 아주 정확하고 꼼꼼하여 빈틈이 없고 자세하다
- **정책**: 공공문제를 해결하기 위해 정부에 의해 결정된 방침
- **제거하다**: 없애 버리다

- **제기하다:** 의견이나 문제를 내어놓거나 소송을 일으키다
- **제외하다:** 따로 떼어 놓다
- **제작하다:** 재료를 가지고 새로운 물건이나 예술 작품을 만들다
- **제재:** 일정한 규칙이나 관습의 위반에 대하여 제한하거나 금지함 또는 그런 조치
- **제정되다:** 법이나 제도 등이 만들어져서 정해지다
- **조치:** 벌어진 사태에 대하여 적절한 대책을 세워서 행함 또는 그 대책
- **존재하다:** 실제로 있다
- **종:** 어떤 기준에 따라 여러 가지로 나눈 갈래
- **종목:** 여러 가지 종류에 따라 나눈 항목
- **종전:** 지금보다 이전
- **종주국:** 어떤 현상이나 대상 등이 처음 시작된 나라
- **주거:** 일정한 곳에 자리 잡고 삶
- **주관:** 자기만의 생각이나 관점
- **주권:** 국가의 의사를 최종적으로 결정하는 권력

- **주기:** 같은 현상이나 특징이 한 번 나타나고 다음에 다시 나타나기까지의 기간
- **주목하다:** 관심을 가지고 주의 깊게 살피다
- **주범:** 어떤 일에 대하여 좋지 아니한 결과를 만드는 주된 원인
- **중단하다:** 중도에서 끊다
- **중립:** 어느 편에도 치우치지 않고 중간적인 입장에 섬
- **증가하다:** 수나 양이 더 늘어나거나 많아지다
- **증명되다:** 어떤 사항에 대하여 그것이 진실인지 아닌지 증거를 들어서 밝혀지다
- **지대:** 자연적 또는 인위적으로 한정된 일정 구역
- **지목되다:** 특정 사람이나 사물이 어떠하다고 가리켜지다
- **지속되다:** 어떤 상태가 오래 계속되다
- **지속적:** 어떤 일이나 상태가 오래 계속되는
- **지원:** 물질이나 행동으로 도움
- **지정되다:** 어떤 것이 특별한 자격이나

가치가 있는 것으로 정해지다
· **지지하다**: 어떤 사람이나 단체 등이 내세우는 주의나 의견 등에 찬성하고 따르다
· **지표면**: 땅의 겉면
· **지형적**: 땅의 생긴 모양과 관련된
· **직간접적**: 바로 연결되기도 하고 매개를 통하여 연결되기도 하는 것
· **직면하다**: 어떠한 일이나 상황 등을 직접 당하거나 접하다
· **직설적**: 숨기거나 꾸미지 않고 사실과 다름없이 말하는 것
· **직책**: 직무상의 책임
· **진열하다**: 여러 사람에게 보이기 위하여 물건을 죽 벌여 놓다
· **진화**: ①생물이 생명이 생긴 후부터 조금씩 발전해 가는 현상 ② 불이 난 것을 끔
· **집권**: 권세나 정권을 잡음
· **집단**: 여럿이 모여 이룬 모임

\<ㅊ\>

· **차단하다**: 액체나 기체 따위의 흐름 또는 통로를 막거나 끊어서 통하지 못하게 하다
· **착수하다**: 어떤 일을 시작하다
· **착용**: 옷이나 신발 등을 입거나 신거나 함
· **찬사**: 훌륭함을 드러내어 칭찬하는 말이나 글
· **채택**: 여러 가지 중에서 골라서 다루거나 뽑아 씀
· **채혈**: 병을 진단하기 위해 피를 뽑는 일
· **처벌**: 범죄를 저지른 사람에게 국가나 특정 기관이 벌을 줌
· **처서**: 일 년 중 늦여름 더위가 물러가는 때
· **천방지축**: 종잡을 수 없게 덤벙이며 어리석게 구는 일
· **철강**: 열로 성질을 변화시킬 수 있어 기계나 기구 등의 재료로 쓰이는 철
· **철기**: 쇠로 만든 그릇
· **첨단**: 시대나 학문, 유행 등의 가장 앞서는 자리
· **청구하다**: 다른 사람에게 돈이나 물건 등을 달라고 요구하다
· **초대형**: 크기가 아주 큰 것
· **초상권**: 자기 얼굴을 자신의 허락 없이

다른 사람이 사용할 수 없게 하는 권리
- **촉진하다:** 다그쳐서 빨리 진행하게 하다
- **총량:** 전체의 양이나 무게
- **총선:** 국회의원 전체를 한꺼번에 뽑는 선거
- **총지출액:** 어떤 목적을 위하여 쓰인 모든 돈의 액수
- **최다:** 수나 양이 가장 많음
- **최단:** 가장 짧음
- **최저치:** 가장 낮은 값
- **추구:** 목적을 이루기 위해 계속 따르며 구함
- **추세:** 어떤 현상이 일정한 방향으로 나아가는 경향
- **추정하다:** 미루어 생각하여 판정하다
- **추진하다:** 어떤 목적을 위해서 일을 밀고 나아가다
- **출시하다:** 상품을 시중에 내보내다
- **출전:** 시합이나 경기에 나감
- **측정하다:** 어떤 기계나 장치를 사용하여 양을 재다
- **치안:** 사회의 안전과 질서를 유지함
- **침해하다:** 남의 땅이나 권리, 재산 등을 범하여 해를 끼치다

<ㅌ>

- **타격:** 어떤 일에서 크게 사기를 꺾거나 손해를 줌
- **탄소:** 숯이나 석탄의 주된 구성 원소
- **탐사:** 알려지지 않은 사물이나 사실을 빠짐없이 조사함
- **태양광:** 태양의 빛
- **태양풍:** 태양으로부터 날아온, 전기를 띤 입자(미세한 크기의 물질)의 흐름
- **터전:** 살림의 근거지가 되는 곳
- **토기:** 흙으로 만든 그릇
- **토양:** 행성 표면을 덮고 있는, 작은 알갱이로 이루어진 물질
- **통계청:** 인구 조사 및 각종 통계에 관한 사무를 맡아보는 중앙 행정 기관
- **통신망:** 유선, 무선 전화를 이용해 말이나 정보를 주고받을 수 있는 연락 체계
- **통증:** 아픈 증세
- **통치하다:** 나라나 지역을 맡아 다스리다

- **통행**: 어떤 곳을 지나다님
- **투숙객**: 여관, 호텔 따위의 숙박 시설에 들어가 묵는 사람
- **투자**: 이익을 얻기 위하여 어떤 일에 자본을 대거나 시간이나 정성을 쏟음
- **투표**: 선거를 하거나 어떤 일을 결정할 때 정해진 용지에 의견을 표시하여 내는 일
- **폭염**: 매우 심한 더위
- **폭우**: 갑자기 세차게 쏟아지는 비
- **표기하다**: 적어서 나타내다
- **표면**: 사물의 가장 바깥쪽 또는 가장 윗부분
- **표식**: 무엇을 나타내 보이는 일정한 방식
- **표층수**: 바다 표면 가까이에 있는 바닷물
- **필사본**: 손으로 써서 만든 책

<ㅍ>

- **파편**: 깨어지거나 부서진 조각
- **판단하다**: 사물을 인식하여 논리나 기준 등에 따라 판정을 내리다
- **패키지**: 물건을 보호하거나 옮기기 위한 포장 용기
- **편의**: 형편이나 조건 등이 편하고 좋음
- **편향**: 한쪽으로 치우침
- **평원**: 평평한 들판
- **폐기물**: 못 쓰게 되어 버리는 물건
- **포집**: 어떤 성분을 분리하여 잡아 모으는 일
- **포착하다**: 어떤 상황을 알아차리다
- **포효하다**: 짐승이 크게 울부짖다

<ㅎ>

- **하강하다**: 높은 곳에서 아래로 향하여 내려오다
- **하반기**: 한 해나 어떤 일정한 기간을 둘로 나누었을 때 나중 되는 기간
- **한시적**: 일정한 기간에 한정되어 있는 것
- **한정 판매**: 상품을 일정한 수량만 정해 놓고 판매하는 일
- **한정판**: 일정한 수량만큼만 만드는 제품
- **한파**: 겨울철에 갑자기 기온이 내려가는 것
- **함량**: 물질이 어떤 성분을 포함하고 있는 분량
- **합리적**: 이론이나 이치에 합당한
- **합성**: 둘 이상의 것을 합쳐서 하나를 이룸

- **해고**: 일터에서 일하던 사람을 그만두게 하여 내보냄
- **해독**: 잘 알 수 없는 암호나 기호 등을 읽어서 뜻을 알아냄
- **해방**: 1945년 8월 15일에 우리나라가 일본 제국주의의 강점에서 벗어난 일
- **해수면**: 바닷물의 표면
- **향상되다**: 실력, 수준, 기술 등이 더 나아지다
- **허비하다**: 아무 보람이나 이득이 없이 쓰다
- **허용되다**: 문제 삼지 않고 허락되어 받아들여지다
- **협상하다**: 다른 의견을 가진 집단이 모여 문제를 해결하고 결정을 위해 의논하다
- **호우**: 줄기차게 내리는 크고 많은 비
- **호황기**: 경기가 좋은 상태나 시기
- **혼성**: 남녀가 함께 섞임
- **화분 매개**: 꽃가루를 실어 나르는 것
- **화약고**: 화약 창고라는 뜻으로, 전쟁이나 분쟁이 일어날 위험이 큰 지역을 뜻함
- **확보하다**: 확실히 가지고 있다
- **확산**: 흩어져 널리 퍼짐
- **확증**: 확실히 증명함, 또는 그런 증거
- **환율**: 자기 나라 돈과 다른 나라 돈의 교환 비율
- **환호**: 기뻐서 큰 소리로 외침
- **활동량**: 사람이나 동물이 몸을 움직여 운동한 양
- **황야**: 돌보지 않고 버려두어 거친 들판
- **회전하다**: 어떤 것을 축으로 물체 자체가 빙빙 돌다
- **후견인**: 재산 관리 및 법률 행위를 대신하는 일을 하는 사람
- **훼손하다**: 가치나 이름, 체면 등을 상하게 하다
- **휴전**: 전쟁을 일정한 기간 멈추는 일
- **흔적**: 사물이나 현상이 없어지거나 지나간 뒤에 남겨진 것
- **흡수하다**: 안이나 속으로 빨아들이다
- **희석하다**: 용액에 물이나 다른 용매를 더하여 농도를 묽게 하다